はじめに

　元時代染付あるいは元青花，それは中国の元時代に景徳鎮で生まれた陶磁器の一種である。様式化された製品が大量生産され，世界各地に流通したが，その起源と年代については今も論争が続く。古くて新しい課題であり，物の始まりを探る興味尽きないテーマの一つである。

　元青花壺は鑑賞陶磁器として 2005 年に 27,700,000 ドル，今のレートなら 33 億円の高価格でロンドンのオークションを飾ったこともある。美術館に展示されるばかりでなく，遺跡発掘品は遺跡の年代推定や居住者層，当時の流通範囲，文化交流などを知る歴史資料として活用されている。

　所有者が代わりながら，いまロンドン大学に所蔵される青花雲龍紋象耳大瓶は至正 11 年銘があることで世界の陶磁器のなかでも有名なものである。元青花の研究はここから始まる。トルコのトプカプ宮殿の台所に収納された元青花は，それを用いた研究で至正様式が元青花の代表例になり有名となった。いずれも半世紀以上前のことである。

　2011 年 2 月，金沢大学創基 150 周年記念シンポジウムとして「元代青花瓷―出現と継承―」を開催した。日本の研究者ばかりでなく，関係する中国や台湾の研究者も参加し，知的好奇心を共有した一日となった。

　本書は半世紀以上にわたる研究上の展開をいくつかの視点から検討し，最新の研究を発表した当日の成果を中心に掲載している。日本や韓国，東南アジア，さらに欧米の陶磁器の基礎となった元青花について，陶磁器や歴史を好む読者に様々な視点から刺激を与えることになればと願う。

（編者・佐々木達夫）

目　次

はじめに

総論　元青花の誕生と継承————佐々木達夫　5

第1部　元青花の誕生とその背景

ユーラシア遊牧文化における聖色「青」と「白」
————四日市 康博　33

元青花磁器覚書————謝　明良　49

景徳鎮元青花の起源に関する在地的要因考——施　静菲　67

宋末元初 景徳鎮の工房立地————水上 和則　97

近年の景徳鎮における元青花研究から————関口 広次　117

元様式青花瓷はいつまで生産されたか————髙島 裕之　135

至正様式青花磁器の文様構成————杉谷 香代子　147

第2部　元青花のアジア流通

フィリピン出土の元青花————田中 和彦　169

タイ出土の元青花———向井 亙　195

トロウラン遺跡のベトナム産タイルと元青花の文様
　　　　　　　　　　　　　　　―――坂井　隆　215

西アジアに流通した元青花―――佐々木 花江・佐々木 達夫　235

第3部　東北アジアの染付・青花誕生

朝鮮半島の初期青花―――吉良 文男　249

日本染付磁器誕生―――髙島 裕之　261

有田皿山における藩窯の成立背景―――野上 建紀　277

唐青花研究の再思考―――劉　朝暉　291

あとがき　309
執筆者一覧　310

総論　元青花の誕生と継承

佐々木達夫

はじめに

　元時代に登場した陶磁器の一つ染付は日本の名称で，中国では青花と言う。染付・青花は透明釉下の白い器面に描かれたコバルト発色の藍色文様が爽やかで，現在も世界の食器を代表する器である。元時代の染付は元時代染付，元染付，元染，元青花，元代青花，元青花瓷，元青花瓷器，元青花白瓷などと呼ばれ，いずれも同じものを指す。

　日本語では「元時代染付」であるが，最近は中国語を用いることも多い。中国でも「元代青花瓷器」あるいは「元代青花瓷」と書くが，最近は簡単に「元青花」と言う人が増えている。

　青花は広大な領土をもち国際交流が盛んであった元時代の後期になって，中国江西省景徳鎮の民窯窯業技術が改良されて生まれた新製品である。至正年間，元末明初，あるいは洪武年間を含む比較的短期間に，いくつかのデザインに様式化を遂げた青花は，民窯で大量生産に成功し，中国国内はもとより世界各地に販売された。明時代は景徳鎮に官窯が置かれ，洗練された青花が造られた。民間の青花生産地も拡散し，中国国内の福建や広東だけでなく，ベトナム，朝鮮，日本さらに西アジアやヨーロッパでも生産を開始し，それらはアジア，アフリカ，ヨーロッパ，アメリカに輸出されている。

　忘れられていた元青花は20世紀前半に再びその存在が認識された。20世紀中頃には14世紀あるいは元時代という時代認識が広がり，20世紀後半は稀少価値が高い規格的な様式の鑑賞美術骨董品として高額取引の対象ともなり，コレクションが進むことになった。遺跡からはかなり多くの出土品があり，年代や居住者の階層と経済・貿易状態を知る資料としてだけでなく，文様の模倣など文化交流を考えるうえでも重要な遺物となっている。

総論　元青花の誕生と継承

　青花は元時代後期に大量生産体制が整い，明初にも類似継続製品が国外へ輸出され，14世紀中葉あるいは後半も含む時期が元青花と呼ばれる様式の全盛時代であった。このように私は考えているが，一般的な概説書には異なる多くの意見があって，とくに生産年代については改めて検討する必要を感じていた。シンポジウム「元代青花瓷―出現と継承―」（2011年2月，金沢大学主催）でいくつかの課題を複数の視点から取り上げたが，その成果をまとめたのが本書である[1]。

　青花出現の歴史的状況と生産の年代・場所・体制，主要製品，文様の種類と意味，民間と宮廷の需要，民窯と官窯，至正様式（型式）と明時代初めへの継承，中国内販売とアジア各地域への流通，注文を含め貿易が生産に与えた影響などは，これまでも問題となっていた点である。併せて，後代に朝鮮や日本で染付が作られる政治社会的状況から景徳鎮青花誕生を見直す視点や論点も本書では検討してみた。課題は多岐にわたっているが，景徳鎮の窯跡と各地の文化交流などに関わる諸問題は省いている。

　元青花誕生に関わる論文は数多く，新たな資料も増え，各地で展覧会が開催され[2]，同じ資料を用いながら異なる見解と解釈が入り乱れている。いま私たちが元青花と呼んでいるものは，本当に元時代なのか，元時代のいつ頃なのか，元末明初なのだろうか。元青花とした証拠やその理由さえ検討が必要である。

1．変化する青花起源の考え

四半世紀ごとに枠組みが変わる

　青花の起源に関する議論は，およそ4時期にわけることができ，至正11年(1351)銘青花大瓶一対をホブソン(Hobson 1929)が紹介し，シラエとコックス(Shirae & Cox 1949, 1950)が同じ瓶を一つのタイプと再紹介した20世紀前半が第1期である。第2期は20世紀第3四半期で，ポープはトルコとイランの2か所のコレクションを用いて至正と洪武のタイプに分けた(Pope 1952, 1956)。この頃日本でも元染付に関心がもたれ，『世界陶磁全集11　元・明篇』(1955)以後，元染付と元曲の関係が論じられた(斎藤1967)。第3期は矢部良明の『元の染付』(1974)や1976年の『世界陶磁全集14』，1981年の『世界陶磁全集13』，三杉隆敏『世

界の染付 1 元』(1981)で元染付が扱われ，1983 年の『貿易陶磁研究 3』では日本出土の元染付を集成している。染付・青花の誕生について，私も日本と中国の染付・青花誕生を 1982，1983，1984，1985，1986 年に述べた。中国では馮先銘(馮 1987)が至正瓶に触れ，『中国の陶磁 8 元・明の青花』(1995)，『世界美術大全集東洋編 7 元』(1999)など美術全集本も刊行され，景徳鎮内部の技術が発展して青花誕生に至る様相を長谷川祥子(1999)や施靜菲(2000)が論じ，元青花をめぐる問題の大枠は完成した。

21 世紀に入った第 4 期は以前の説を補強・変更する新資料が増え，修正説や新解釈を含む論文が中国でも相次ぎ，北京や上海で元青花を網羅する展覧会が 2006 年，2012 年に開かれ論文集が刊行された。亀井明徳『元代青花白瓷研究』(2009)では元青花を集成し，特徴や年代を考察している。黄清貨，黄薇(2010，2012)の物に即した調査成果もこれまでの研究の見直しを迫る。

第 3 期では多くの論文が見られたが，筆者の『元明時代窯業史研究』第三章「青花生産技術の起源」の目次は次のようである(佐々木 1985)。「青花生産の起源に関する諸説」「青花生産の起源に関する資料」資料，紀年銘資料，年代の推定できる墓出土資料，年代の推定できる遺跡出土資料，「青花の起源と生産技術」青花の誕生(生産の始まり，生産地，生産量と種類)，青花生産の技術(コバルト，釉薬と素地，文様，成形技術，焼成技術)，「青花生産の背景と発展過程」青花の起源に関する資料のまとめ，唐時代起源，宋時代起源，元時代起源。

こうした問題項目と第 4 期の資料が増えた時期の説を比較すると，取り上げる項目が絞られて具体的になり，研究精度が高まり，資料増加で補強された部分があると同時に，これまでの説の弱点や間違いが判明し，対立する論も鮮明になる。異なる説がある場合，一つは違うか，他は正しい部分を含むか，二つとも間違いかだが，あるいは二面性のある事柄の片面を述べているのだろうか。

青花誕生に関する研究史は長くとも，起源を探る研究自体が推測と解釈で成り立つ以上，どの研究成果にも疑いが生じ，繰り返し新説と修正説が登場する。具体的な証拠は少なく，推測を含む説が主である。簡単に振り返ると以前の枠組み内にある説を越える新説はほとんど無いが，同じ結論であっても資料や解釈，論の組み立てが変化し精密化している。各地の居住遺跡や墓から元青花が発見され，そのなかに他製品との組み合わせや年代推定可能な資料も僅かな

がら増えた。景徳鎮鉄絵は景徳鎮彩絵技術の内的な流れを推測させ，青白磁の刻線文様技術との関係も指摘され，青彩技術は西方世界からの影響だった可能性さえある。元青花誕生をめぐる疑問点や対立する論点が類似の視点から繰り返し提示され，元青花誕生の基礎的様相は研究者間の共有化が進んでいる。14世紀中葉が青花誕生の時期という共通認識も広がるが，14世紀前半の早い時期に誕生したという説もある。14世紀後半に元様式の青花が造り続けられたかは日本でも中国でも意見が分かれている。

概説に見られる元青花出現

　概説は元青花誕生が解き明かされているように述べるが，研究者は問題があることを知っているし，本書でも謝明良「元青花磁器覚書」が多面的に問題点を指摘しているが，物の始まりの理由や試行錯誤の生産過程は資料として今に残りにくい。論や説が生まれた根拠と妥当性を当時の社会的背景や技術的環境のなかから探り，異なる視点や論点からも再検討されつつある。

　日本の経済状態が良かった20世紀末までは大型全集本が刊行され，1999年の『世界美術大全集東洋編7 元』などは，学術論文と言うよりも一般向けの美術書である。杉山正明はその「概説」で「モンゴル時代になって，政府指定の官窯である景徳鎮において青花磁器という形になって東西が融合し，大元ウルスの通商政策とも相まって，大元ウルス治下のみならず，インド洋上ルートを通じてイスラーム中東地域におくられた」と述べる（杉山1999）。元という時代環境で説明し，元の景徳鎮には官窯があり，イスラームからの注文で貿易商品として造られたというのは，元青花誕生を大きな視点から説明する一つの考えである。

　しかし，元時代の前期に生まれず，なぜ後期まで生産が遅れたのだろうか。景徳鎮の元時代に官窯は確認できず，元青花は民窯で造られている。生産地の内部事情や製品の型式や文様，出土地の状況やコレクションの由来は検討されることが少ない。私見と微妙にずれる概説である。他のいずれの概説もどこか矛盾や疑問を感じさせる。

景徳鎮窯業史と資料検討

元青花の誕生を再考するには，①景徳鎮窯業を産業として再整理する，②景徳鎮の元時代窯跡を発掘する，③発掘した窯跡と廃品から技術を分類・系統化する，④中国内外の遺跡から出土した製品を別の視点で再検討する，⑤発掘した遺跡資料の青花と青磁の組み合わせが同時期かを層位に基づいて検討する，⑥景徳鎮と関わる宮廷や他産地の関係を古文献で見直す，⑦新たな研究を切り開く新視点を見出すなど，検討することは多々ある。

　景徳鎮について記す古文献の再整理・解釈は，既説を修正しつつ景徳鎮の窯業生産体制を浮かび上がらせる。だがこれまでの文献研究からは矛盾する結果も得られている。各地の遺跡出土状況や青花自体を同一の視点や方法で再検討する亀井明德の方法は成果を挙げている。ただ，美術品として展示保管する作品や美術史的な研究からは，誕生に関する新発見は少ない。

　本書は元青花誕生についての既説を踏まえて，この問題に関わった方の最新の考えを提起してもらい，研究の最先端をともに歩む機会となる。それらの説もいずれ研究史上の一つの踏み石となるが，さらなる研究の画期は景徳鎮の研究蓄積を踏まえた後になると思える。

2. 景徳鎮の窯業生産

時代背景と社会環境から見る

　青花の登場は社会背景や時代の思想に影響を受けていると指摘されている。たとえば，青花が生まれた当時のユーラシア大陸東西の陶磁器や装飾技術に類似性があるのは，青色を天として神聖視する遊牧民とモンゴル広域支配の交流が影響していたからで，青花誕生の背景になったとも言われ，本書では四日市康博「ユーラシア遊牧文化における聖色「青」と「白」」がこのテーマを主に扱っている。そうした蒙古の存在や社会的・宗教的な背景から青花の誕生を解釈すると，中国での独自発生，西・中央アジアからの影響，あるいは両地域の相互影響という，相反する説も成立が可能となる。

　当時の民族の世界観や基層文化の共通性を青花誕生の理由にすると，それは物に捕らわれない魅力的な考えにみえるが，雰囲気のみで捕えどころのない単なる推定となる。南宋は青磁を好み，モンゴルは白磁を好み，元の至正年間ま

で青花が作られない理由を，そのような雰囲気で説明するのに似ている。

　時代背景のなかで他との関係性をもって青花は生まれたのであろうが，鉄絵や刻線文，あるいは釉調の変化という技術や物に即して考えないと，青花誕生を具体的に述べるのは難しい。唐三彩の系統がさらに変化した晩唐青花は，類似品がイラクで造られ，青花と同じ技法の釉下藍彩陶器はシリアやイランで元青花より前に造られた。技術交流や影響はいつの時代もどの地域でもあり，社会背景の類似性は元時代に限らない。時代や環境という要素のみをもって，青花が景徳鎮で生まれた基本理由とするのは難しい。

大規模窯業地としての景徳鎮

　元青花最大の生産地は景徳鎮で，誕生地も内部改革が進んだ景徳鎮で確定であろう。生産地の諸問題に関しては，本書の施静菲「景徳鎮元青花の起源に関する在地的要因考」が掘り下げているが，景徳鎮は青白磁や白磁の大生産地であったこと，人々の好みが鮮やかな文様に移ることによって，青花誕生と大量生産をもたらしたのである。国内の人々が使用する製品を造り，同時に貿易品として国外にも多く輸出された青花を景徳鎮で大量生産する背景と理由のなかに，青花の起源を探る手掛りはないか。なぜ元時代後期の景徳鎮で，元時代を通して一般的だった青白磁などを止め，新商品の青花を造らなければならなかったのか。人々が求めるものを造り，それができた景徳鎮窯業の技術と体制，時代によって推移する産業構造や陶石，釉石，燃料の調達の変化もあった。

　焼き物は産業であり，原材料の確保が産地を決めるが，販売ルートは産地を決めない。景徳鎮はすでに宋時代末に燃料の森林と高耐火度粘土が枯渇し，周辺地域から河川利用で燃料の木材と陶土を運び，2種類の陶土を混ぜて素地の確保に成功していた。本書の水上和則「宋末元初景徳鎮の工房立地」は原料枯渇が景徳鎮窯場を変えたと論じているように，青花を主要製品にしようとする改革に迫る大産地としての窯業基盤は，内部でも変化し続けていた。

　技術改良に与えた影響として宮廷の積極的な介入が話題になる。劉新園の将作院における貿易品生産という考えは（劉1983），生産に国家が介入して良質品を大量に急激に造る説明となったが，青花生産開始を1325年前後とするなどの具体的な裏付け証拠は今もない。景徳鎮の青花生産が急激に発展した理由と

して，前からあった青花の技術を官営工房を置いて飛躍的に発展させたという説がある。質の高い宮廷用製品の生産は民窯技術を高めたが，官営工房設置前に青花があった証拠は今もない。

　官窯あるいは宮廷用の青花がどこで焼かれたか，数か所で焼かれたのか。景徳鎮に隣接する民窯がある湖田で精緻な官窯とも言われる製品と民窯製品が同時期に生産され，大型品も小型品もともに焼かれた。元時代は大型品を造るのが特徴と言われるが，宋時代も明時代も大型品はあり，元時代だけが特別ではない。

　簡略文様の民窯製品が至正様式と同じ時期に，あるいはやや遅れて造られたか，文様の精粗を年代差とみるか，製品のランクか，需要層の違いか，この問題も解決したとは言えない。同時期に多種類・多器形を隣接する窯で生産したと思うが，これは通常は窯跡の層位的発掘と同層位の出土品組み合わせで明らかにすべきことである。その程度の水準の発掘調査を期待したい。

　元様式青花の出現，創出・革新は，元時代至正年間に民窯で確立し，青磁や白磁，青白磁，それに認知度の低い鉄絵より人気を呼び，間髪をおかず商人が販路を拡大し，大量生産による様式化した青花が短期間に確立したのであろう。

装飾技術の一つとして青花登場

　至正様式の文様が元青花の基本である。本書の杉谷香代子「至正様式青花磁器の文様構成」は文様構成を分析しているが，筆描による彩絵は，少量の鉄絵白磁を除くと青花生産以前の景徳鎮では一般的でなかった。青白磁・白磁には印花，刻花，劃花の技法による装飾が施され，青花誕生と共に装飾は彩絵技法に移る。白磁の型文様，刻線文，ビーズ装飾文，釉裏紅，鉄絵などの技法は景徳鎮で衰退し，無文の白磁も減少した。これらの装飾技法の変化からみて，彩絵技法は白磁の装飾技法から生まれたことになるだろうか。元の白磁や青白磁の刻線文様などは，青花文様にも同じものがある。上海博物館蔵の枢府白磁刻花雲龍文罐も青花と同じ文様である。青花の成立後も，青花と白磁，青白磁，青磁までも文様は近い関係にあった。これによって，青花が白磁や青磁から変化して生まれたと言えるだろうか。

　器面を文様で飾る意識や目的，装飾文様は同じでも技法は異なり，彩絵が白

磁の装飾技法から直接に生まれたとは言いにくい。青白磁の刻線文上に青彩すると文様が強調され，さらに刻線文なしで青彩を筆描きすると青花になる。青花文様は様々な題材が描かれるが，陶磁器以外からの影響が多かった。青花生産が始まれば，そこに描かれる文様を絵画や挿絵，服飾文様，演劇の場面などから採用し豊かにしたが，青花の技術がそこから生まれたことにはならない。誕生の契機と文様の発展状況は別のことである。

　文様を鉄絵で描いたことは絵画的な青花を生む一つの脇役と言える。コバルト顔料を西方から輸入し，元青花は急速に完成し代表的な国外輸出品の一つとなった。青花が流行し始めた元後期の人々の意識では青花より白磁が優位と言われるが，これも階層や地域で意識が変化したと思われ，彩絵装飾技法の青花は短期間に民間が受け入れた結果，流行したのである。

鉄絵から青花へ

　至正11年より年代が遡る青花探しが研究者の間で流行ると，14世紀前半の青花だとされたのは簡略で粗雑な文様の鉄絵だった。一部の人が誤認した江西省九江市1319（延祐6)年墓出土と言われた牡丹唐草文瓶は景徳鎮鉄絵で，私も何回か見たが明らかに鉄絵である。なぜ青花と言うのか困惑したが，2009年に分析で鉄と発表された。大元至元戊寅銘(1338，至元4年)の景徳鎮市窖蔵出土の青花紅釉四神文壺は鉄絵と紅釉で文様を描いているが，鉄絵と紅釉から図案的・絵画的な青花が誕生した過程を想像させても，壺自体は青花でない。

　1323（至治3)年銘木簡を伴う新安沖沈没船に青花がないため，その頃はまだ青花がない証拠にされたが，現在は引揚品の景徳鎮産の青白磁釉裏紅鉄絵双葉文詩銘皿や白磁釉下彩鉄絵皿などを根拠に，鉄絵や釉裏紅が青花への道程を示唆すると言われている。馮先銘は1973年，磁州窯から吉州窯へ移った陶工の鉄絵技術が景徳鎮で青花誕生に影響したと述べたが(馮1973)，景徳鎮内の鉄絵を通して青花への流れを示すことも可能となった。しかし，至正様式の規格的文様の起源を簡便な鉄絵文様に求めるのは難しく，至正様式文様は鉄絵の継承ではない。

　鈞窯の釉裏紅と景徳鎮釉裏紅も関係がある。鉄絵・釉裏紅・刻線文など他の装飾技法が14世紀前半に景徳鎮の青彩に影響を与え，鮮明で絵画的な文様表

現に優れた青花が優位に立ったと言われる。確立後は文様にデザインと構成の規格性が目立ち，元時代の絵画や物語の木版印刷の流行を反映し，庶民も理解しやすい文様が描かれた。

　こうした点は青花が鉄絵から生まれた可能性も推測させるが，鉄絵以外の技術と文様が青花誕生に影響した可能性も大きい。

官窯と民窯

　元代の景徳鎮に官窯があったか，なにを官窯と言うか，どの種類の青花が官窯で作られたか，そういう点も諸説ある。中国官窯は宮廷が使用する陶磁器を焼く窯で，ほぼ時代順に貢窯，製様須索，官窯に変化する。規程の仕方で官窯の存在は混乱し，沈岳明が「宮廷が自ら窯を置き，製品を厳格に規定して宮廷のみで用い，宮廷が生産と製品を管理する窯」と言うのは分かりやすい（沈 2011）。

　唐代及び以前は地方政府が特産品を皇帝に貢納する貢窯であり，宮廷は窯を管理運営していない。宮廷が地方の窯に「様」を与えて宮廷の指示で一定量を注文生産する形態が製様須索で，五代から北宋に盛んであった。製品の底部に官と刻まれ，民間窯の一部が宮廷用品製造に使用された。宋代漢族は青磁を好み杭州南宋官窯で青磁を造り，モンゴル族元は白を好み，1276（至元13）年に杭州を占領しても官窯青磁を継続せず，白磁を作るため1278（至元15）年に景徳鎮に浮梁磁局を設置した。劉新園はこの浮梁磁局を官窯と言う（劉 1995）。

　金沢陽は14世紀前半に官営工房はなく，民窯に注文し生産させた官搭民焼制の類を想定し，それを官窯という（金沢 2010）。明代龍泉窯に器と焼台の両方に官と刻まれた破片があり，官は官用を焼く窯を示すが，上記の官窯とは違う。明初，景徳鎮に置かれた御窯廠・御用窯は官窯のもっとも進んだ形態と言われるが，御器廠の同じ窯で宮廷用品と一般用品が焼かれた。佐久間重男は明代景徳鎮官窯である御器廠は1426（宣徳元）年の成立と言う（佐久間 1962）。その後，明清時代の景徳鎮に宮廷の御用窯，すなわち官窯があったことは定説である。

　主要な文献史研究は元時代の景徳鎮に官窯はないと言うが，皇帝や宮廷が使用する陶磁器は景徳鎮で焼かれ，官窯に準じる類の窯はあった。そこに元時代後期に造られた青花が含まれたかは不明瞭である。生産規模が大きい郊外の湖

田や，1980年の採集品で落馬橋など景徳鎮市内各地の民窯などで元青花が生産されたことがわかり，その製品は中国内外に販売された。1988年の珠山発掘は竜文五爪が9割以上を占め，皇帝・宮廷用品を焼く浮梁磁局の窯が珠山にあったことが確定したが，それを官窯でないと言う人もいる。

景徳鎮に政府の関わった機関があり，宮廷派遣の役人が管理して税の取り立てを実施したが，それでは官窯と言えない。官窯は政府の命令で独自の精緻な規格品を造り，皇帝が変わると様式が変わり，民間と同じ製品を造らない。

1351年までに官窯があったか不明瞭としても，1352年から1368年の元末明初の混乱期に官窯は存在しない。戦乱と疫病を乗り切った人々は民間技術を基本的に継承し，その空白期間を経ても，文様や様式，その時の好みを取り入れた新技術で生産したのだろうか。

具体的にどの窯が官窯で官窯青花はどれか，確認は難しい。至正様式を代表する完成した文様構成の大瓶は銘文から景徳鎮の民間窯で民間注文を受けて造られたと分かるが，それを官窯製品と言う人さえいる。民間窯と宮廷用窯の青花生産の状態は，文書の新解釈や窯跡発掘で進んだが，未確定部分も多く残る。元青花は元大都で出土したが，宮廷に運ばれたかは出土状況から分からない。民窯青花は宮廷に運ばれないから，宮廷の需要と要求で典型的な様式が完成することはない。元青花は高い骨董的評価が与えられ，しばしば官窯製品と言われるが，現在伝わるのは至正様式の名称を生んだ大瓶も含めて，民窯の民間用品と貿易品であった。

元青花の文様と構成の特色は，絵画的文様と図案的文様があり，ともに規格性があるのは景徳鎮の生産管理体制が整っていたからだと言われるが，図案の完成度と管理体制の整備は関連するのだろうか。

3. 元青花の盛期と終わり

なぜ元時代と言われるのか

元時代に青花が造られたことは古文献では分からない。『瀛涯勝覧』に青花磁器，「格古要論」に青花が現れるが，いずれも明初で元時代にはない。20世紀前半に紹介された有名な1351（至正11）年銘の青花大瓶は，規格的な文様の

ため至正様式の代表例となったが，これより古い紀年銘が記される青花は今も未発見である。完成した様式の青花が1351年にあることは，それ以前の時期に完成形以前の青花があり，1352年に戦乱に巻き込まれた景徳鎮では，疫病が蔓延し，産業としての窯業が廃れ，青花生産も止まったのではないか，と推定された。至正様式に類似した文様をもつ青花が20世紀後半に各地で発見されると，それらは元青花，元様式青花，至正様式，日本では元染付，元染と呼ばれた。

最初に判明した青花の成立年代は正確に言えば14世紀後半の初めで，ポープの1952年本タイトルのように14世紀青花 Fourteenth-Century Blue-and-White と呼べば良かったが，1929年にホブソンは元青花 Yuan Blue and White Porcelain と紹介していた。

20世紀後半の研究者の間では，元青花に至正様式と簡略文様式の青花があり，至正様式の年代は元時代あるいは14世紀の第2四半期と推測されていた。元青花が遺跡から出土すると，その層位は14世紀中頃とみなされ，あるいは後代の陶磁器に混じると元青花を伝世品とする見方も一般化し，14世紀中頃という年代が暗黙の大前提となった。遺跡の同じ層位の陶磁器の組み合わせから，14世紀中頃が妥当な年代なのかどうか，検討が求められている。

年代を知る資料

年代の分かる最古の元青花は1351（至正11）年銘の龍水図象耳大花瓶である。それ以前の年代が直接に記された青花はない。至正年間の墓出土の青花は1351年，1353年である。窯跡出土品に至正とコバルトで記された文字はあるが，至正以外の文字はない。その後，墓誌や買地券で年代が推定できる墓出土の青花は，明時代の洪武，永楽，正統で1371年から1441年の間である。それらが元青花であれば，年代は14世紀後半から15世紀前半となり，元と明に分かれるという指摘が中国でも日本でも多い。

窖蔵（地下穴）出土品の年代は，出土状況や伴う他製品銘文から推定するなど，間接的である。1314年銘銀器が伴う江蘇省金壇県窖蔵の青花壺は，1966年発見で1980年に文物に紹介され，1314年頃と推定されることもある。元青花の最古例として頻繁に使われるが，その年代より古いか新しいか，出土状況から

は決められない。文様から元時代青花の典型例と推測されても，14世紀前半の類例がなく，この壺を年代の基本資料とするのは難しい。生活遺跡出土の元青花片も，遺跡の出土状況から捨てられた年代を知ることは難しい。新安海底沈没船の積荷に青花は含まれず，14世紀第1四半期の日本向け輸出品の中で青花は未発見である。元時代の文献に青花という言葉はなく，明初に地理志『瀛涯勝覧』に青花磁器，曹昭「格古要論」に青花と見え始める。なお，1322-25年に著されたとされる『島夷志略』に「青白花瓷」とあり，これを青花があった証拠とする一般説，青白磁で青花でないという亀井説がある。青白と記されるから輪花等のある青白磁であろう。

陶磁器の年代推定は形と文様を基本要素とする型式分類と編年作業が一般的な方法であるが，地味な作業のため元青花の編年は進んでいない。至正様式の文様は同型式の青花を見つける手がかりとなるが，型式・様式の始まりと終わり，他型式との関連や重なりが不明瞭で，現在用いる様式の年代幅は分からない。

最初の中国青花は晩唐時代

彩絵，彩釉の技術はイラクで発展し，中国より古い。白濁釉藍彩陶器は9世紀にイラクで発達し，白濁釉陶器は中央アジアなど各地域に広がり，イスラーム陶器の基礎となった。素地は磁器でないため，青花と呼べないが類似した種類である。唐中期の三彩の藍彩技術を継承した晩唐藍彩も青花と類似した技術で，唐青花と言える。素地と釉の成分から河南省鞏県窯で，碗の器形から9世紀と分かり，窯跡からも出土した。インドネシア沈没船など各地で少しずつ資料が増え，流通範囲が確認されつつある。本書では劉朝暉「唐青花研究の再思考」が唐青花を検討している。

唐藍彩と元青花はともに国際交流が盛んな時代に白磁の器面に筆で文様が描かれた。イスラーム陶器からの影響を考えることが可能なように，唐三彩を生産する窯の生産技術の発展や，白磁や青磁を生産する窯での青花誕生も考えられる。東西世界で同時代に類似品が存在するから，関係があったことは疑いない。唐末の青花技術は宋時代に消え，元まで伝わらず，元時代後期に今に継続する青花生産が始まる。

元様式は明時代まで継続したか

　現在の課題は元の至正12年あるいは元末で元青花生産が終わるのか，同じ様式・型式を明初まで継続していたのか，明初官窯の新様式と並存する古様式の存在を認めるのか等々である。本書の髙島裕之「元様式青花瓷はいつまで生産されたか」は併存説を指摘し，流通最盛期は明初としている。

　『元史紀事本末』によると至正12（1352）年に饒州も戦乱で略奪され，至正13（1353）年に浮梁は大旱魃，『湘湖馮氏家譜』によると至正14（1354）年に疫病で9割近い人が死に，家屋は灰燼に帰した。浮梁磁局は至正12年に活動中止と推定された（劉1982）。元末・明初の混乱期の景徳鎮窯業生産の状態をどの程度に推定するかで，十数年の操業空白期も考えられる。洪武2（1369）年に景徳鎮に陶廠が置かれ洪武様式が生まれるが，民窯あるいは官窯で至正様式系統が洪武様式と併存して生産された可能性もある。

　元時代末期と明時代初期の文様，いわゆる至正様式と洪武様式は明確に分かれるという人が多い。至正民窯と洪武官窯を比較して違うとしても，それは他の型式が洪武年間に存在しないことを意味しない。洪武様式と至正様式が併存したなら，洪武様式は複数の明初様式の一部となる。あるいは洪武様式は洪武年間でも少し遅れて登場したとも言える。そうした場合，明初の青花に元青花や至正様式と言う名称は使用できず，14世紀後半青花あるいは元末明初青花となる。15世紀前半まで継続したとすれば，それに永楽様式など別の型式名を与える。その場合，洪武や永楽の分類や様式・型式は変更するか，年代幅を限定することになる。

　明皇帝朱元璋の子1392年没の沐英の墓から至正様式青花が1950年に出土し，解釈が分かれた。明初も元様式が生産されたという説，明初は元様式の生産が停止し，保管された青花を一部支配者層が墓に副葬したという伝世品説である。元様式が生産停止し，前代の希少な残存品を近親者に1個ずつ配ったという推測は歴史小説を読むようである。

　至正様式設定の四半世紀後，矢部良明は至正年間から洪武年間までの14世紀後半が元青花の隆盛期と指摘した（矢部1974）。張浦生は南京明初の功臣墓出土の青花を元至正型青花を踏襲した明初産品とした（張1997）。14世紀後半の初

め，元末明初の混乱期の十数年間に景徳鎮は生産が凋落し，洪武初期に景徳鎮で至正様式が復活した理由は不明瞭であるが，こうした研究の流れが現在の至正様式の検討につながる。現在は文様様式などから元至正と明洪武を別様式に分けたポープ以来の説，遺跡出土資料と文様分類から至正様式を元と明に分ける説が並列している。至正様式と言われる型式は明初までわずかな変化のみで継続したようであるが，歴史的背景の確認，美術史的な文様比較の検証もさらに必要である。

　元大都で出土した頃は特殊と言われたが，上層社会でも民間階層でも中国各地で青花を用いた。明初，曹昭は『格古要論』に青花と赤絵は俗なもの「青色及五色花且俗甚」と記した。文人士大夫は白磁を好み，青花は俗な品であっても民間は青花を好み，明代初めには官窯でも青花を造った。

琉球貿易から沖縄元青花は明初となるか

　元青花は日本各地で出土するが，亀井・新島によると沖縄が日本出土の70％を占め，半数が首里城からで，その数は百個体以上となる。古文献から見ると琉球と明の朝貢貿易が始まるのは1370年代以降であるが，青花が首里城に入ったのは15世紀前半と言う（亀井2009，新島2009）。沖縄の出土品は元時代でなく明時代に輸入され，それは元末でなく明初洪武期以降に造られ，沖縄から出土する至正様式青花は明初となる。

　琉球へ明初に至正様式の元青花が入ったとすれば，元時代に造られ保管されていたものが輸出されたか，あるいは古くに琉球に持ち込まれたものが首里城に持ち込まれたのだろうか。琉球が朝貢貿易で富をなす以前に中国船が琉球に陶磁器を運んだ，あるいは琉球統一の際に他のグスクから青花が首里城に集められたとも解釈できる。しかし，生産が凋落した元末の混乱期に，中国船が琉球に至正様式青花を多く運んだとは思えない。首理城京の内遺跡から出土した火災埋め立て土坑の遺物は，青磁など15世紀前半が主体となる。至正様式青花も同じ時期と推定するのが妥当である。

　琉球に運ばれた元青花の多くが元時代でなく，至正様式を継承した明初青花になれば，中国の明墓出土の至正様式青花が明時代であっても問題がない。紀年銘墓出土品は14世紀末から15世紀初頭まで至正様式，15世紀前半は洪武

様式，15世紀中頃は正統や成化様式となり，元青花も含まれるが紀年銘墓の年代に近いものが主となる(亀井2009)。生産後に長期保管されたのでなく，生産した明初の時期に琉球へ運んだことになる。

　出土品の組み合わせと層位，編年の再検討が急務である。元青花と共に遺跡から出土する青磁の年代も15世紀前半とされる(新島2009)。同じ層位から元青花と青磁，白磁が組み合わせで出土する例として，本書でも扱うジュルファール遺跡を紹介しよう(佐々木2006)。海岸の砂地に多くの穴が掘られた遺跡で上下層の混じりがあるとしても，元青花が出土する第7層は青磁が無文外反碗と弦文帯碗が主となり，数点だが鎬蓮弁文碗，雷文帯碗，無文内湾碗も見られる。ジュルファールで青磁無文碗や弦文帯碗と元青花が伴い，その組み合わせより時代が新しい首里城京の内遺跡火災廃棄品は雷文帯碗が明初青花と伴う。こうした組み合わせの例は，14世紀中葉から15世紀前半まで類似型式の青花が造られたことを示している。

4. 影響と流通

国内外の影響

　中国の青花生産の技術に影響を与えたのは，元の政治文化の状況を踏まえて，中央・西アジアのイスラーム世界ではなかったかといわれている。そこには魅惑的な色彩と図案に富んだ釉下彩絵陶器があった。景徳鎮青花の青料・コバルトを産出した鉱山は不明だが，成分分析の結果を受けて輸入品であることは確認できたものの，ペルシア産あるいはカシャーン，サマラなどと根拠なく推定されている。人々が頻繁に往来し，イスラーム世界の人々も中国に居住し，技術者の移動の可能性もある。輸入青料の蘇渤泥青を用いて彩絵する技術が中国外から入り，青花が景徳鎮で始まった可能性はある。ただし，青料産地の人が青花を造る必要はなく，彼らが景徳鎮に来た証拠もない。

　元代景徳鎮官窯で精緻な文様の青花が造られ，大型器はイスラーム世界に向けて大量輸出され，元青花誕生にイスラームが影響したという説も流布している。元青花はトルコやイランのコレクションで認識されたため，元青花大型品はイスラーム世界に輸出するため生産されたと言われた。さらに元青花がイス

ラーム世界の影響，注文で生まれたとさえ言われた。メドレーは元青花がイスラーム世界の富裕な購買層のために生産されたと述べ(メドレー1981)，1973年に発掘されたデリーのトウグルク宮殿(1354年建設，1398年ティムール朝に滅ぼされた)庭園出土の至正様式青花69点も，この説を補強した。

　しかし，元時代景徳鎮に明時代のような官窯はなく，イスラーム世界のみが主要な輸入地ではなく，発見量では西アジアより東南アジアが多い。青花の器形は西アジア金属器を模したものがあり，濃密な文様構成も西アジア好みと指摘される。そうした面も見られるが，幾何文の他に中国画工が当時流行の小説挿絵など故事を写した人物文や植物文，波濤文などもあり，中国国内に向けた新商品の側面もある。青花の最大の特色は，器面に絵画的に文様を描くことにあり，その特色を規格化して大量生産し，中国内外に販売している。元青花は大量生産で国外輸出も盛んになったが，イスラーム世界の影響で誕生したとは言えない。

　中国内では釉上彩絵陶磁器が各地で生産されていた。その彩絵技術を用いて顔料を鉄呈色からコバルト呈色にし，釉下彩にすれば白磁の生産地景徳鎮では青花生産が容易である。唐時代は輸入コバルトを使用し，宋時代も薬や顔料として大食国アラビアの輸入品と国産品を用いた。彩絵陶磁器の生産地で偶然にあるいは故意に，青料を彩絵顔料に使った可能性もあり，鮮やかな発色が白磁大生産地の景徳鎮で技術的に高められ，新商品になったとも考えられる。

　彩絵陶磁器産地は中国各地にあったが，大規模な窯業地の影響を想定すると，磁州窯や吉州窯の技術者が政治的混乱時に景徳鎮に移動した可能性もある。だが，景徳鎮の技術者が彩絵を模倣し，景徳鎮で創作した可能性がより高いだろうか。

国内外の流通

　至正11年銘青花瓶は特殊な器形で，すでに型式化した流行文様を巧みに取り入れ，官窯でなく景徳鎮の民間窯で，道教寺院が殿社に寄進するため注文したものだった。顔料のコバルトは民間も入手でき，材料の希少価値は低く，碗鉢盤壺瓶が海外にも民間貿易品として販売された。海外輸出青花は金銀より高価とも言われるが，中国では平民も買った。中国内に残存量がきわめて稀だと

言われるが，考古学資料と美術骨董品のいずれに重点を置くかで資料数や作品点数は変わる。中国内外の遺跡から元青花片が出土し，短期間の大量生産流通品であることも明白である。

元宮廷は景徳鎮窯に白磁や青花を注文し焼かせた。宮廷で用いる官器には厳格な規格があり，宮廷の発注品は様(器種・器形・デザインなどの指示)に基づき生産され，中央の監督官の検査に合格したものだけが宮廷に送られた。官窯製品は宮廷で用い，国外に大量輸出されることはない。宮廷用に焼いた陶磁器は大量で，外交手段として国外に与えることはあった。窯の一部で宮廷用品を焼く窯や民窯は製品を販売でき，官窯製品と質の高い民窯が販売した流通品，あるいは民窯への注文生産品などを区別するのは難しい。現状では元青花を政府系商人や宮廷からの贈り物とする説は証明し難い。

二角五爪の龍文は皇帝・宮廷に限られたとすれば(『元史』巻105・刑法志4・禁令の条)，民窯製品と区別しやすい。五爪竜が出土する景徳鎮珠山の窯跡を除き，コレクションや出土品の多くは三爪で，四爪も少しある。すなわち西アジアなどへ宮廷用製品が外交に用いられても流通した事実はない。ただし，珠山の五爪は民間窯という説もある。

元青花は故宮博物院に少ないため，輸出用で中国内に流通しなかったという説も生まれたが，中国内の発掘で元大都を始め，最近では各地域で出土している。日本では武士階層が主に使用し，韓国より出土量が多く，フィリピンやインドネシアは以前から発見量が多かった。タイでも発掘されていることを本書で向井亙「タイ出土の元青花」が出土例を紹介している。西アジアは以前はトルコのトプカプやイランのアルダビール，インドのトゥグルクなど特殊な例のみを論じ，元大型陶磁器の主要輸出先は西アジアと言われた。一部の大型コレクションから導き出された説で，後の遺跡調査で得られた事実とずれている(本書佐々木花江・佐々木達夫「西アジアに流通した元青花」参照)。西アジアの遺跡出土品は，精緻な文様の大型品と簡略文様の小型品，及び簡略な文様の小型品のみという消費グループがあるように見える。小型品は碗鉢が主で東南アジアのような小壺は出土しない。

精緻な文様の大型品は西アジアへ，簡略な文様の小型品は東南アジアのフィリピンやインドネシアへの輸出品であるという説も広がった。西アジア，アフ

リカでも遺跡出土品は小型品が多く，東南アジアでも大型品があり，製品の大きさと文様の精粗は都市や需要者層で変化し，地域内需要者に関わる問題であろう。インドネシアのトロウラン遺跡の出土量は現時点で最多で，流通に関する事実も変わったが，発掘層位や出土状態が不明瞭で遺跡内での評価が難しい。エジプトのフスタート遺跡も同様で，発掘した層位は2つにしか分かれず，時代的な変遷と組み合わせが分かりにくい。なお，トロウラン遺跡には元青花文様を描いたベトナム産タイルがあることを本書坂井隆「トロウラン遺跡のベトナム産タイルと元青花の文様」が紹介している。

　政府系商人が官窯の大型品，民間商人が民窯の小型品を扱ったとも言われる。トプカブやアルダビールの元青花は民間窯の青花であり，政府系商人の運んだ官窯品と言うのは無理である。商人は青磁や白磁とともに青花の国外輸出を促進し，精緻な文様の大型品も簡略な文様の小型品も各地に輸出していた。

　精緻な文様と簡略な文様は生産年代に差があったか不明瞭で，流通した遺跡の出土状況からも同年代かどうか分からない。おそらく同時，あるいは簡略文様がやや遅れるだろうか。アラビア湾や東アフリカの遺跡では，大型品が伴わずに簡略文様の小型品が出土し，白磁・青白磁は伴わない。

　大量に発見されたフィリピンでも出土状況は不明瞭であった。本書で田中和彦「フィリピン出土の元青花」はサンタアナ遺跡の元青花を再検討しているが，金寅圭によると，サンタアナ遺跡出土陶磁器のなかで青花は2％を占め，青白磁や釉裏紅と同じ時期に造られ，新安沈没船出土品と比べて，1320年から1330年に造られたと言う(Kim 2012)。青白磁と同時期か，同じ層位出土品の検討が必要である。

　元青花とともに遺跡から出土する陶磁器の年代はずれることもある。遺跡内の他出土品よりも古い場合，元青花は伝世品であり，古物が流通したとも言われる。北陸では15世紀中頃の港町，16世紀後半の守護館や有力寺院から元青花が出土し，補修痕が目立つ。

　トプカブから西アジアの元青花流通の過大評価と中国への影響が導かれたが，新たにトロウランから東南アジアの流通を過大評価するのも問題がなければ良いと思う。遺跡出土の元青花の種類と器形が分かり，器種と器形の違いが輸出先や需要層と関連があることも知られた。他の種類の陶磁器との組み合わせで

青花の使用割合や用途はどうであったかも，考古学の手続きを経た発掘調査の課題となっている。

5. 研究方法や視点の検討

文様から年代や産地は推定できるか

　文様は絵画的と図案的があり，構成は規則的で規格性があるから管理体制が整い官窯製品とも言われるが，民間に流行した俗世のもので，図案の完成度と制度整備は直接には関連しない。全面を塗りこめる複雑に見える文様も，その一部を用いた簡略な文様もいずれも規格的で，器種・器形も文様も定型化している。至正様式は元様式の代表的な文様組み合わせとされ，他に小壺や碗に見られる簡略文様もある。文様の由来や特徴，とくに人物文の由来や意味は研究が進み，かなり判明している。

　そうした文様から生産年代は推定できるのか。同じ文様でも技法の差によって年代が異なるのか。文様研究の多くが完成された文様の分類とその特徴を述べるため，文様に時間軸上の動きが見られず，文様変遷を追うことができない。文様は年代・編年に利用し難く，文様から年代を探る研究も少ない。文様の組み合わせは窯の違いと年代，注文に対応すると推測される。元青花文様は筆使いが雑で多種多様に見えるが，竜，花卉，人物，故事など基本型があり，絵付け効率化のため簡易化を求めた規格であろう。

　様式や型式は通常，時代で変化するが，工房での変化もある。至正様式は洪武にない，元のみでなく明初もある，従(従属)文様で新古が分けられると言う説がある。至正様式の文様は何段階かに分けられると思う。中国で見られる人物図は新しいタイプに多く，東南アジアのトロウランに 1 点あるが，西アジアでは発見されず，外国向け輸出品には竜や花卉，幾何文が多い。和食萌は雑劇や小説を愛好する富裕層が注文して作らせたのが青花人物文という (和食 2011)。

　至正様式と言われる文様も製品ごとに発色や筆致がわずかに違い，時期差が感じられる。蓮弁文もいくつかの種類に分かれ，14 世紀中頃と後半は分れ，南京市淋英墓(1392 年)出土梅瓶は洪武であろう。竜爪と蓮弁文の組み合わせは単純な要素だが時期分類に有効に見える。竜五爪は珠山から多く出土し宮廷用

製品の文様とされ，もっとも多く遺跡から出土する三爪は民間窯製品の文様とされる。四爪も中国内で数少ないが出土し，民窯が民間に販売した至正11年銘瓶の竜は四爪である。高安市窖蔵出土の罐2点は竜三爪，梅瓶1点は竜四爪であり，蓮弁文は三爪が簡略である。金檀県窖蔵出土罐は四爪である。すなわち中国内外で発見される元青花は民窯製品なのである。

元青花大型壺などの口縁部や腰部の帯文に描かれる巻草文は，碗などに描かれる簡略文様の巻草文と同じである。大型品の竜文周辺の雲気文は碗内部に単独で描かれる。いずれも同じ年代の製品となるのか。上海博物館蔵の高足碗内面口縁部帯の巻草文も同様である。主文と従文・従属文あるいは背景となる充填文は組み合わせが時期によって変化している。14世紀後半のイラン白濁釉陶器のパネルパターン内黒彩巻草文と，ボストン芸術博物館蔵品の蓮弁文内文様は同じであり，文様の写しが分かる例の一つである。

型文上の彩色を青花成立過程とする説がある。イラン国立博物館蔵盤や上海博物館蔵盤の口縁部に凸型文が見られるなど，青花完成後も成型・装飾技術と関連し，型文彩色から青花が生まれるとする説には疑問がある。

イラン国立博物館大皿竜文は三爪であり，内面は使用で擦れている。同博物館蔵の藍地に白抜きした竜は三爪である。トプカプ宮殿博物館の大型品も含めて宮廷用を焼いた窯の製品であり，それらは小型品と流通経路が違うという説もあるが，小型品と同じ民間窯の製品である。西アジアの大型品と小型品は扱う商人や貿易ルートが違うという説も疑わしい。

遺跡の層位と出土品から年代が推定できるか

湖田は元青花の大型品が出土する窯として知られるが，景徳鎮市内の各地でも元青花は採集されている。落馬橋は多くの種類を焼いた窯で元青花もあり，戴家弄では1335（元統3）年のコバルト文字を最古とし，1340年代を示す至正の文字をコバルトで記した破片も多く採集された。

黄薇・黄清華は，景徳鎮で削平された地点の第4層で至正タイプの青花，第5層で青白磁，第6層で早期青花を採集し，その年代を1323年より後で1336年より前と推定した（黄, 黄2012）。層位と墓出土品を比較して年代を考えたこと，出土品の観察からペルシア人陶工を推察し，ペルシアから中国へ青花技術が伝

総論　元青花の誕生と継承

わったと述べる。

　採集した高足碗の文字は手慣れたペルシア語と見えるが，文字から描いた人の人種や国籍を推測するのは非常に難しい。ペルシアから青花技術が伝わったと資料から推測できても，またペルシア人が景徳鎮で文字を書いたとしても，それが青花誕生の契機になったか，誕生後の技術改良だったかを決められない。文字と器形を見ると最近の偽物ではないと思われ，黄の研究は景徳鎮窯跡を対象にしているため，さらなる進展が期待される。本書では関口広次「近年の景徳鎮における元青花研究から」が黄論文を含む最近の中国人研究成果を取り上げているので参照願いたい。

朝鮮・日本の染付誕生は元青花研究に新視点を与えるか

　景徳鎮の生産構造や体制，管理経営や収税などが宮廷との関わりで問題となり，景徳鎮独特とされる説がある。時代と地域が異なる他の官窯や政府窯と比較し，新視点を見つけられるか。朝鮮と日本で染付生産を開始した頃の民と官の関わりもその材料となるだろうか。中国に続きベトナム，朝鮮，日本で染付（青花）生産が始まったが，その窯業体制，管理運営を景徳鎮の様相と比較し，各地域の特性と類似性が見いだせるだろうか。細部で行き詰まる研究に，広い範囲の比較が新視点や解釈を与える可能性を探りたい。

　ベトナム青花は14世紀後半，朝鮮青花は15世紀中頃に生まれ（本書の吉良文男「朝鮮半島の初期青花」を参照），日本染付は17世紀初である。佐賀藩・大村藩・平戸藩が接する地域で朝鮮人陶工集団の流動的情報で技術改良され磁器・染付が生産された。本書では**髙島裕之「日本染付磁器誕生」**が染付磁器の誕生を追究している。有田皿山に佐賀（鍋島）藩の藩窯が置かれ，民窯と違う製品が生まれ，**野上建紀「有田皿山における藩窯の成立背景」**は藩窯成立を述べている。質が良く鍋島藩から将軍家や公家へ献上され，市場流通の民窯と違いがあった。文様も民窯製品と違い，藩の規制があった。それは景徳鎮の官窯と民窯に同じ問題を投げかける。

　肥前磁器の誕生は肥前地域で鉄絵から染付へという発展であり，景徳鎮で鉄絵から青花へ変化した説に似ている。染付誕生に藩の庇護と管理運営が果たした役割は大きく，景徳鎮民窯の青花発展に宮廷が与えた影響を想像させる。徴

税や産業管理で藩や宮廷は各窯に関係するが，その関係を強調しすぎると民窯の独自性を過小評価してしまう。有田で17世紀前半に藩が窯場を整理統合して技術と製品が変化し，中頃に技術革新されたが周辺窯では旧来技術が用いられ，工人の移動つまり集約化と同時に技術拡散の原因となるなど，元末明初の景徳鎮窯業で複数様式が同時存在する様相を思わせる。鍋島藩窯と景徳鎮珠山の制度比較で特徴が抽出できるかも知れない。藩窯と多くの民窯の関係や商人がどの程度影響したかは，景徳鎮の珠山御器廠と多くの民窯の関係，宮廷と商人の影響を考えさせる。

有田は17世紀前半に国内市場向けの生産が藩の管理で整備され，17世紀中頃のオランダ注文が技術革新を生み出し海外輸出の急激な発展を迎える。14世紀中頃に景徳鎮の青花生産が軌道に乗り，東南アジアや西アジアの需要で急激な発展を遂げたのと類似する。最近の中国内の初期青花発見は，中国内販売を経て，その後に外国輸出の隆盛を迎えたことを示唆する。有田も景徳鎮も発展過程で藩や宮廷の果たした管理運営の役割は大きいが，政府主導窯と周辺民窯の関わり方には違いがあるように思える。

中国青花の影響を受け生まれた染付・青花は，中国の影響という単純な説明から次第に生産した地域の内部発展が説かれるようになった。中国でも国外や他窯業地からの影響という視点から，景徳鎮内部の発展が具体的に説かれるという類似した傾向がみられる。景徳鎮内部で技術改良や改革があったのは当然としても，他からの影響も無視できない。他地域の器形や文様の写しはいつの時代にも行われ，それは中国でも日本でも西アジアでも同じである。

おわりに

元時代は1279年から1368年で，元が大都を出た1368年後も北元で至正は使われ，至正年間は1341年から1370年である。これまでの資料を整理すると，青花の登場は1330年頃が上限となる。元青花の主要年代を至正年間とするのはほぼ妥当で，1351年までの十数年が盛期となろう。1352年から1368年，あるいは明初の1370年まで，戦乱や飢饉，疫病に苛まれている景徳鎮で青花生産が衰退したことは疑いないが，この時期にも造られたとすれば至正年間であ

り元後期青花となる。ただし，その製品を指摘するのは難しい。

　明初洪武年間は1368年から1398年で，元青花類似型式が造られても元後期青花でなく明初青花となり，洪武様式の一つのタイプ，14世紀後半青花，あるいは元末明初青花となる。その製品は感覚的に分類可能であるが，研究者同士の分類編年の共有化には至っていない。

　至正様式が1351年で終わるか，1368年以前に終わるか，洪武年間を含む14世紀末まで続くか，あるいは変化しつつも継承された至正様式が洪武様式と同時に存在したか。元末もその後も，青花を造る民窯はあった。官窯に類する窯も青花を焼き，それは鄭和が運んだ朝貢品に含まれると言う説さえある。いま元青花と呼ばれる青花は，14世紀中頃を中心に，14世紀末まで半世紀間にわたって造られ，明時代には元様式を継承しながら洪武様式に含まれるものとなった。

　物に即して観察し記録した資料を分類整理する方法は考古学研究の基本である。元青花は規格的だが雑に描かれ，文様の種類と構成に違いもあり，類似文様のなかに年代差が見られる。新たな資料観察と解釈を受け入れ，文献学の成果や時代背景のなかで包括的に推測し，他説に適切な評価を与え，自説を修正・変更することが求められている。

　元青花誕生はモンゴル族と漢族の融合と国内外の文化交流が生んだ産物と言えるが，背景となる時代を説明するに過ぎず，なぜ元時代後期まで生まれなかったか等を説明できない。それはその説明が十分でないことを意味するのだろう。紀年銘墓や窖蔵の出土品が年代を推定させ，文様の類似性と組み合わせは生産者の都合と購入者の趣向を伺わせ，器形は地域ごとの生活の要求と同時期の年代を示す。文献から類推できる産業としての景徳鎮窯業の管理体制や生産体制は，その技術環境で景徳鎮内部の新製品の創造をもたらし，国内外の人々に受容され，大流行したことを推測させる。生産の環境と技術が整う大窯業地の景徳鎮で，青白磁から進化した白磁を基礎に青料を用いて青花が生まれ，イランの刺激あるいは影響と国内需要があいまって急成長し，国外大量輸出品にもなった。

　筆者も無意識に未論証の推測を前提とし，思い込みと解釈を述べたようだ。読みづらい歴史小説になったなら意に反している。研究者が論争する些細な部

分の違いと論点の重点の置き方，それによって解き明かされた元青花の歴史，それは本書に収められた各論文が明らかにするだろう。本稿がその導入部になれば幸いである。

註
1) 本書に掲載されなかったのは，弓場紀知「元代青花の宗教的・民族的背景」，森達也「イランコレクション」，山本信夫「カンボジア・バイヨン寺院出土の元青花とベトナム青花」，長谷川祥子「元染付誕生」，西野範子「ベトナム青花誕生の様相」である。大著『元代青花白瓷研究』を著した亀井明徳は欠席された。
2) 2006年の北京首都博物館の遺跡出土片を含めた元青花展示，最近では2012年10月に上海博物館で90点の既知の元青花が展示された。図録『幽藍神采―元代青花瓷器特集』の目次は「元青花研究六十年」「元青花瓷器総論」「伝世佳精」「中外交流」「出土佳器」「遺存残宗」「中国出土元代青花瓷器」「海外発見元代青花瓷器」で，関心や問題点が中国と日本は共通してきた。

文献（年代順）
R.L. Hobson, 1929 'Blue and White Before the Ming Dynasty: A Pair of Dated Yuan Vases', *Old Furniture*, vol.6, no.20, pp.3-8.
Shinzo Shirae and Warren E. Cox, 'The Earliest Blue and White Wares of China', *Far Eastern Ceramic Group Bulletin*, 7, 89-95. (September 1949)
Shinzo Shirae and Warren E. Cox, 'The Earliest Blue and White Wares of China (A Continuation) ', *Far Eastern Ceramic Group Bulletin*, 9, 131-145. (March 1950)
John A. Pope, 1952 "Fourteenth-Century Blue-and-White: a Group of Chinese Porcelains in the Topkapu Sarai Muzesi, Istanbul", Freer Gallery of Art, Washington D.C.
John A. Pope, 1956 "Chinese Porcelains from the Ardebil Shrine", Freer Gallery of Art, Washington D.C.
佐久間重男 1962「明代景徳鎮窯業の一考察」『清水博士追悼記念明代史論叢』大安
斎藤菊太郎 1967「元代染付考 十四世紀中葉の元青花と元曲(上下)」『古美術』18:5-41,19:49-74.
三杉隆敏 1968「中近東に残る中国の染付」『日本美術工芸』358, 7-25.
矢部良明 1974『元の染付』平凡社
矢部良明 1976「景徳鎮民窯の展開」『世界陶磁全集』14 小学館
馮先銘 1973「我國陶瓷發展中的幾個問題」『文物』1973-7, 20-29.
馮先銘 1987『中国古陶瓷論文集』紫禁城出版社
三上次男 1978「沖縄県勝連城跡出土の元染付片とその歴史的性格」『考古学雑誌』63-4:1-15.
三杉隆敏 1981『世界の染付1 元』同朋舎出版
佐藤雅彦 1981「元の白磁と青花」『世界陶磁全集 13 遼・金・元』199-226.
マーガレット・メドレー（Medley,M.）・西田宏子訳 1981「インドおよび中近東向けの元代青花磁器」『世界陶磁全集 13 遼・金・元』小学館 270-278.
劉新園 1982「元代窯事小考」『陶説』351:22-28, 352:34-42.
劉新園 1983「元の青花の特異紋飾と将作院所属の浮梁磁局と画局」『陶説』366:18-26, 367:25-33.
三上次男 1983「元染付研究の歩み」『貿易陶磁研究』3:i- ⅲ .
佐々木達夫 1985『元明時代窯業史研究』吉川弘文館

佐々木達夫 1989「エジプトで中国陶磁器が出土する意味」『考古学と民族誌』六興出版, 227-250.
Sasaki,T. and Sasaki,H., 1992, 'Japanese Excavations at Julfar-1988, 1989, 1990 and 1991 Seasons-', *Proceedings of the Seminar for Arabian Studies*, 22:105-120.
Sasaki, T., 1993, 'Excavations at Julfar in 1992 season', *Bulletin of Archaeology, The University of Kanazawa*, 20:45-49.
劉新園 1995「景徳鎮の早期墓葬発見の磁器と珠山出土の元・明官窯遺物」『皇帝の磁器—新発見の景徳鎮官窯—』大阪市立東洋陶磁美術館
Sasaki,T. and Sasaki, H., 1995, 'Excavation at Julfar 1993', *Proceedings of the Seminar for Arabian Studies*, 25:107-116.
中沢富士雄・長谷川祥子 1995『中国の陶磁 8 元・明の青花』平凡社
佐々木達夫 1998「14世紀の染付と釉裏紅はどのように出土するか」『楢崎彰一先生古希記念論文集』真陽社, 467-477.
長谷川祥子 1999「元(至正)様式の青花磁器誕生についての一考察」『東洋陶磁』28:5-28.
弓場紀知 1999「元時代の陶磁器」『世界美術大全集東洋篇 7 元』小学館, 281-297.
杉山正明 1999「モンゴルによる世界史の時代—元代中国へのまなざし—」『世界美術大全集東洋篇 7 元』小学館, 9-16.
施靜菲 2000「元代景徳鎮青花瓷在國内市場中的角色和性質」『美術史研究集刊』8, 137-186.
金沢 陽 2002「景徳鎮官窯の成立」『東洋陶磁史—その研究の現在—』東洋陶磁学会, 91-98.
三杉隆敏 2004『「元の染付」海を渡る』農山漁村文化協会 (図説 中国文化百華 18)
佐々木達夫 2006「ジュルファール出土陶磁器の重量」『金沢大学文学部論集史学・考古学・地理学篇』26:51-202.
陸明貨 2006「元青花瓷器的相關研究」『元青花研究』49-59.
江西省文物考古研究所・景徳鎮民窯博物館 2007『江西省文物考古研究所考古発掘報告 2 景徳鎮湖田窯址 1988-1999 考古発掘報告』文物出版社
江建新・江建民 2008「浮梁磁局及其窯場与産品探」『南方文物』2008-1:57-61.
亀井明徳編 2009『元代青花白瓷研究』亜州古陶瓷学会
新島奈津子 2009「古琉球出土元青花瓷の研究」『元青花白瓷研究』61-74.
金沢 陽 2010『明代窯業史研究』中央公論美術出版
黄清貨・黄薇 2010「至正十一年銘青花雲竜瓶考」『文物』2010-4:64-76.
沈岳明 2011「楓洞岩窯址について」大阪市立東洋陶磁美術館編『碧緑の華・明代龍泉窯青磁』アサヒワールド, 12-25.
和食 萌 2011「元代青花磁器における人物図様」『美術史論集』11:87-108.
黄薇・黄清華 2012「元青花瓷器早期類型的新発現—従実証角度論元青花瓷器的起源—」『文物』2012-11:79-88.
Kim, I., 2012, 'Yuan dynasty Chinese ceramics excavated from the Santa Ana relics of the Philippines', *Archaeological Bulletin Kanazawa University*, 33, 1-22.

第1部

元青花の誕生とその背景

ユーラシア遊牧文化における聖色「青」と「白」

四日市 康博

はじめに

　元代に生まれた青花瓷器は青と白を基調とした意匠に特徴がある。青花に白と青の色が使用された背景には，もちろん技術的な理由もあるだろうが，それ以外に元朝の基盤となった遊牧文化の影響が大きいように思われる。なぜなら，天を信仰するユーラシアのトルコ・モンゴル系遊牧民の間では，青と白はどちらも神聖な色として極めて重要視されてきたからである。そのため，青花に白と青が使用されたのは単なる偶然ではなく，その背後に長らくユーラシアに存在していた神聖観の影響が強かったのではないかと考えられる。本稿では，モンゴルをはじめユーラシア遊牧社会において青と白が尊重された事実と元青花の性格の関連性を検討してみたい。

1. 天(テングリ)の蒼／青

　トルコ・モンゴル系遊牧民の間で「天」を意味するテングリ tngri / tengri は単なる信仰の対象のみならず，遊牧帝国の皇帝の権威と密接な関係を有していた。ハンの仰せはジャルリグ jarliɣ と呼ばれて，それ自体が勅令的性格を有していたが，チンギス＝ハン以来，モンゴルのハンやハーン[1])が発するジャルリグの冒頭には，"möngke tngri–yin küčün–dür / yeke suu ǰali–yin ibegen–dür / qaɣan jarliɣ manu"(「永久なる天の力において，大いなる威力の護蔭において，ハーンなる朕の仰せ」)というように，勅令の背景となる権威として「永久なる天」が提示されるのが常であった(Григорьев 1978, 小野 1993, 松川 1995)。同様の現象は貨幣の打刻にも見られ，イル＝ハン朝の貨幣にはアラビア語文とは別にウイグル文字モンゴル語で "möngke tngri–yin küčün–dür / qaɣan–u ner–dür"(「永久なる天の力

において，ハーンの名において」）という前置きが刻まれるのが常である。すなわち，モンゴルにおいて皇帝（ハーン）の存在・権威を保証する存在が「天」であった。

モンゴルでは，「天」tengri に「青き」kökö（köke）という枕詞が付いて「青き天」kökö tengri といい，そのため「青」が神聖視された[2]。例えば，モンゴルで最も古い歴史叙述である『モンゴル秘史』には，チンギス＝ハン時代のモンゴル高原で最も強大な権力を握ったシャマンとしてココチュ＝テブ＝テングリ（天の神なる蒼天の僕）という名の者が出てくる（『モンゴル秘史』10: 244-245）。「ココ」kökö とは「天の青」を意味し，「…チュ／ジュ」-ču/-jü は「小〜」を意味する接尾辞で，「天の青」の「下僕」を意味する[3]。また，『歴史集成』によれば，モンゴルの族長テムジンにチンギス＝ハンの称号を授けたのは，他でもないココチュであった（『歴史集成』チンギス＝ハン紀，トラ年（Jāmiʿ /Raushan, 571））。しかし，天の力を背景にあまりに強大な権力を握ったココチュがチンギスの王権を脅かす存在となると，危機感を覚えたチンギスは彼を排除せざるを得なかった。すなわち，チンギスの弟のオッチギンと相撲を取らせ，彼の背骨を折って殺させたのである。『モンゴル秘史』では殺された彼の身体は消えて天に登ったとされている（『モンゴル秘史』10: 245-246）。このエピソードは王権を持つチンギス＝ハンによる王権の絶対化と大シャマンの神権の従属化を意味する。これ以後，シャマンの権威が皇帝の権威を凌駕することは無く，シャマンは「皇帝のために」天に祈る存在と化した。ハンは天の力を背景として絶対的な命令を下すことが可能となったのである。モンゴル命令文書や貨幣打刻銘の冒頭定型句における「天の力において」という文言は，以上のようなハンによる「天の力」の掌握が背景にある。

さて，このような天を象徴する「青」に関して，現代モンゴルでは kökö tengri（青き天）という表現がごく当たり前の慣用となっているが，意外にも『モンゴル秘史』においては「天」tengri に対して「青い」という形容がなされている事例は見られない。そのため，モンゴルにおける kökö（青）の持つ「神聖な，崇高な」という特別な意味を指摘する研究がある（鯉渕 1983）一方で，kökö（青）と tengri（天）の関係をあくまでも文脈上の限定的な関係として，その神聖性を否定する見解も存在する（田原 2005）。しかし，確かに『モンゴル秘史』だけに着目した場合は天と青を結びつける明確な事例は少ないものの，トルコ語系諸

語も視野に入れてエチモロジカルな視点から考えると，やはり天と青は関係があると言わざるを得ない。

モンゴル以前に巨大なユーラシア帝国を打ち立てたトルコ系民族に目を向けると，やはり彼らも「青きテングリ」を信仰しており，トルコのカガン（可汗）もまた「テングリ」の命により帝位を得ていた。トルコ語の碑刻中には「青き天」kök tengri という文言が見られる。

(A) 上なる蒼き天 üzä kök tängri，下なる黒き地が造られた時，ふたつの間に人の子が造られた。（Kül-Tegin 碑文，東面：1; Bilgä Qaɣan 碑文，東面：2）

(B) 我が名もて，上なる蒼き天，下なる黒き地は，再び…〔以下欠落〕（Tariat 碑文，東面：4，森安孝夫・オチル 1999: 169-172）

(C) 蒼き天において我が幸運は薄くなった。黒き大地において我が道は短くなった。（Qara-Balgasun 第二碑文：6-10，森安孝夫・オチル 1999: 144-145）

上述の碑文中にみえる天はいずれも「蒼き」kök という形容を伴っており，かつ，「黒き地」と対になっている。Doerfer などによれば，「蒼き天」kökö tengri という語は，古トルコ語においてもともと「蒼き天」を意味したわけではなく，元来は「天なる神」を意味していた（Doerfer 1965, b.3: 577-585, 640-642; Bertagaev 1970: 67-70; Clauson 1972:708-709）。時代が下るにしたがって，kök の意味が「天」から天を形容する「蒼／青」に変化し，「神」を意味した tengri が「天」に変化したというのである。すなわち，「天」を形容する色の「蒼／青」がそのままモンゴル語にも継承されたと考えられる。

2. 蒼天に仕えるシャマンの白

モンゴルにおいて「白」は「蒼天」に仕えるシャマンの色とされ，神聖視された。例えば，『モンゴル秘史』では天に仕えるシャマンを象徴する白として次のような事例がある。

　　また，チンギス＝ハーンはウスン老に言った，「…モンゴルの国制では，ノヤンの務めには，ベキ＊となる慣習があった。バアリン氏族は〔モンゴル族の〕長兄の一族であった。ベキの務めには，我々の中の年長のものから〔なる〕。ベキにはウスン老がなれ。ベキに持ち上げて，白き衣裳を纏

って，白き馬に騎らせ，座位は上に坐らせ，祀りをおこなわせ，また，年月を託宣して，そのようにせよ」という仰せであった。(『モンゴル秘史』9: 216)

ここにいう「ベキ」とはトルコ系言語における「ベク」beg と同義であり[4]，シャマン的性格と王的性格を合わせ持つ称号である。ウラヂミールツォフによれば，「ベキ」とはナイマン部族，メルキト部族，オイラト部族など北方森林狩猟系民の間で巫者的性格を帯びた王者の称号であり，村上正二によれば，チンギス＝ハンの中核的親族であるボルジギン氏族の長子の系統のものが世々ベキを継承すると定められていたという(Vladimirtsov 1948: 60, 村上／秘史, 3: 26-27)。上述の史料でチンギスからベキとなるように言われているウスン翁は，ホルチ＝ウスンとも言い，バーリン氏族の長老である。バーリン氏族もチンギスをハン位に就けたテブ＝テングリを輩出したコンゴダン部族と同様に代々モンゴル帝国のハンに仕えるシャマンとなった。コンゴダン部族と異なるのは，バーリン氏はダルハン(＝オンゴン)とも呼ばれる「ベキ」となったことである。ラシード＝ウッディーンの『歴史集成』には次のようにいう。

　　チンギス＝ハンは馬や他の動物をオンゴンするように，バーリン氏出身の或る者をオンゴンとしたと言われる。すなわち，その者はそれのために罪を問われなくなり，自由でダルハンである。その者の名はベキであった。ハーンのオルド(宮廷)ではあらゆる者の上座に位置し，王子たちと同様にハーンの右側から入る。彼の乗馬はチンギス＝ハンの乗馬と一緒に繋がれていた。(『歴史集成』トルコ諸部族誌, バァリン氏族(Jāmi'/Raushan, p.200))

ここにいう「ベキ」は，村上正二が指摘するように，バーリン氏のウスン老を指したものであろう(村上／秘史, 3: 27-28, n.2)。「オンゴン」とはトルコ・モンゴルの遊牧民の祖霊信仰儀式の中で崇拝される祖霊を象徴した犠牲獣であり(村上 1964, ゲレルト 2004, オルトナスト 2008)，各氏族・部族ごとに何らかの動物が定められていた。このオンゴンには人間がなることもあり，生き埋めなどにして生死を彷徨った後に甦った人間は，以後，「オンゴン」(＝「ダルハン」)として崇拝の対象になったといわれる(村上 1964: 134-136)[5]。「ダルハン」とは9度罪を犯すまでは罪を咎められない特権保持者を指すが，ここではオンゴンとなった人間を指す称号であり，「ベキ」とも呼ばれていることから，もともとはシャ

マン的な要素を持つ存在であったことがわかる。いずれにしても，ここにいう「ベキ」(=ダルハン，オンゴン)はシャマンとして祭祀を司る立場にあり，彼が白い装束を来て白馬に乗っていたという記述は，トルコ・モンゴル系遊牧民の信仰におけるシャマンの「白」の神聖性を端的に表したものであると言えよう[6]。

一方，地上を統べる王権を象徴する色は「金」であり，モンゴルの王位に就いたチンギス=ハンのボルジギン氏族は「黄金の一族」 altan uluɣ と称された。すなわち，天上の神権を象徴する「青」と地上を統べるチンギスの王権を象徴する「金」を結びつける存在，すなわち，天の声を地上の王に伝えるシャマンを象徴する色が「白」であった。モンゴルのハンが新たに即位する際には，必ず「白」という色が登場する。『モンゴル秘史』にはチンギスの即位の際の状況について次のように記す。

> このように，フェルトの天幕持つ民たち(遊牧民)に忠誠を尽くさせて，トラの年，オナン河の源流に集まって，九の脚持つ白い纛を立てて，チンギス=ハーンにハンの称号をそこで与えた。(『モンゴル秘史』巻8，第202節)

「九つの脚ある白い纛」とはチンギスの皇帝権の天授を象徴するものである[7]。9はトルコ・モンゴルにおける聖数であり，天を意味した(エリアーデ 1974，上：451)。天に向かって立てられた纛はテングリ(天)の意向を地上にもたらす，いわばシャマンと同じ役割を果たした。

同様に，元朝宮廷でも祝宴や即位式において「白」が神聖視されていた。元朝宮廷の「白の祝宴」についてマルコ=ポーロは以下のように記している。

> タルタリでは2月に新年が始まる。大カンと彼らの街で従属する全ての者がこの祭を祝うが，白い衣服は吉祥を意味すると考えられているので，ここでは全ての者が白い衣服を着ることが慣習となっている。それゆえ，その年を通じて良いことが行き交い，喜びや明るさに結びつくように，年の始めに彼らはそのような衣服を着るのである。この全ての人々，大カンの国土・領土である州や地域において，金や銀，多数の宝石や多数の白い織物から成る極めてすばらしい贈り物が〔大カンに〕送られるが，彼らがそうするのは，その年を通じて費やすに十分な宝物や喜びを主君が持つためである。重臣たち，王族たち，騎兵たち，国民たちは，それぞれの地域において，お互いに白い物を贈り合い，お互いに抱きしめ合い，…。この日，

第 1 部　元青花の誕生とその背景

> 大カンに多数のたいそう立派な白馬が献呈される。仮に全体が白くないとしても，少なくとも大部分が白いのである。この地域では極めて多くの白馬が獲られる。そのため，彼らの側のしきたりで，大カンに贈り物をする際には，可能である地方は全て以下の方法を遵守する。それぞれ 9 を 9 倍した贈り物のために，9 頭を差し出す。すなわち，もし，ある地方が馬を送るならば，9 を 9 倍した頭数の馬，すなわち 81 頭を差し出す。(『世界の記述』(MP/Ramusio: 174-175))

　この儀式は，いわゆる「元正」と呼ばれる元旦の朝儀である。中国王朝の正史である『元史』が伝える元正の儀の様相はマルコ゠ポーロの記述とかけ離れており，白を神聖視する慣習については触れられていない(『元史』67, 禮樂志 1, 元正受朝儀)。しかし，マルコ゠ポーロの記録は，白い色や 9 の数を吉祥と見なすなど，『モンゴル秘史』の伝えるモンゴルの風習と一致する部分が多いことから，モンゴル的な儀礼をそのまま伝えた貴重な記録であると思われる。マルコはこの朝儀を「白の祝宴」と呼んでおり，新年に白の吉祥さを祝福することがこの儀礼の主眼であったと見られる。ここではシャマンの存在は言及されないものの，白い衣装を身に纏い，白い馬を用意する習慣は，まさに『モンゴル秘史』に伝えられるシャマンのそれと同じである。

　また，ペルシア語・アラビア語史料の『ワッサーフ史』は元朝宮廷における武宗ハイシャン゠ハーンの即位式およびその祝宴の様子を伝えているが，その様相は漢語史料とは異なり，モンゴル的な色彩が極めて強い。その中で白とシャマンが重要な役割を果たしていることは特に注目に値しよう。

> 太陽持つ〔武宗〕ハイシャン゠ハンは目的地において栄誉と幸運の駐営場に下馬なさって，クリルタイが開かれた。剛勇なイスカンダルの大望もつクバードのごとき王子たち，諸行において経験深き年齢なる大アミールたちに問うた，「ハン位はカーンの規定(ヤサ)に従って誰に達したのか？」と。〔アミールたちは〕一致して「クビライ゠カーンはハイシャンの偉大なる父，すなわちチムキンに皇太子位を与えました。…争うまでもなく，ハン位はあなたの位です」と申し述べ，この発言について一緒に証書(モチ)を与えた。…その後，占星術士たちの指示によって，思慮深い幸運なる星占いにおいて幸運な星の上昇の一日が選ばれた。ファルヴァルディーン月の庭園どころ

か至高なる天国にも釣り合う華麗なる祝宴が優美な后妃(ハトン)たちの参席のもと
飾られた。諸方から集まったもののうち，<u>その数 1700 頭余りの白銀の馬
たち，7000 頭余りの白毛の羊たち——古い慣習によって吉祥と占いがそ
れぞれに割り当てられており，モンゴル人たちがオンゴンと呼び，決して
その羊たちや馬たちの肉を食べず，その馬にはハンたち以外は騎乗しない
——</u>が高く広い天蓋たるオルドの周辺に天河の道のごとくあふれ出た。そ
して，<u>定められた方法に従い，ハイシャンが四角い白いフェルトの絨毯の
上に座った。</u>ハンの仲間たちと会議の長に定まっていた七人の王子たちの
うち，四人がフェルトの四方に〔位置し〕，二人が皇帝の力ある幸いなる腕
を取って，喜ばしき玉座の上に確定させ，もう一人がぶどう酒の杯を取っ
た。カム（シャマン）たちは祝福を述べ，彼らの言葉の道理に合っている祝
宴の物語を語って，彼にクル゠ハンという名を定めた。(『ワッサーフ史』4,
ハイシャン゠ハーンの即位(Waṣṣāf/Bo,4: 501, Waṣṣāf/NU:180))

ここでは，即位する武宗ハイシャンに対して 1700 頭の白馬，7000 頭の白羊が
献上されているが[8]，特に注目すべきはそれらが「オンゴン」と呼ばれている
ことであろう。文中ではそれらオンゴンの家畜には古い習慣によって吉祥と占
いが定められて，その肉は決して食されず，ハンの一族以外は騎乗できないと
説明されている。これは『モンゴル秘史』に，ダルハンと呼ばれ，吉祥な存在
として崇拝の対象となったバァリン氏族のベキ（シャマン）と同じ役割を果た
していると思われる。この場合もやはり「オンゴンの白」(＝「シャマンの白」)は
「天の青」と「王の金」を結びつけていると言えよう。

3. 宮廷文化における青と白

　以上のように，モンゴル宮廷において青と白が重要視された背景として，ユー
ラシアの西側における青と白の使用についても述べておきたい。トルコ系遊
牧民の影響を強く受けたマシュリク(東方イスラーム世界)における美術の意匠には，
「青」の使用と共に動物文・人物文が多く見られることに特徴がある。そして，
それは特に 11 世紀以降のセルジューク朝期において顕著であった。歴史的イラ
ン世界における「青」の使用は，紀元前おけるファイアンスと呼ばれる青釉器

第 1 部　元青花の誕生とその背景

図1　ミーナーイー鷹狩文陶鉢 セルジューク朝期（12-13C）レイ出土　イラン国立博物館所蔵（杉村1999より転載）

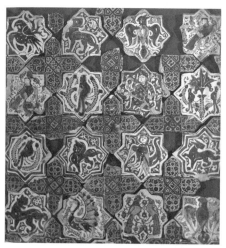

図2　動物文タイル ルーム＝セルジューク朝期（1236年）コンヤ出土　カラタイ＝マドラサ博物館所蔵（杉村1999より転載）

やパルティア期以降の青緑釉陶器などに既に見られ，また，セルジューク朝期においても緑釉やラスター彩の陶器など青以外の意匠も見られるものの，やはり，青釉・藍釉・白釉，そして白地藍彩など，セルジューク朝期以後における「青」と「白」を基調とした陶器の存在は際立っている。イランにおける動物文・人物文の多用は一般に *Shāh Nāmah*（『王の書』）に代表される非イスラーム的な伝統イラン文化の表象と言われるが（Melikian-Chirvani 1996），セルジューク朝以後の「青の洪水」と鳥獣文・人物文の多用を見るかぎり，その原因は単に伝統イラン文化の発現に留まらず，遊牧を起源にもつ当時の宮廷文化における宗教観や王権観が強く反映した結果であると思われる（図1，2）。

人物文に関しては，セルジューク朝期以後の陶器やタイルにトルコ・モンゴル系の王侯階級と思われる人物や鷹狩りなどの「狩猟」が表現されている場合が多い。言うまでもなく，狩りを行っているのは王侯階級である。狩りはトルコ・モンゴルの遊牧王侯にとって軍事的・儀礼的な意味において重要な行事のひとつであった（Allsen 2006; Yoshida 2011）。陶器やタイルの意匠とはいえ，それは王権を象徴するものであり，王権の強化・永続を祈願する意味合いが込められていたと思われる。また，「蒼き天」の信仰を持っていた

ユーラシア遊牧文化における聖色「青」と「白」

図3　四爪龍文タイル・鳳凰文タイル イル＝ハン朝期（1271-75AD）タフテ＝ソレイマーン出土 イラン国立博物館，ヴィクトリア＆アルバート美術館，岡山オリエント美術館所蔵（Muḥammad Panāh 1388, 杉村 1999 より転載）

トルコは，各部族ごとに特定の動物を「オンゴン」として崇拝し，その象徴として固有の「タムガ」（印）を持っていた（『歴史集成』トルコ諸部族誌，オグズ諸部族の歴史（Jāmi'/Raushan, pp.57-58））。既に述べたように，オンゴンはシャマン的な役割を果たす犠牲獣であり，崇拝の対象であった。鳥の意匠が多いのも決して偶然ではなく，シャマニズムにおいて鳥はしばしば天の使いとなる[9]。すなわち，鳥獣文にも遊牧民の祖霊信仰・シャマン信仰的な意味合いが多分に込められていたとみられ，同様に，陶磁器・タイルにおける青と白の多用もユーラシアの「蒼き天」の信仰と関わりが強かった可能性が高い。13-14世紀に前後してラージュヴァルディ lājwardīyah と呼ばれるコバルトを基調とした様式が出現

し，いっそう青と白が際立つようになるが[10]．この青は色彩的に元青花の青と近いものであり，技術的な次元はともかく，色彩的な観点からは元青花との何らかの関連性が疑われる。モンゴル・トルコの遊牧宮廷文化において，青と白はそれぞれ聖なる色として重要視された色であった。一方，初期の青花磁器もまた宮廷文化の一環として発展した磁器であり，インドのトゥグルガバード，沖縄の首里城，トルコのトプカプサライ，イランのアルダビール廟などで出土・伝世した元青花はいずれも貿易陶磁ではなく，14世紀以後の宮廷間の贈呈によってもたらされたものである。宮廷用に使用された青花瓷器には龍や鳳凰など皇帝権・王権の象徴とされる意匠が多く見られるが，これらはいずれも中国的な皇帝権力の表象である。一方，イル＝ハン朝期の陶磁器にもトルコ・モンゴルの遊牧的要素に加えて，中国的な要素が目立つようになり，龍と鳳凰の使用や蓮弁文・双魚文など吉祥文の模倣が見られる（三上1971; Masuya1997; Kadoi 2009）。例えば，タフテ＝ソレイマーンに残るイル＝ハン朝期のタイルにも中国的な龍や鳳凰のレリーフが多用されているが，その龍の爪が4本であることから，元朝のハーンから王族であるイル＝ハンに対して与えられた工匠による作品であると考えられている（図3）[11]。これらのタイルもまた青と白を基調としており，さらに龍文と鳳凰文には王権を象徴する色である金が使用されている。

また，元朝から海外にもたらされた青花瓷の大型品も宮廷儀礼と深い関わり

図4　ガザン＝ハンの御前に置かれた青花器と金属器（『歴史集成』sup.persan 1113 写本, fol.243v フランス国立図書館所蔵）

図5　「庭園饗宴図」（部分）『詩選集』fol.40v．ジャライル朝期（1396）　バグダード　英国図書館所蔵（杉村1999より転載）

があったと見られる。例えば，モンゴル宮廷の実情をビジュアル的に伝える『歴史集成』ミニアチュールおよび『サライ＝アルバム』がイスタンブル，ベルリン，パリなどに現存しているが[12]，ここに描かれるイル＝ハン朝宮廷の朝儀においてはハン（皇帝）とハトン（皇后）の面前に大型の祭器，あるいは食器が置かれている（図4）。年代が14世紀に近い古いミニアチュールにおいては，これらの器は金属器，あるいは白磁器として描かれているが，写本の書写年代が下るに従って，それらは青花磁器に変わってゆく。モンゴル宮廷の朝儀における白の重要性は既に述べたとおりであるが，ミニアチュールを見る限り，青花といっても青を基調とする器と白を基調とする器の両方が並べられており（図5），青と白が対となって，あるいは青と白と金が鼎になって使用されていたことがわかる。このことから，宮廷用の青花瓷器がモンゴルの神聖観と深く関わっていたことが想定できる。元代の青花器には，しばしば青で埋め尽くした空間恐怖的な意匠が見られるが，それはミニアチュールに見えるように，宮廷儀礼的な青と白の対比が陶磁器そのものにも反映されたためではないだろうか。

おわりに

　青花の意匠に五爪・四爪・三爪の龍や鳳凰，あるいはその他の霊獣が多用されたのは，ハーン（皇帝）を頂点とする皇帝権力秩序の表れと深い関係がある。少なくとも，元代に生産された初期の青花瓷器は民衆文化よりも宮廷文化と深い関わりを持ちながら発展していった。青花の意匠の中には雑劇や戯曲など中国の富民層の都市文化を反映したものも見られるが，その作例は決して多くはなく，宮廷文化から都市文化への傾斜が認められる。青花の生産窯が元朝の官窯を掌る浮梁磁局が置かれていた浮梁州（景徳鎮）におこったのも決して偶然ではなく，初期の青花の供給先が主に元宮廷であったためではないだろうか。

　『モンゴル秘史』の冒頭にみえるモンゴル始祖神話には，モンゴルの始祖として「蒼い狼」*börte čino* と「白い牝鹿」*qo'ai maral* が登場するが，このような「青」と「白」の対比的提示はキタイ（契丹）の始祖神話にも「青い牛」と「白い馬」として見られるなど，オンゴンを媒体とするシャマニズム，すなわち，古代ユーラシアの祖霊信仰・族霊信仰と関わるものであった（愛宕 1955, 村

第 1 部　元青花の誕生とその背景

上 1964: 238）。よって，元朝およびトルコ系・モンゴル系王朝の宮廷で青花が珍重されたのは，実用的な意味もさることながら，宮廷における儀礼的・祭祀的意味合いからその色彩が重視されたためと思われる。西アジア・中央アジアにおいて白磁を模倣した白釉陶器が数多く作られると同時に，青・藍が多用された陶器が大量に生産され，さらに意匠として動物文が多用されたのも同様の理由によるものであろう。もちろん，青花瓷器が生まれた背景には，技術的要因や流通事情など他にも様々な要素があるだろうが，緻密な意匠を持つ青花瓷器の大型品が次々と生産されたのは，祭祀・儀礼も含めた元朝の宮廷文化と無関係とは言えないだろう。明朝が元様式の青花を大量に保有していたという事実は，元宮廷の所蔵品や元の御窯（官窯）をそのまま接収した結果であると想定され，それは青花と宮廷の密接な関係の反映であると思われる。

註

1) 「ハーン／カーン」qayan は「ハン／カン」qan の強調形であり，ハンの中のハン，大ハンを意味する。チュルク，ウイグルでは「可汗」（カガン）である。モンゴル帝国ではチンギスは自らはハンを名乗ったが，第 2 代皇帝の太宗ウゲデイがハーンを名乗り，第 4 代の憲宗モンケ以後の歴代皇帝はハーンを名乗るようになった。
2) kökö (köke) [Mon] / kök [Tur] は本来，暗濃の「蒼」を意味しており，濃い暗灰色（＝黒）とも通じていたが，一方で同時に鮮やかな青緑色（青／緑）の意味も持っていた。(Laude-Cirtautas 1961; 愛宕 1956: 14)
3) 『モンゴル秘史』『歴史集成』などには，テブ＝テングリ以外にもココチュという名の人物が見られ，当時はこの名が割とポピュラーな名前であったことがうかがえる。
4) トルコ語においても「白」aq は尊敬，清浄，幸福などを表す色であり，Sine-üsu 碑文，東面第 10 行には「白い〔高貴な〕ベグと黒い〔野卑な〕奴隷を彼は住まわせたという」というように，ベグを表す「白」が奴隷の黒と対比的に記されている。モンゴルの習慣の源流であると考えられる。
5) 村上正二はシャマニズムの研究家ツァプリカに拠り，オンゴンを「シャマン獣」といい，また，部族の創造神・守護霊である「族霊」とも呼んでいる。
6) 村上正二も白い装束とは清浄なるべきシャマンの身につける正式な装いであり，白馬はシャマンが天上に駆け上るための聖具のひとつであったとする（村上／秘史，3: 27）。
7) 『モンゴル秘史』と同様の記事は，『元史』1，太祖紀，太祖元年，歳丙寅にもある。「帝，諸王羣臣と大會し，九游白旗を建て，斡難河の源に於いて皇帝位に即く。」

8) トルコ・モンゴルにおいては7は9と並んで聖数であった(エリアーデ 1974, 上：450-456)。
9) 例えば，エリアーデはアルタイ系シャマニズムで鳥がシャマンや彼の乗る白馬を天に導く役割を果たすことを指摘する(エリアーデ 1974, 上：323-334,387-388)。元朝では白鳥・白鷺が神聖視され，特に「天鴻」「天鵝」と呼ばれた白鳥は太廟の犠牲獣として呈され，民間の捕獲は禁止されていた(『元史』74, 祭祀志 3, 宗廟上, 牲齋庶品；『通制條格』27, 雜令, 禁捕天鴻；村上／秘史, 1: 204-205)。
10) ラージュヴァルディナについて初めて言及したのはKāshānīの『宝石の花嫁と歓喜の宝玉』(`Arāyis al-Jawāhir wa Nafāyis al-Aṭāyib`)であるが，その記述にはいわゆるミナイ手との混同が見られる。ただし，ラージュヴァルディナはミナイ手が発展した技術として捉えることが可能である(岡野 2008(a)(b)(c))。
11) 元朝では衣服の意匠として五爪二角龍は皇帝以外に使用が認められておらず，器皿(茶酒器)においても同様であった(『元典章』典章 29, 礼部 2, 服色, 文武品従服帯)。また，同様に王族のみに使用が許可されていた四爪龍文の一般民衆向け織物の製造も禁止されていた(『元典章』典章 58, 工部 1, 造作, 段定, 禁織大龍段子)。一般民衆に使用が許されていたのは，三爪龍文である。
12) Staatsbibliothek zu Berlin (ベルリン国立図書館) 所蔵 Diez Collection のサライ＝アルバムに関しては Ipsiroglu 1964, Topkapı Salayı Müzesi (トプカプ宮殿博物館) 所蔵のサライ＝アルバムに関しては Grube and Sims 1985 を参照。『歴史集成』パリ 1113 写本 (Bibliothèque nationale de France, Supplément persan 1113) に関しては Bibliothèque nationale de France (フランス国立図書館) のサイトの電子カタログから低解像度の画像を閲覧できる (http://mandragore.bnf.fr/jsp/rechercheExperte.jsp)。

史料

『元史』：[百衲本]四部叢刊, 明洪武刊本；[校点本] 中華書局, 1976.
『大元聖政國朝典章』(『元典章』)：[元刊本]『景印元本大元聖政国朝典章』国立故宮博物院, 1976.
『大元通制條格』(『通制條格』)：[明抄本] 国家図書館明初抄本, 中文出版, 1970.
Mongyul-un Ni'uča Tobčiyan. (『モンゴル秘史』)：
　　[秘史／四部]『元朝秘史』十巻, 續集二巻. 四部叢刊三編.
　　[秘史／村上] 村上正二[訳註]『モンゴル秘史——チンギス・カン物語』1-3. 東洋文庫. 平凡社. 1970-76.
Rashīd al-Dīn Faḍl Allāh. *Jāmi' al-Tawārīkh*. (『歴史集成』)：
　　[Jāmi'/Raushan] Muḥammad Raushan wa Muṣṭafā Mausawī [tafqīq]. 4 jild. Tihrān: nashar al-barz, 1373.
　　[Jāmi'/Paris] Bibliothèque nationale de France. MS. Supplément persan 1113.
Shihāb al-Dīn 'Abd Allāh Sharaf Shīrāzī. *Tārīkh-i Waṣṣāf*. (『ワッサーフ史』)：
　　[Waṣṣāf/Bo] *Tārīkh-i Waṣṣāf al-Ḥaḍrah dar Aḥwāl-i Salāṭīn-i Mughūl*. Tihrān. 1338/1960.
　　[Waṣṣāf/NU] *Tajziyat al-Amṣār wa Tazjiyat al-'Aṣār*. MS. Nūr 'Uthmāniyah, 3207.
Kāshānī, 'Abd Allāh Ibn 'Alī. *'Arāyis al-Jawāhir wa Nafāyis al-Aṭāyib*. (『宝石の花嫁と歓喜の宝玉』)：
　　['Arāyis al-Jawāhir] *'Arāyis al-Jawāhir wa Nafāyis al-Aṭāyib*. Tihrān: Intishārāt-i Anjumān-i Āthār-i Millī, 1345/1966.

第1部　元青花の誕生とその背景

Marco Polo. *le devisement dou monde*『世界の記述』:
　［MP/Fr］Luigi Foscolo Benedetto ［ed.］. *il Millione*, Firenze,1928.
　［MP/Rasusio］Giovanni Battista Ramusio ［ed.］. *I viaggi di Marco Polo, Navigazioni e viaggi*,vol.3,
　　Venezia,1559, (Giulio Einaudi ［re ed.］ Torino, 1980.)

参考文献

Allan,J.W. 1973. "Abū'l-Qāsim's Treatise on Ceramics." *Iran: Journal of the British Institute of Persian Studies* 11. pp.111-120.

Allsen,T.T. 2006. *The Royal Hunt in Eurasian History*. Philadelphia: University of Pennsylvania Press.

Bertagaev,T.A. 1970. "On the Etymology of a Color Name in Mongolian." Louis Ligeti ［ed.］ *Mongolian Studies*. pp.67-70.

Clauson,Gerard ［ed.］ 1972. *An Etymological Dictionary of Pre-Thirteenth- Century Turkish*. Oxford: Clarendon Press.

Doerfer,Gerhard 1965. *Türkische und mongolische Elemente im Neupersischen: unter besonderer berücksichtigung älterer neupersischer Geschichtsquellen, vor allem der Mongolen- ind Timuridenzeit*. 4 bs. Wiesbaden: Franz Steiner Verlag GMBH.

Григорьев,А.П. 1978. *Монгольская Дипломатика XIII-XVвв*. Ленинград: Издательство Ленинградского Университета.

Grube,Ernst J. and Sims,Eleanor ［eds.］ 1985. *Between China and Iran : paintings from four Istanbul albums : a colloquy held 23-26 June 1980*. New York : Islamic Art Foundation.

Ipsiroglu,M.S. 1964. *Saray-Alben: diez'sche Klebebande aus den Berliner Sammlungen*. Wiesbaden: Franz Steiner Verlag GMBH.

Kadoi Yuka 2009. *Islamic Chinoiserie: The Art of Mongol Iran*. Edinburgh: Edinburgh UP.

Laude-Cirtautas,I. 1961. *Der Gebrauch der Farbbezeichnungen in den Türkdialekten*.Wiesbaden.

Masuya Tomoko 1997. *The Ilkhanid phase of Takht-i Sulaimān*. 2vols. Ann Arbor, Mich. : UMI Dissertation Services.

Melikian-Chirvani,A.S. 1996. *Les frises du Shāh Nāme dans l'architecture iranienne sous les Ilkhān*. Paris : Association pour l'avancement des études iraniennes.

Muḥammad Panāh,Bahnām 1388. *Kuhan Diyār (jild-i duwwum) : majmū'-i āthār-i Īrān pas az Islām dar Mūzah-hā-yi buzurg-i jahān*. Tihrān: Intishārāt-i Sabzān.

Poppe,N. 1977 "The Use of Color in Mongolian." *Canada-Mongolia Review* 3/2.

Vladimirtsov,B.I. 1948. *Le Régime Social des Mongols: le Féodalisme Nomade*. Paris: Librairie d'Amérique et d'Orient, 1948 (Владимирцов,Б.Я. *Общественный Строй Монголов : Монгольский Кочевой феодализм*. Издательство Академии Наук СССР. Ленинград, 1934).

Yoshida Jun'ichi　2010. "Монголчуудын шувуулах уламжлалын тухай (Falconry by the Mongols)." *The Promotion of the Historical and Cultural Community of Korea-Mongolia*. Seoul: KAMS International Symposium dedicated to the 20th anniversary of Korean-Mongolian diplomatic relations.

エリアーデ,ミルチア 1974. 掘一郎［訳］『シャーマニズム：古代的エクスタシー技術』上下. ちくま学芸文庫. 筑摩書房 , 2004（邦訳初版：冬樹社 , 1974）．

岡野智彦 2008（a）.「セルジューク朝の陶器の技術革新」『煌めきのペルシア陶器—11 〜 14 世紀の技術革新と復興』中近東文化センター：6-13.

岡野智彦 2008（b）.「ラスター彩陶器とミナイ手陶器」『煌めきのペルシア陶器—11 〜 14 世紀の技術革新と復興』中近東文化センター：14-18.

岡野智彦 2008（c）.「イル・ハーン朝の窯場の破壊と復興」『煌めきのペルシア陶器—11 〜 14 世紀の技術革新と復興』中近東文化センター：19-21.

愛宕松男 1955.「キタイ氏族制の起源とトーテミズム」『愛宕松男東洋史学論集 第三巻キタイ・モンゴ

ル史』東京：三一書房，1990: 92-122（原載：『史林』38/6）
小野浩 1993.「「とこしえの天の力のもとに」―モンゴル時代発令文の冒頭定型句をめぐって」『京都橘女子大学研究紀要』20.
オルトナスト，ボルジギン 2008「オンゴンの位相―ウジムチン地域のオボー祭祀における家畜をオンゴンにする儀礼を通して」『日本モンゴル学会紀要』38: 35-49.
ゲレルト，ソーハン 2004.「チンギス・ハーン時代のダルハンに関する一考察」『史滴』24.
鯉渕信一 1983「モンゴル語における色彩語」『アジア研究所紀要』10.
杉村棟 1999『世界美術大全集東洋編 第 17 巻イスラーム』小学館．
田原亜紀子 2005『『元朝秘史』における色彩語彙―特に「kökö」と「börte」を中心として」『アジア文化学科年報』8: 1-14.
松川節 1995.「大元ウルス命令文の書式」『待兼山論叢 史学篇』29.
三上次男 1971.「イル汗国時代のペルシア陶器に現われた中国的装飾と装飾技法について」『イスラーム陶器史研究』三上次男著作集六．中央公論美術出版，1990: 57-76（原載：『史学』44/1）
村上正二 1964.「モンゴル部族の族祖伝承―とくに部族制社会の構造に関連して」同著『モンゴル帝国史研究』東京：風間書房：207-276（原載：「モンゴル部族の族祖伝承（1）（2）―とくに部族制社会の構造に関連して」『史学雑誌』73/7-8. 1964.）
護雅夫 1948.「遊牧国家における「王権神授」という考え―突厥の場合」同著『古代トルコ民族史研究 II』山川出版社，1992: 256-290（原載：「遊牧国家における『王権神授』という考え―トッケツ民族の場合」『歴史学研究』133）
護雅夫 1985.「突厥の信仰―シャマニズムについて」同著『古代トルコ民族史研究 II』山川出版社，1992: 233-255（原載：「突厥の信仰―とくにシャーマニズムについて」『三上次男博士喜寿記念論文集 歴史編』）
森安孝夫・オチル〔編〕1999.『モンゴル国現存遺蹟・碑文調査研究報告』豊中：中央ユーラシア学研究会．

元青花磁器覚書

謝 明 良

はじめに

　1929年にホブソンが書いたデーヴィッド財団所蔵の至正11年紀年銘を持つ青花象耳竜文瓶に対する考察(Hobson 1929)以来，1950年代のポープによるアルダビール廟とトプカプ宮殿博物館の14世紀青花磁器への大規模な調査(Pope 1952,56)を経て至正様式青花磁器への関心が一挙に高まった。そして最近の亀井明德の資料集成(亀井編2009a)まで，元青花磁器に関する研究史は90年になろうとしている。この間に，関連する論文数はかなり多く，研究内容も多方面に及んでいる。

　研究史を振返ると，元青花に関して未だに解決されていない問題がある。すなわち，至正様式の起源である。これはまた，至正様式の装飾とは中国伝統陶磁の変化の結果なのか，それともイスラーム陶磁の影響なのかという問いでもある。これに関連して，至正様式の主なスポンサーは誰なのか。モンゴル人か，漢人か，それともムスリムか。この疑問への研究者間の回答もまとまっていないが，それは元青花への視点の違いによるものである。しかしそれらの差は大きなものとは言えないので，ここでは至正様式に対するムスリムスポンサーの明らかな例を紹介して起源論に関する基礎知識としたい。また至正様式の年代論についても，本論の後半で記してみよう。

1. アラビア文字を有する至正様式青花

(1) イラン・アルダビール廟蔵青花飛鳳文盤(図1)

　内面には圏線による同心円状の区画があり，変形蓮弁文の頂部による八弁区画の中心には蓮唐草が飾られ，八弁区画の外には吉祥文の変形蓮弁文・飛鳳花

第1部　元青花の誕生とその背景

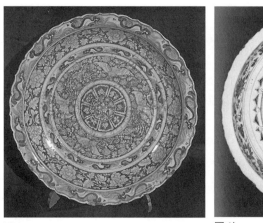

図1a

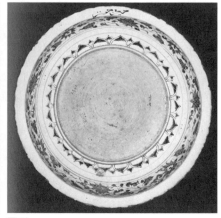

図1b

図1c

図1d

卉唐草文・波涛文・纏枝花卉文が続き，口縁部には波涛文を描く。白磁表面にコバルトで描かれた波涛文をのぞき，他の同心文様帯は白抜となっている。外面を見ると，底部は無釉で高台近くには双鉤蓮弁文がある。体部には蓮唐草文が施されるが，口縁部下を注意すると釉下彩のアラビア文字が見られる(図1b・c)。その他に，体部下側の蓮弁上位の圏線近くには，方形区画内にペルシャ王名が釉上彩で陰刻されている(図1b・d)。これはシャー・アッバースのワクフナーメと読むことが可能であり，アッバース1世が1611年にアルダビール廟に贈った千点以上の寄贈品の一部であることを示している。ペルシャ王の銘が焼成後に刻まれたのに対して，口縁部外側の釉下のアラビア文字銘は焼成前に書かれたものである(Pope 1956)。

　先にこの青花盤を紹介したポープは，青花ペルシャ文がアラビア文字に熟達していない人物によったものであり，正確な判読が難しいとしている。けれども第一字はペルシャ語でホセインまたはハリム，さらにはムハンマドの可能性がある。第二字はハックかベジュフトあるいはマルフムと読むことができる。二つの字を組み合わせると，ホセイン・ハック(ホセインは真理)，またはホ

セイン・ベジュフト(比類なきホセイン)と読むことが可能であり，それはムハンマドの孫の美徳を賞賛している。以上を整理すると，ペルシャ文は，元青花を焼成した江西省景徳鎮にシーア派ムスリムが存在した可能性を示している(Pope 1956)。ポープの後，バシール・グレイはこの銘文をホセイン(フセイン)とハキールと読んでいる(Gray 1963)。また最近コーズウェルも第一字をホセイン・ハリーム・モハメッド(ムハンマド)，第二字をハック・ベジュフト・マルフム・モハメッド(ムハンマド)と読み，両字を組み合わせてホセイン・ハック(ホセインは真理)，ホセイン・ベジュフト(比類なきホセイン)，ホセイン・イブン・モハメッド(ムハンマド)(モハメッド/ムハンマドの子ホセイン)と読むことが可能だがホセインはムハンマドの子ではなく孫なので，結論としてこの至正様式盤はペルシャ人の注文を受けた中国の陶工が母音字の筆写に慣れていなかったため，奇妙なペルシャ文になったとしている(Carswell 2000)。

(2) 景徳鎮出土資料(図2)

中国江西省景徳鎮の戴家弄窯跡出土の青花折縁盤である。盤内面は公開されていないため，詳細は分からない。外面の体部には纏枝蓮華唐草文が描かれ，上位には二重圏線があり，釉下にコバルトで描いたアラビア文字が口縁部外側に見られる。上記アルダビール廟資料と似ているが，アラビア文字はまだ解読されていない(曹 2009)。

図2

(3) シリア出土の青花圍檻竹雞文盤(図3)

ヘンリー・パラオン旧蔵の稜花大盤である。内面中央には折枝纏枝牡丹文と花卉文が尾長鶏の両側を飾り，鶏の側には竹が描かれ，下には垣根を飾る波涛文がある。外側には纏枝蓮文が，口縁部は菱形幾何学文が飾られている。

図3a

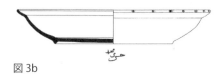
図3b

外面の装飾は不明だが、無釉の底部に墨書でアラビア文字が書かれている。報告者のコーズウェルによれば、このアラビア文字墨書は中国陶工によるもので、ペルシャ人商人が中国に発注した製品であるという。また大型のサイズはペルシャのミニアチュールに描かれているような、大盤を囲んで大勢が手食で食べるイスラーム世界の食習慣と符合しているとした(Carswell 1972, 85, 2000)。

(4) ハーバード大学フォッグ美術館蔵の青花孔雀牡丹文盤(図4)

　イギリス人リチャード・ホバート旧蔵の、ハーバード大学フォッグ美術館に寄贈された青花盤である。もともと鉄道技師のウィリアム・カミングスが、インドで購入した約600点の中国陶磁の中の1点である(Gray 1964-66)。内面は牡丹・孔雀・竹石と垣根が外側に描かれ、人工の庭園風景が現されている。その外側には16個の変形蓮弁文が白抜きで表現され、弁内には折枝花葉文が描かれて、さらに先端部には纏花文が充填されている。このような白抜描写によって本来の文様が直されていることが、内面の型跡より見ることができる。アラビア文字は垣根図上の変形蓮弁文内の折枝花卉文上にある。折枝花卉文と似た白色の凸文のため、折枝花文とアラビア文字が本来陰刻された型内にあって押印成形されたことが推測される。1960年代に早くもバシール・グレイはこれに注意しており、アラビア文字を有する装飾の弁内折枝花文が押圧で圧縮さ

図4a

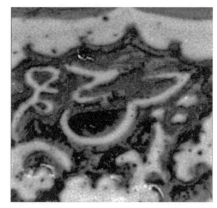
図4b

れため，アラビア文字の下部空間が広がって充填されたと指摘した(Gray op.cit.)。アラビア文字をジョン・アイールスは，第一字がペルシャ語母音の Ch であるためペルシャ語のチーニ(中国)である可能性を指摘している(Ayers 1951, Carswell 2000)。

(5) 東部ジャワ出土資料(図5)

イワン所蔵の東部ジャワ出土資料(Adhyatman 1981)には，インドネシアのアラブ人地域(Beamish 1995)で発見されたとされるものがある。この資料と前掲のリチャード・ホバート旧蔵品は，共に型成形の白抜折縁盤であり，両者

図5

のアラビア文字は字体が似ている。ただし東部ジャワ出土資料のアラビア文字は，変形蓮弁文内の白抜文の上の釉下にコバルトで書かれたものである。その他，口縁部を除くと，体部内面は白抜技法によって描かれている。

(6) 台湾個人蔵花果文折縁盤(図6)

内面中央は白地にコバルトで花果を描き，外側と口縁部が白抜きになっている(鴻禧美術館 1998)。白抜部の表現は前述のリチャード・ホバート旧蔵でハーバード大学へ寄贈された孔雀文盤(図4)と大差なく，16の変形蓮弁文が並び，折縁部は蓮華唐草文が描かれる。アラビア文字は変形蓮弁文内の折枝花卉の上に

図6a

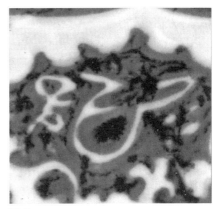

図6b

第1部　元青花の誕生とその背景

あり，文字字形はリチャード・ホバート旧蔵品と概ね同じ(図4b)で，また東部ジャワ青花の銘文(図5)とも近い。

(7) イギリス個人蔵青花玉取獅子折縁盤(図7)

　内面中央は白抜で纏枝花葉文・蕉葉文・太湖石文で飾られ，中央には玉取獅子文が描かれる。外側は16の変形蓮弁文が巡り，折縁部は纏枝蓮華唐草文で飾られている。アラビア文字は，同様に変形蓮弁文内の折枝花卉文の上側に見られる(ESKENAZI 2010)。レジーナ・クラールが指摘したように，字形と外観の特徴は上述のハーバード大学蔵資料(図4b)・台湾個人蔵資料(図6b)とほとんど同じである(Krahl 2010)。その他，最近のアッサドゥラ・ソウレス・メリキアン・チルバニのアラビア文字解読によれば，これはイランの専門書家がペルシャ語をナスタアリーク書体で書いたものであるという。第一部分は名でハッサン，第二部分は二字あって第一字がハイイまたはヤヒヤ，第二字はジャームと読め，ジャムシードの名を現したものとなる。そこで父の名がハイイ(あるいはヤヒヤ)そして祖父の名がジャームであり，ジャームの子ハイイの子あるいはジャームの子のヤヒヤの子ハッサンとなる。ハッサン自身は注文者の名ではなく，書家の名と考えることもできる(Melikian-Chirvani 2010)。

図7a

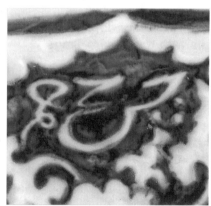

図7b

2. 至正様式青花の性質と装飾起源の問題

　至正様式青花の観察の重点は研究者によって異なっており，その性質や装飾様式の起源については様々な観点で解釈されているが，その中には当然イスラームの影響を強調する議論がある。例えばメドレイは至正様式青花の性質と消費層の中心がイスラーム世界の富裕階層であったと考え，前述のハーバード大学蔵資料であるペルシャ文を持つ型成形白抜折縁盤などの製品は，ムスリムパトロンの特別注文品とした(Medley 1981)。三杉隆敏はまた似た観点で，元青花はムスリムの注文品であると述べる(三杉1987)と共に，白抜の原型がペルシャ陶器にあることを指摘した(三杉1976)。次いで尚剛は，元青花の変形蓮弁文の形状がモスクのアーチと外観上類似していること，細部装飾の特徴を考察したうえで，至正様式青花の誕生とイスラーム芸術の密接な関係を具体的に指摘している(尚1993)。

　その他，プリスチッラ・ソウチェクと桝屋友子は元青花の装飾配置に注目して，藍釉金彩磁器と類似する製品はモンゴル政権がイラン・イラク・アフガニスタン地区に樹立したイル・ハーン国のラージュヴァルディーナ陶器にあることを明らかにした(Soucek 1999, 桝谷2010)。また杉山正明はラージュヴァルディーナとはペルシャ語でラピスラズリ製品を意味し，コバルト釉製品が高価なラピスラズリ製品と入れ替わり，後代の明の『回回館訳語』に青花磁器はラピスラズリ製品の意訳であるとされるまでになったとしている。それにとどまらず，元代の青花磁器はモンゴル帝国時代のイスラーム諸政権の君主や貴族たちが最も珍重した宝物であり，同時に元が諸国を籠絡するために使った道具であったと述べている(杉山1992, 弓場1999)。杉山は元青花をイスラーム向けの贈り物であったと推測しているが，かつて劉新園が元青花に見られる雲文・蘆雁文・蓮池鴛鴦文と中国文献に記載された元代の官服文様を比較する中で，青花磁器は元皇室が景徳鎮に命じて製作させたイスラーム貴族向けの貿易陶磁であったとする考えに近い。さらに元の文宗はイル・ハーン国に「磁器を賜った」と述べている(劉新園1992, 2001)。

　両者の議論には惹かれる点はあるものの，実証が難しい。ただしそれに関し

第 1 部　元青花の誕生とその背景

て付言すれば，中央アジア南部から西アジア一帯のイル・ハーン国(1256-1335)は形式上大ハーンの正統性を奉じた藩属国であるが(イルはモンゴル語で「従属」を意味する)，事実上独自の運営を認められた政権であった。そのため西アジアなどに伝来した元青花磁器の中に，イル・ハーン国の旧蔵品あるいは元王朝がイル・ハーンの宮廷に運ぶ予定のものが含まれるなら，その性格はいわゆる商品である貿易陶磁ではなく贈り物と言える。

　至正様式の青花の性質と起源を考えるうえで，もう一つ重要なのは，現在残る元青花に少なからずみられる漢字である。その記入方法は胎土への押印・釉下コバルト・釉上刻書，そして胎土への墨書がある。その中で釉上の刻書は，江西省景徳鎮陶磁館蔵「戊子年□□」青花罐に見られる焼成前の例(中国上海人民出版社 1983)を除けば，他の墨書は焼成後の加工であるため漢字記入の年代は判明しがたい。焼成前の胎土への押印は非常に少ないが，旧ソ連のエルミタージュ博物館蔵カラホト出土の元青花碗類の破片内面に「王」字が記された例がある(尚 1983)。そのため年代が記された元青花の漢字銘は，実際には釉下のコバルト銘に集中している。

　元青花の釉下コバルトの漢字銘文にはいくつかの種類があって，1 絵画装飾の表題と見なせるもの(例：日本の旧萬野美術館蔵「百花亭」銘盤口壺，あるいは湖南省博物館蔵「蒙恬将軍」銘玉壺春)，(萬野美術館 1988　小学館 1981)，2 吉祥文字(例：河北定興県出土「壽」字高足盃　河北省文物研究所 1986)，3 製品の本来の用途と関係ある詩文(例：江西省高安デポ「人生百年長在醉，算来三萬六千場」銘高足盃　劉裕黒等 1982)，4 紀年銘文(例：四川省雅安市デポ「至正七年置」銘双繋蓋罐　李直祥 1988)，5 用途不明の銘文(例：台湾の清翫雅集個人蔵「等」字梅瓶　国立歴史博物館 1985)の 5 種に分けられる。さらに収集年代(「至正十一年」)，品名(「花瓶」)，関係者姓名(「張文進」)，消費方法(「祈保合家清吉子女平安」)，消費場所(「星源祖殿」)など多くの情報が記されたデーヴィッド財団瓶(Lam 2009，黄 2010)もある。当然，研究者は釉下のコバルト漢字銘文とその意味に留意しており，とりわけデーヴィッド財団瓶については多くの研究が見られる。

　青花漢字銘文以外に，1960 年代以来日本の研究者を中心に至正様式青花に記された人物の物語及び藻魚などの図像と元曲(元代の詩歌)の比較が行われた。例えば斎藤菊太郎は至正様式青花に「岳陽楼」，「細柳営」，「西廂記」，「桃園結

義」、「三顧孔明」などの元曲の場面を確認しただけでなく，元青花の魚藻文と藻魚図絹本画，草虫文八方葫蘆瓶と常州草虫画の関連を指摘している。その影響が今日まで続く古典的研究（斎藤 1967,73　佐々木 1985）であり，1990 年代に青花磁器と常州草虫画の関係をさらに進展させたロデリック・ホワイトフィールドの考察（Whitefield 1994）が斎藤論文に啓発されたことは否定できない。近年大きく騒がれた元青花「鬼谷下山」大罐の図像の考察（Scott 2005）も，斎藤以来の研究の延長線上にあるとも言える。さらに，このような人物物語図の青花は，イラン・アルダビール廟やトルコ・トプカプ宮殿博物館という西アジアの二大コレクションには見られないことは注目されてよい。前者はアッバース 1 世が 1611 年に祖先廟に寄贈した伝世品で，後者はオスマン帝国がペルシャやカイロでの戦いで得た戦利品を含む各種多数の由来がある。

3. 至正様式青花の年代と関連問題

　1351（至正 11）年銘青花双象耳瓶を文様の基準として考察したいわゆる至正様式青花の焼成年代の議論は，実に悩ましいところである。至正様式青花の年代論は，研究者それぞれが抱く元青花への考えと深い繋がりがある。そのため簡単に整理することは難しいが，代表的な説を元青花への位置付けと共に見てみよう。

　『元史・百官志』には，元代に諸路金玉人匠総管府の下部機関として「浮梁磁局」が 1278（至元 15）年に設置されたことが記されるが，その終焉年代は不明である。『元史紀事本末』（巻四）には，1352（至元 12）年に「徐寿輝の兵が徽・饒諸州を略奪した」ことが記載され，翌年(1353)には浮梁は大旱魃にあい，一年後(1354)には「元兵が再び回復した後に疫病が猛威をふるい，十人のうち八・九人の人々が死亡した。そして町々の家屋はことごとく灰燼に帰した」（『湘湖馮氏家譜』）と記す。劉新園などは，この記録をもとに浮梁磁局は 1352（至元 12）年に活動を中止し，活動期間は 74 年だったと考えている（劉新園 1982・2001，梁 1991）。

　ただし，浮梁磁局の廃止を 1352（至正 12）年だったとする見解には，なお検討すべき課題がいくつか残る。A 説は磁局廃止年代をもって，至正様式青花の

下限年代とする(陸 2006)。B説では至正様式青花はそれを契機に,官窯から民窯へ変じて生産を継続したとする。この異なった立場は,明初の功臣墓から出土する至正様式青花についてそれぞれ次のように理解する。A説の立場からは当然,明初墓で見られる至正様式青花は明代製品ではなく,伝世された古物が埋納されたことになる。B説の立場からは,民窯へ転換した至正後期の製品となる(陸 2006)。さらに 1352(至正 12)年に紅巾軍が景徳鎮を攻略して以降は,広義の洪武期と見ることができ,明初墓の至正様式青花は洪武期の生産とする考え(張 1996)も,B説の範疇に入るだろう。すなわち,A・B両説とも明初墓出土の至正様式青花を伝世の古物と考えるのは共通しているが,その年代は 1352(至正 12)年の前か,後かに分かれている。

　A・B両説が対立する中で,矢部良明は至正様式青花を永楽年間(1403-24)まで持続して生産されたと主張した。矢部はまず,ポープが帰納的に導き出した「洪武様式」を批判した。ポープ以来多くの研究者は「洪武様式」を元代の至正様式と,明代の永楽・宣徳青花の間に位置する過渡的な様式として考えているが,矢部は至正期の青花が明初段階までに文様と装飾を衰微させていったとする洪武様式の想定自体が誤っていると指摘した。景徳鎮民窯の至正様式青花は明代になっても焼成が続けられ,明初永楽・宣徳官窯陶磁と同時に併存しており,したがって明初墓からも至正様式青花は出土するというのである。これをC説とする。例えば江蘇省江寧県の 1439(正統 4)年の沐晟夫婦合葬墓からの出土した青花梅瓶などは,同時代の景徳鎮民窯が製作したものだと考えた(矢部 1976, 83a, 83b, 92)。それに関連して,今日新たに明らかになった南京明故宮(張 1986)や景徳鎮珠山御器廠出土品(鴻禧美術館 1996,北京大学考古文博学院等 2009)などの資料があり,また台湾国立故宮博物院などの洪武時期のコレクションを我々は見ることができる。そこからポープが想定した「洪武様式」とは,洪武年間(1368-98)のある期間に焼成された製品に過ぎないことが明らかである。研究史全体を振り返れば,矢部の指摘はポープの先見的な想定に対する後からの整理だと考えることができる。

　矢部が提唱した至正様式青花の民窯説の主な根拠には,元青花に帝王が独占した五爪竜文が発見されていないことにある(矢部 1971・83b)が,景徳鎮珠山出土の一群に双角五爪竜文の元青花(劉新園 2001)が確認されたことで,矢部説も

部分的な修正を迫られている。いずれにしろ，矢部の議論は陶磁器の様式論にもふれた注目すべき指摘であって，亀井明徳が学界に再提起するまでは，等閑に付されていたように思われてならない。亀井は考古学の視点で，既知の伝世品と考古資料を網羅した型式学的分析を行い，明初墓発見の至正様式青花について，伝世の古物か明初製品であるかを問う以前に，個別資料ごとに検証する方法を取った。このような立場は，A・B両説を批判的に検証したC説を修正するものといえよう。

　亀井は個別資料を分析する中で現在実証が困難なものも扱っている。たとえば江蘇省淮安の1470（成化6）年陶升夫婦墓出土の至正様式青花獣耳蓋罐を成化時期の製品（図8　劉桂山等1991）に比定したが，その根拠は罐肩部の青花菊文・蓮華唐草文・頸部の唐草文突帯装飾，蓋の変形蓮弁文内の唐草文などの文様に形骸化を認めたためである（亀井2009）。亀井説を少し補うなら，罐の重心が高く最大径が肩部にあるのに対して，1395（洪武28）年湯和墓の同種の罐（図9　蚌埠市博物展覧館1997）は最大径が肩部と胴部の間にあるなど，明らかにプロポーションに違いが見られる。その他，明初墓出土資料には1441（正統6）年山東省魯荒王朱檀妃戈氏墓で口縁部頸部を失った同種の罐（図10　山東省博物館1972・亀井2009）があるが，このような盤口罐の形態差は注意すべきで，メドレイがボ

図8

図9

第 1 部　元青花の誕生とその背景

図 10

図 11

ストン美術館蔵の頸部を二重線充填唐草文で飾り重心が上位にある同じ罐(図11　Medley 1981)の年代を相対的に遅く考えたことを想起させる。問題は，資料の外観上の微妙な違いを年代差とみるかどうかだが，残念ながら至正様式青花の年代観と形式編年の議論は乏しい。今後の検証を待ちたい。

　至正様式青花の上限年代にしても同じ課題が残る。伝湖北省黄梅県 1319（延祐 6）年安氏墓出土の塔式蓋罐は，文様の発色が暗灰色であり，青花と言えるのかは確定していない（九江市博物館 1981，呉 2000，蔡 2009）。また江蘇省金壇デポで出土した青花刻花竜文罐は，出土時に内部にイスラーム暦 714 年（延祐 1 年，1314 年）が刻まれた銀盤が入っていたという（蕭 1980）。だが，青花は陰刻で竜文の上にはっきりと線が描かれているので，私はもう少し新しい時期のものである可能性があると考えており，亀井明徳が主張する 1314[1] 年まで遡るとは思わない。あるいは報告書が述べる元代末期なのか，今のところ不明である。

　至正様式青花の焼成年代と元代陶磁貿易との関係を示す歴史文献を探すと，汪大淵の『島夷誌略』に見られる「青白花磁」を青花磁器とみるか，花文で装飾された青白磁とみるかが問題になる。『島夷誌略』は 1349（至正 9）年の成立で，著者の汪大淵は 2 回の航海経験があると記している。第 1 次の航海は 1330（至順 1）年でインド洋を中心に 5 年間，第 2 次は 1337（至正 3）年に東南アジア地域を経由して 1339（至正 5）年の夏秋の間に帰国した航海である（蘇 1981）。『島夷誌

略』に記される「青白花碗」「青白花磁」「青白花之屬」が青花磁器なら，1330年代に中国では青花磁器を大量生産し，輸出していたことを間接的に意味することになる。言い換えれば『島夷誌略』の「青白花磁」を青花磁器と考えるのは当然青花の起源を1330年代以前とする研究者であり，それに異を唱えるのは青花磁器の出現と大量生産を至正時期(1341-67)とみる論者である(彭1988・90)。また亀井明徳のように至正様式青花の出現を14世紀第1四半期に置く立場であれば，『島夷誌略』に記されたものは稜花形態か，刻花文装飾の青花磁器とみる(亀井2009a)。

『島夷誌略』の「青白花碗」「青白花器」「青白花磁器」は20カ国近くに運ばれ，その範囲は東南アジア・南アジア・西アジアに及んでいるが，最近の考古学成果によれば，『島夷誌略』に「青白花碗」「青白花器」と記された国や地域の遺跡には，至正様式青花の出土地が認められている。たとえば，「青白花碗」が運ばれたジャワ国の都「門遮把逸山」の宮殿遺跡である東ジャワ・モジョクルト県トロウランでは，至正様式青花の資料6,000点以上の出土が推測されている(繭山1985, 亀井・Miksic 2010)。また「青白花器」が運ばれた「甘埋里」は現在のイランのホルムズ島だが(蘇1981)，そこでも至正様式青花の出土がある(三杉1986)。私は，『島夷誌略』に記された「青白花碗」は青花磁器と考えるが，いくつかの疑義に答えなければならないだろう。つまり，『島夷誌略』に記された諸国の遺跡出土資料と，トルコ・イランの両博物館に収蔵されている至正様式青花の中に，至正初期かそれ以前のものが含まれてはいないのか。仮に至正様式青花の年代下限が15世紀まで下るなら，上述の資料や伝世品の中に明初製品が含まれていないのか。それらは，15世紀にタイやベトナムで至正様式鉄絵や青花を模倣した製品の一つではないのか。残る課題は山積しているが，至正様式青花磁器の様式論による年代決定は，全て今後の課題である。

おわりに

様式論による年代決定を進めるためには，中国国内市場用の製品と輸出用製品の比較は欠かせないだろう。両者の器形は大きく異なり，施静菲によれば中東地域は大型盤・瓶を中心とし，中国国内は瓶や罐が多いとは言え，碗・盤・

杯類もあって大型盤は極めて少ない(施2000)。また中国国内の内モンゴル地域でしばしば見られる高足盃は，基本的に西アジアのイスラーム地域にはみられない(弓場2007)。青花の文様様式も同様で，中国国内市場用の製品は至正様式と略描様式に分かれる。その多数の器形は僅かながら輸出用にも使われ，東南アジアから中東などに運ばれたものもある。文様が簡単な略描様式の元青花は東南アジアの各遺跡で良く出土し，ペルシャ湾のジュルファールなどの遺跡でも発見されている(佐々木1988)。至正様式の元青花は中東の二つの大コレクションが良く知られるが，日本や東南アジアのタイ・インドネシアの遺跡でも見られる。

　亀井明徳の詳細な資料集成の成果によって，中国・日本などで出土した元青花の情況を把握できるようになった。2009年までに中国で出土した元青花の器形は，窯跡以外では瓶・罐・壺・爐・盃・匜・碗と中小形の盤である(亀井2009a)。さらにモンゴルと中国国境に近いカラホト遺跡では元青花の出土資料は少なくとも500片以上と多く，カラホトがアジア大陸の交通の要衝であったことと関係するかもしれない(Lubo-Lesnichenko1994，弓場2009)。モンゴル共和国のオルホン平原の南側で13世紀後半に宣慰司都元帥府が設置されたカラコルム遺跡でも，元青花の盤・碗・玉壺春そして高足盃が出土している(亀井2007・09b)。モンゴル地域で出土した元青花の資料数はすでに多く，そこには至正様式資料や少数の白抜盤片が含まれているとはいえ，大部分は広義の国内向け製品に含まれる。器形は玉壺春瓶が少なくなく，匜や高足盃など元代に流行した酒器を含んでおり，中東に運ばれた元青花とは明らかに異なっている。

　興味深い点は，イスラーム教徒が多い中東地域の消費者が景徳鎮の陶工に注文した文様の中に仏教や中国道教に関連する各種の吉祥宝物文様が含まれていたことである(図1)。ポープは元青花の青色顔料と技術が中東由来であり，装飾文様は竜・鳳凰・麒麟・鳥あるいは瓜・竹・石・波文など中国式の文様と結合して出来上がったことを指摘している。ポープの観察は，多くの研究者が唱えた元青花の中国独自創作説である。同様に吉田光邦はすでにモンゴルの侵略によってイラン・イラクあるいは中央アジアの陶工が捕虜となって中国に連行された結果，元青花の幾何学文様で満たされた空間の中に吉祥装飾を強調させた可能性を唱えている。幾何学文様を複雑に配した碗や盤内に幸福・ムハンマ

ド・礼拝文言を念ずることで，イスラーム陶器装飾の中国化が誕生したとする。吉田の指摘は，元青花の外来影響成立説の先駆である。今日の元青花成立に関わる主な議論は，1950年代のホープ・吉田の論点を部分的に修正・補充したものに過ぎないとも言えようが，本稿では，アラビア文字によるペルシャ語銘文を持つ元青花を提示し，白抜の折縁盤に多くみられることを再度確認した。折縁盤の大きさは同じでないが，形態的な特徴は中東の金属器に近く，白抜装飾の効果はイランのラージュヴァルディーナ陶器の藍地金彩や黒彩や似ている。他に，このよ

図12

うな装飾が多い白抜折縁盤は中国本土ではほとんど見られないが，イラン(ホルムズ　岡野 2011)[2)]・エジプト(フスタート　出光美術館 1984)・インド(デリー Smart 1997)・シリア(アレッポ　Carswell 2005)・タイ(Chandavij 1986)・インドネシア(トロウラン　繭山 1985・亀井&Miksic 2010)・フィリピン(ブトゥアン　Gotuaco 1987)そして日本(沖縄　沖縄埋文 2005)では頻繁に見られる。最近，前述のペルシャ文が刻印されたものと極めて似た白抜折縁盤片(図12　Carwewll 2002)が引き揚げられており，盤の性格を検討する資料が増えつつある。

　最後に，このような銘文を記した目的について述べてみたい。何例かはムスリムと関連するペルシャ語銘文の元青花だったが，同時に元青花には多くの漢人消費者と関連する漢字銘文があることも忘れてはならない。また中国以外の元青花出土地域の情況を考える場合，元青花の中国国内での出土や使用のコンテキストをも考えなければならない。それは考古資料で示されるように，元青花が中国市場でも一定の需要があったからである。一方，内モンゴルのカラホト遺跡で発見された大量の元青花の廃棄資料は，元青花の貿易陶磁としての性格を現している。同様に，中東の二大コレクションとインド出土の至正様式元青花に焦点をあてれば，同時に日本やインドネシアで出土した同種の資料を考慮する必要がある。また至正様式元青花の至正11年銘を記す一対の瓶は，明らかに漢人が注文して道教寺院に献納したものであることにも留意する必要も

第 1 部　元青花の誕生とその背景

ある。このように見ると元青花の消費層は多彩であり，ある部分を過度に強調して製品の個別性のみに言及してしまうと，多元的な性格を見失うため研究史を前提にした整合性と観察が必要になる。そのようなプロセスからの拙論の考察は，これまでとは異なった見解を生みださなかったかもしれない。ただここで述べてきたことは，元青花が異民族統治で生まれた全く新しい陶磁器であり異なった使用対象を企図していたとする想定に対応するわけではないが，最新の考古成果を反映したものである。今後の検討課題は元青花の文様構成や器形などの要素を再分類したうえで，至正様式青花の様式論的な分析を進めるべきであろう。

（翻訳文責：坂井　隆）

註
1)　亀井 2009 の 17-19 頁及び 30 頁註(18)。なお陸明華が指摘した(陸 2006　54 頁)イスラーム暦 714 年を西暦 1336 年(順帝至元二年)とするのは換算の誤りである。
2)　岡野 2008 の 25 頁。この資料の写真は，同氏の台湾国立故宮博物院での講演（2011.5.26)時に提示されている。

参考文献
出光美術館 1984『陶磁の東西交流』
岡野智彦 2008「貿易陶磁器と輸入港―キーシュとホルムズ」『煌めきのペルシア陶器―11〜14 世紀の技術革新と復興―』中近東文化センター附属博物館，2008
沖縄県立埋蔵文化財センター 2005『首里城跡―二階殿地区発掘調査報告書―』
亀井明徳編 2007『カラコルム遺跡出土陶瓷器調査報告書Ⅰ』専修大学文学部アジア考古学研究室
亀井明徳編 2009a「元代青花白瓷の研究」『亞州古陶瓷研究 Ⅳ』
亀井明徳編 2009b『カラコルム遺跡出土陶瓷調査報告書Ⅱ』専修大学文学部アジア考古学研究室
亀井明徳 & Miksic,John N. 2010『インドネシア・トローラン遺跡発見陶瓷の研究―シンガポール大学東南アジア研究室保管資料―』専修大学アジア考古学チーム
齋藤菊太郎 1967「元代染付考―十四世紀中葉の元青花と元曲―（上），（下）」『古美術』18・19　1973-74「元染付藻魚文壺について」『東洋陶磁』2
佐々木達夫 1985「青花生産技術の起源」『東洋陶磁』12，13　同 1985『元明時代窯業史研究』吉川弘文館
佐々木達夫 1988「14 世紀の染付と釉裏紅はどのように出土するか」『栖崎彰一先生古稀記念論文集』真陽社
小学館 1981『世界陶磁全集 13 遼，金，元』
杉山正明 1992『大モンゴルの世界―陸と海の巨大帝国』南川書店
中国上海人民出版社 1983『景徳鎮民間青花瓷器　中国陶瓷全集 19』美乃美出版社
桝屋友子 2010「伊兒汗国早期美術所見的東西交流」『国立台湾大学美術史研究集刊』28
繭山康彦 1985「マジャパヒト王都城出土の元代青花磁片」『元の染付展―14 世紀の景徳鎮窯―』大阪市立東洋陶磁美術館
萬野美術館 1988『萬野コレクション撰集』
三杉隆敏 1976『海のシルクロード』恒文社
三杉隆敏 1986『世界の染付 6　陶磁片』同朋社

三杉隆敏 1987『やきもの文化史』岩波書店
矢部良明 1971「宋元の龍文様と元磁」『MUSEUM』242
矢部良明 1976「景徳鎮民窯の展開」『世界陶磁全集』14 小学館
矢部良明 1983a「元時代の染付とその評価の顛末」『古美術』67
矢部良明 1983b「明朝前期の染付磁器と西アジア」『古美術』68
矢部良明 1992『中國陶磁の八千年』平凡社
弓場紀知 1999「元時代の陶磁器」『東洋美術大全集』7：297 頁
弓場紀知 2005「エルミタージュ美術館所蔵のコズロフコレクション―カラホト城出土の中国陶磁器を中心に―」『京都橘女子大学研究紀要』31
弓場紀知 2007「カラホト城は交易都市か―内モンゴル自治区の金，元時代の遺跡出土の中国陶磁から―」『オアシス地域史論叢―黒河流域 2000 年の点描』松香堂
吉田光邦 1955「青花の技術」『世界陶磁全集 11』河出書房
河北省文物研究所(劉来成) 1986「河北定興元代窖蔵」『文物』1986-1
九江市博物館(胡堯夫) 1981「元代青花牡丹塔蓋瓷瓶」『文物』1981-1
蚌埠市博物展覧館 1997「明湯和墓清理簡報」『文物』1997-2
呉水存 2000「元代紀年青花瓷器及其相関問題的研究」『中国古陶瓷研究』6
黄清華等 2010「至正十一年銘青花雲竜瓶考」『文物』2010-4
鴻禧美術館 1996『景徳鎮出土明初官窯瓷器』鴻禧芸術文教基金会
鴻禧美術館編輯小組 1998『中華文物集粋―清翫雅集―収蔵展Ⅱ』鴻禧美術館
国立歴史博物館 1985『中華文物集粋―清翫雅集収蔵展―』台北
蔡路武 2009「湖北元代青花瓷器及相関問題」『元青花瓷與中華文化国際学術論壇論文集』中国国学出版社
山東省博物館 1972「発掘明朱檀墓紀実」『文物』1972-5
施靜菲 2000「元代景徳鎮青花瓷在国内市場中的角色和性質」『国立台湾大学美術史研究集刊』8
尚剛 1983「唐元青花敘論」『中国文化』9
蕭夢竜 1980「江蘇金壇元代青花雲竜罐窖蔵」『文物』1980-1
蘇継頃 1981『島夷誌略校釈』中華書局
曹建文等 2009「近年来景徳鎮元代青花瓷窯址調査與研究」『故宮博物院院刊』2009-6
張浦生 1996「南京明故宮出土陶瓷綜述―兼析南京明初功臣墓出土瓷器珍品」『朱明遺萃』南京博物院
陳万里 1956「我対"青白磁器"的看法」『文物参考資料』1956-6 期
北京大学考古文博学院等 2009『景徳鎮出土明代御窯瓷器』文物出版社
彭適凡等 1988「『島夷誌略』中的"青白花瓷器"考」『中国古代陶瓷的外銷』紫禁城出版社
彭適凡等 1990「"青白花瓷器"続考」『江西文物』1990-2
李仲謀 2009「談黒水城遺址発現的元代青花瓷器」『中国古陶瓷研究』15
李直祥 1988「雅安市発現元代窖蔵」『四川文物』1988-5
陸明華 2006「元青花瓷器的相関研究」『元青花研究―景徳鎮元青花国際学術研討会論文集』上海辞書出版社
劉桂山等 1991「介紹一件元青花瓷蓋罐」『文物』1991-7
劉新園 1982「元青花特異紋飾和将作所属浮梁磁局與画局」『景徳鎮陶瓷学院学報』3-1 期
劉新園 2001「元文宗―図帖睦爾時代之官窯瓷器考」『文物』11 期
劉裕黒等 1982「江西高安縣発現元青花，釉裏紅等瓷器窖蔵」『文物』1982-4
梁淼泰 1991『明清景徳鎮城市経済研究』江西人民出版社
Adhyatman, Sumarah 1981 *Antique Ceramics Found in Indonesia, Various Uses and Origins*, Ceramics Society of Indonesia: Jakarta
Ayers, John 1951 Early Chinese Blue-and-White in the Museum of Eastern Art, Oxford, *Oriental Art* Ⅲ -4
Beamish, Jane 1995 The Significance of Yuan Blue and White Export to East Asia, *Colleoquies on Art & Archaeology in Asia* 7

第 1 部　元青花の誕生とその背景

Carswell, John 1972 Chinese and the Near East: The Recent Discovery of Chinese Porcelain in Syria. *Colloquies on Art & Archaeology in Asia* 3, University of London; Percival David Foundation of Chinese Art
Carswell, John　1985 *Blue and White Chinese Porcelain and Its Impact on the Western World*, The University of Chicago.
Carswell, John　2000 *Blue & White Chinese Porcelain Around the World*, Art Media Resources Ltd.,: Chicago.
Carswell, John　2002 Two Unexplored Wreak of 14th Century in the Red Sea and off Sri Lanka. *Taoci* 2
Carswell, John　2005 The Mongols Go West form Sri Lanka to Syria, and Byzantium into Europe. *Taoci* 4
Chandavij, Natthapatra 1986 *Chinese Ceramics From the Archaeological Sites in Thailand*. Department of Fine Arts
ESKENAZI 2010 *Fiftieth Anniversary Exhibition: Twelve Chinese Masterworks*. : London
Gray, Basil 1963 Persian Influence on Chinese Art From the Eighth to the Fifteenth Centuries. *IRAN* 1
Gray, Basil 1964-66 The Export of Chinese Porcelain to India, *Transactions of the Oriental Ceramic Society* ⅩⅩⅩⅥ
Gotuaco, Larry et al. 1987 *Chinese and Vietnamese Blue and White Wares Found in the Philippines*. Bookmark Inc.: Makati City
Hobson, R.L. 1929 *Blue and White Before the Ming Dynasty, a Pair of Dated Yuan Vases*, Old Furniture: London.
Krahl, Regina 2010 Snow Lion with Palm Trees, *ESKENAZI*
Lam, Perter Y. K. 2009 The David Vase Revisited: Aunotation Notes of the Dedicatory Inscriptions. *Orientations*, 40-7
Lubo-Lesnichenko,Evgeny1994 The Blue-and-white Porcelain of Yuan Period from Khara-Khoto,『中国古代貿易瓷国際学術研討会論文集』国立歴史博物館：台北
Medley M. 1981「インドおよび中近東向けの元代青花磁器」『世界陶磁全集 13　遼、金、元』小学館
Melikian-Chirvani, Assadullah Souren ? On Some Underglaze Persian Inscriptions in Yuan Blue and White Porcelain, *ESKENAZI*
Pope, John 1952 Fourteenth-Century Blue-and-White. *A Group of Chinese Porcelain in the Topkapi Saray Musezi*, Freer Gallery of Art: Washington D. C.
Pope, John　1955「元、明初の青花」『世界陶磁全集 11』河出書房
Pope, John　1956 *Chinese Porcelain From the Ardebil Shrine*. Freer Gallery of Art: Washington D. C.
Smart, Ellen S. 1997 Fourteenth Century Chinese Porcelain From A Tughlag Palace in Delhi. *Transactions of the Oriental Ceramics Society* 41
Scott, Rosemary 2005 A New Discovered and Important Yuan Blue and White Narrative Jar. *CHRISTIE'S, Chinese Ceramics and Works of Art, Including Export Art* : London
Soucek, Priscilla 1999 Ceramic Production as Exemplar of Yuan-Ilkhanid Relations. *Anthropology and Aesthetics* 35
Whitefield, Riderck 1994 *Fascination of Nature Plant and Insects in Chinese Painting and Ceramics of the Yuan Dynasty（1279-1368）*. Yekyong Publication: Seoul

図版出典・写真出典
図 1a,3,4a: Carswell 2000、図 1b-d: Pope 1956、図 2: 曹 2009、図 4b,6b,7a,7b: ESKENAZI 2010、図 5: Adhyatman 1981、図 6a: 鴻禧美術館編輯小組 1998、図 8: 劉桂山 1991、図 9: 蚌埠市博物館展覧館 1997、図 10: 亀井 2009a、図 11: Medley 1981、図 12: Carswell 2002

景徳鎮元青花の起源に関する在地的要因考

施 静菲

はじめに

　これまでに積み重ねられてこられた元代景徳鎮に関する研究から，景徳鎮の窯業が元代中期から変革していった様子を看取することができる。例えば，窯構造の変化や(熊海堂 1995 pp.99-103)，陶石に新しい原料(高嶺土)を加えて二元配合の胎土を生み出したこと(劉新園・白焜 1982a, 亀井 2009b)，釉原料の調整と実験(Wood 1999)，そして白磁や鉄絵・釉裏紅・青花などの釉下彩技法・釉上彩技法である紅緑彩・孔雀釉・銅紅釉・藍釉などの多様な新製品の開発が挙げられる。これらは景徳鎮で既に行われていた窯業の伝統の下で，陶工は外部の新技術を取り入れることに尽力し，生産方法の改革を進め，多くの新製品を生み出したことを示している。当時の景徳鎮窯業における技術の発展全体から見ると，青花磁器は後に人気を博す花形製品になるとはいえ，その出現は一連の変革の中の一つに過ぎないと理解することができる。一方で，青花磁器の出現の背景には，窯構造や焼成技術，胎土や釉薬・絵付の原料，そして装飾技法など多くの複合的な技術的発展が必要であったことを意識しなければならない。

　青花磁器の起源に関する各論考の中で，青花磁器に相応する技術について重点的に明らかにされてきた部分がある。すなわち，元青花の起源についての多くの学説のうち，靖康の変の後に釉下彩技法が磁州窯から吉州窯に伝わり，間接的に景徳鎮窯へ伝わったという「中国国内発展説」(馮先銘 1980)，青花誕生以前の景徳鎮窯の伝統的な技術を継承している点を強調する「景徳鎮内部技術発展説」(Garner 1964 chap. 2 and 9, 佐藤 1971, 長谷川 1999, 弓場 2008)，そしてコバルト顔料の導入及びそのコバルト顔料による釉下彩技法がイスラーム陶器の技術から影響を受けていることを強調する「イスラーム影響説」(Garner 1956, Young 1956 など)である。

第 1 部　元青花の誕生とその背景

　技術的発展に対して，青花磁器を誕生に導いた動機についてもまたなおざりにすることはできず，むしろさらに重要視すべきである。Maxine Berg が産業革命史の研究において指摘しているように，我々はこれまでずっと技術の具体的な発展について重点的に研究してきており，具体的な技術の導入や開発の前にまず発明のアイディア(invention of ideas)が先立たなければならないということを見落としてきた(Berg 2002, pp.1-30)。言い換えれば，発明のアイディアはそれに相応する技術の発展よりも先立つべきであり，かつ物事の起源の背景にある社会的な動機を明らかにすることで，それに相応する技術や製品様式の選択と採用についてなど，全体的な理解の助けとなる。この考え方は，元青花の研究に対しても要となり有効である。本論では，まず技術的発展に先立つ製品開発の問題，すなわち元青花起源の背景にある動機について論じたい。その動機に関連する学説には，コバルト顔料使用の伝統，およびコバルトの産地が西アジアであることを強調し，元青花が西アジア市場の需要に応じて創成されたとする「西アジア影響説」(Garner 1956, Medley 1974, Carswell 2000, 三杉 1987 など)，モンゴル宮廷が青花磁器の生産に深く関わっていた，ひいてはその創成を主導したと見なす「モンゴル宮廷主導説」(劉新園 1982a・1982b・2001)，あるいはモンゴル帝国のユーラシア大陸統治が中国と西アジア間の東西交流，そして青花磁器の発展を促したことを広く論じる説(Soucek 1999, 桝屋 2010)がある。

　具体的な例証へ立ち戻り，近年における考古学的発見から元青花起源の問題について再度検証してみると，まず数量はもちろんのこと(亀井 2009b)，特徴・種類いずれもこれまで知られていたものよりも増加しており(拙稿 2000)，国内市場の重要性を軽視することはできないことに気づかされる。そして，紀年銘をもつ製品あるいは年代の推定が可能な製品，青花磁器が大量に生産・輸出された時期(1340〜50 年代)よりも早期の製品は，元青花起源の動機を検討する上で重要な鍵を握っていることが分かる。景徳鎮窯の釉下彩製品のうち，コバルトを用いた最も早い年代は 1336 年頃であるのに対し(表 1 参照)，明らかな釉下彩技法は 1320 年代頃から連続的に発展し始めており(例えば湖北武穴 1319 年墓出土の鉄絵蓋罐や 1323 年頃沈没した新安沈船引揚げの釉下鉄絵及び釉裏紅など)，また早期の元青花と釉下鉄絵はともに点彩や線描および簡単な文字が施されているという重要な共通する特徴をもっている。それだけでなく，景徳鎮の早期釉下彩製

品の多くはまさに景徳鎮近隣地域から出土しており，さらにそれらは，墓葬の副葬品，あるいは窖蔵や寺廟に祀られた特注の器という重要な特色を具えているのである（拙稿2000）。しかし，この点についてはこれまで特別な関心が払われて来なかった。このような考えのもとで製品開発の観点から見ると，コバルト顔料が外来のものであるということが，当時の景徳鎮窯における釉下彩磁器発展の方向性に何ら影響することはなく，まして景徳鎮近郊の市場における釉下彩製品の需要に比べて出現の遅い西アジア市場については論じるまでもないことは明らかである[1]。

　上述のこれらの現象はいずれも，青花起源に対する動機についての議論上にあり，とりわけ在地的要因は関心を払うに値する重要なポイントである。しかし，これまでは十分な考察はなされてこなかった。このことから，本稿では元青花起源に対する動機のうち，景徳鎮における在地的要因について中心に論じる。すなわち，主に景徳鎮を一つの空間の中心として考え，文献と窯跡の考古学的調査の相互の考察から得られた景徳鎮の在地産業の発展についての脈絡および歴史背景について触れ，加えて景徳鎮周辺で出土した元青花の早期資料（これまでの考古及び伝世の関係資料を見ると，主に景徳鎮を中心とした近隣地域に分布しており，鄱陽湖周辺の贛東北，皖東南及び浙北などの地の特殊な注文生産磁器の流通が及んだ範囲を含む）の果たした役割と需要を明らかにして確認する[2]。続いて，蔣祈《陶記》において描写されている景徳鎮窯業の苦境から，南宋から元初までの景徳鎮窯業発展の背景を確認し，そしてモンゴル宮廷が景徳鎮に設立した「浮梁磁局」が在地の窯業の発展を牽引する存在であった可能性についても言及する。そして，ほぼ同時期に出現した釉下彩製品にみられる地域的特徴から，景徳鎮近隣地域における在地の需要の重要性について考察を行い，青花磁器出現を可能にした動機について検討する。このほか，近年における元時代の社会と経済発展の研究の積み重ねと，当時の工匠制度についての関連研究もまた元青花の起源に関連する背景を理解する上での一助となるだろう。本研究を通して，景徳鎮元青花の起源における在地的要因を明らかにし，元青花起源の研究を進展させる議論の場となればと願う。

第1部　元青花の誕生とその背景

1. 蒋祈《陶記》に描写された南宋から元初までの景徳鎮の様相

　明清時期の文献記録は比較的多く残されているのに対し，宋元時期の景徳鎮の政治・社会背景については，現在のところ依然としてあまりよく知られていない。そのため，元青花がどのような歴史背景のもとで創成されたのかについては，数少ない資料から考察することしかできない。蒋祈の撰になる《陶記》はこの考察において大変重要な資料であり，その成立年代に対して論争があるとはいえ，景徳鎮の陶磁製作の状況を記録した現存する中で最も古い文献である。その内容は，磁器窯における生産工程や原料，及び装飾技法や製品の種類などを含んでおり，陶磁史に関する豊富な情報を提供し，さらに当時の市場分布や磁課制度など重要な情報にも言及している[3]。

　蒋祈《陶記》は長らく元代の著作と見なされてきたため，これまで多くの研究者がこれをもとに景徳鎮における元代の窯業生産について論じ(例えば佐久間 1981 など)，19 世紀末にはイギリスの研究者 S. W. Bushell や日本の尾崎洵盛，佐久間重男，中国の傅振倫などによって関連する校注が行われ始めた(Bushell 1897，尾崎 1937，佐久間 1981，傅振倫 1979)。近年では，劉新園を中心とした数名の研究者によって《陶記》の南宋成立説が提示され，その有力な論拠とするべく，白焜・顔石麟とともに新たに注釈を付す作業が行われた(劉新園 1981，白焜 1981，顔石麟 1981)。蒋祈《陶記》「南宋説」が示されると，多くの研究者がこれを支持したが(愛宕 1987，金沢 1996)，また激しい論争も起こった(熊寥 1983・1992)。最近では趙冰(Zhao Bing)が《福建通志》の中に蒋祈に関連する記載を発見し，蒋祈の活動時期が南宋晩期(13 世紀中期)であると推測し，《陶記》の成立年代は臧廷鳳編撰《浮梁州志》の時代(13 世紀後期)を下らないとした。さらに《陶記》を元代の著作と見なしているのは，1742 年本《浮梁県志》が出版された当時の説であり，当時の督陶官である唐英が政治的な正当性を持たせるため意図的に操作したものだと見なしている(Zhao Bing 2006)。その解釈が成立するかどうかはさておき，蒋祈《陶記》の清代の各版本には明らかに遺漏や，加筆修正の痕跡があることが指摘されており，「元代説」が 18 世紀の乾隆年間になって登場するという説は確かに注意に値する。馬文寛は趙冰の論述を踏まえ，まずは《福建通志》におい

て蔣祈と浮梁地区を結びつける記録がないことに疑問を呈した。そして劉新園の考察についても改めて評して資料を再考証し，《陶記》の初出は南宋末期であるとの説を示した。さらに当初の様相は分からないながら，現存する康熙年間以後の版本は，浮梁県人である臧廷鳳による改稿・添削を経たのちに彼の編撰である《浮梁州志》に所収されたものに基づいている可能性があり，その成立年代は1325年を下らない元代であろうと考察している(馬文寛 2008)。

　《陶記》の成立年代については依然論争があるが，そこに記載されている内容が南宋から元初にかけての状況に近いことは否定できない。特に，景徳鎮製品の国内での生産販売についての描写において，蔣祈は「……両淮所宜，大率皆江，廣，閩，浙澄澤之餘。土人貨之者，謂之黃掉。黃掉者，以其色不美而在可棄之域也。所謂器之品數，大略有如此者」と記し，北方について言及しておらず，景徳鎮製品が南方で販売された状況のみ記していることに注意しなければならない。政治情勢(北方は金朝の統治下にあった)が切迫していたため，商品の流通に制限があった南宋時期の状況を反映しているのだろう。出土する陶磁器でも同様の状況，すなわち南方では高級品である北方の定窯製品が出土するのにもかかわらず，南方の磁器窯の製品が金朝の墓葬から出土することは極めて少ないという状況が見て取れる(蔡玫芬 2010)。このほか，比較的高級な製品は主に江・広・閩・浙などの地域で販売され，二流品は両淮地区で流通していたことも分かる。

　長くはない誌面の中で，蔣祈は当時の景徳鎮が苦境に陥っていたことを簡潔に描写し，青花磁器の生産が始まる前の時期が，景徳鎮にとって極めて困難な時期であったことを浮き彫りにしている。すなわち，景徳鎮での生産量が以前に及ばないことを嘆き，政府は重税を課し，官吏は汚職にまみれ，仲買人は狡猾に振舞っており，さらには景徳鎮と他の窯業地との競争もあったという。蔣祈が誇張している可能性も排除できないものの，当時の景徳鎮窯業が経営上苦しい状況に直面していたことは，考古資料からも立証することができる。例えば，景徳鎮湖田窯や落馬橋窯跡における南宋末から元初時期の出土遺物の多くは，胎質が粗厚で釉色はくすんでおり，製品の主流は碗皿類である(劉新園 1992 p.14，徐文鵬 2014.6 p.176)。

　このような苦境と，元代の景徳鎮においてさまざまな実験が行われ始め，各

種の新製品が開発されるという改革が行われたことは関係あるのだろうか。Medley は元青花が出現する歴史背景について論じた際，蔣祈が景徳鎮の苦境を指摘したことに注意を促し，当時資金を投入していた商人たちは状況を変えたいと必ず考えていたはずであり，彼らは泉州に常駐，あるいは来訪した外国人商人たちと連絡を取り，外部から新しい創意を取り込もうとした可能性を指摘している(Medley 1974 pp.32-33)。佐藤サアラもかつて景徳鎮における元青花出現の背景として，元代前期に景徳鎮が苦境に陥っていたことを分析している(佐藤 1995)。このほか当時のユーラシア大陸の政治経済の状況からみると，モンゴル政府は 1279（至元十六）年，長期にわたり分裂していたユーラシア大陸の東端の南北の地を統一し，経済的にも南北の市場を統一したが，これは景徳鎮窯業にとって当然利の多きことであった。蔣祈の記載は南方の市場に限られているが，もし元代であれば景徳鎮の製品は当然自由に北方の広大な市場に運ばれ販売されたことが記されるべきであろう。出土状況から見てもこの点は証明されている。南北統一に先駆けて 1275~76（至元 12~13)年には，モンゴル政府は江西の諸郡を難なく攻略し(《元史》巻八〈世祖本記五〉)，すぐ後の 1278（至元 15）年には景徳鎮に「浮梁磁局」を設立した。政府勢力の介入は，景徳鎮の窯業全体を発展させる新しい契機をもたらしたと言える。

2. 元代初期「浮梁磁局」の設立，景徳鎮窯業への啓発の可能性

いったい元代には官窯はあったのだろうか。官窯の具体的な運営と管理状況はどのようなものだったのだろうか。モンゴル宮廷が主導した工芸製作の組織やその作風は，元青花生産に対して直接関係しているのだろうか。これらの問題について学界では様々な見解があるが，いずれにせよ《元史》には，モンゴル政府がかつて饒州(景徳鎮の属する州)に「浮梁磁局」を設置したという記載があり，大都の宮廷でも陶磁器を使用したという事実がある[4]。しかし，「浮梁磁局」設立の意義やそれが景徳鎮の窯業にどのように影響したかについては，これまでの研究ではあまり具体的に論じられていないように見受けられる。《元史》には，「浮梁磁局」は 1278（至元 15)年に設立され，諸路金玉人匠総官府に属し，諸路金玉人匠総官府はまた将作院の下部機関であると記されている。

「秩正九品，至元十五年立。掌焼造磁器，并漆造馬尾稯藤笠帽等事。大使，副使各一員。」(《元史》巻八十八〈百官志四〉浮梁磁局の条)

モンゴル宮廷は金工・染織などの手工業を重視していたのに対し，当時宮廷用の工芸品の製作を掌る将作院の中で磁器はあまり重要視されていなかったように見える。それにもかかわらず，一般的には宮廷の援助と注文が製品の進歩・改良を促す大きな原動力となり，中央が直接指揮をとって監督し，労力・物資を惜しまず宮廷の嗜好に合った高品質な製品を生産したと言われている。景徳鎮からすると，一地方の手工業産業の中心地域に初めて中央直属の機構が設置されたことは，窯業史上一つの重要な新段階を迎えたと言え，景徳鎮の工芸が政府から肯定されたことを示しているだけでなく，すべての経済体系の中で景徳鎮の地位が上がり，併せて現地の陶磁生産の発展にも寄与したと考えられる。このほか，南宋末から元代初期にかけて景徳鎮の人口が増えたことから，北方より職人を含む人々が南遷した可能性が指摘されており(劉新園 1982a pp.67-78)，また浮梁磁局が設立すると，官匠もこの地に駐在させられたという(徐文鵬 2013 pp.20-25)。以上はいずれも景徳窯業の新発展に一定の効果があったとみられるが，その具体的な状況については，以下の二部に分けて論述する。

(1) 宮廷用磁器の様式の確立と流行の牽引

《元史》に浮梁磁局に関する短い記載があるほか，同時代人である孔齊が著わした《至正直記》(序 1363 年記)にも御土窯の条があり，饒州にかつて「御土窯」というものがあり，宮廷専用の磁器を生産したと記されている。

「饒州御土，其色白如粉堊，毎歳差官監造器皿以貢，謂之御土窯，焼罷即封土，不敢私也。或有貢餘土，作盤盂碗碟壺注杯盞之類，白而瑩，色可愛。底色未著油薬處，猶如白粉。甚雅薄，難愛護，世亦難得佳者。今貨者皆別土也，雖白而堊□耳。」

この記載から，毎年朝廷は官吏を饒州へ派遣して監督・焼造させた器皿を貢納させ，それを「御土窯」と呼んだこと，貢器を焼造する以外に余りの土があれば各種の飲食器皿の製作に用いたこと，釉色は白く光沢があり，しかし胎土が薄いため壊れやすく，ゆえに現存する優品は多くないということが知られる。現在のところ，いわゆる饒州の「御土窯」の製品とは，高品質な白磁が中心で

第 1 部　元青花の誕生とその背景

図1　元代「枢府」銘印花白磁碗
高：4.5cm 口径：12cm　国立故宮博物院蔵

図2　元代 枢府手白磁把手付杯・盤
北京市昌平区城関旧県村出土
杯高：3cm 口径：9.4cm
盤高：1.2cm 口径：15.5cm
首都博物館蔵（中国出土瓷器全集編輯委員会 2008 1 北京 図92，93より転載）

あることから，枢府手白磁にあたると見なすのが一般的な共通認識である（陳文平1985，金沢2000）。そしてそれらの多くはモンゴル宮廷と関係する銘款を有している。例えば最も例の多い「枢府」銘のほか，「太禧」「東衛」などの銘をもつ枢府手白磁の製品があり，モンゴル宮廷の白磁に対する嗜好と需要に迎合している（図1）（拙稿2003）。上述の「御土窯」についての記述と実際の枢府手白磁の作品の観察から，景徳鎮の「浮梁磁局」で製作された宮廷用磁器の様相を大方把握することができよう。すなわち高品質な白磁を中心とし，無文のもののほか（図2），通常宮廷が好む龍鳳文や花唐草文をもつものもある。大都遺跡で発見された品質の高い白磁製品もまた当時の宮廷用磁器類と類似している可能性があり，白磁観音像や[5]（図3），古代の青銅器に倣った器形の青白磁の香炉や扁壺，および貴族墓から発見されたチベットの飲食の風習と関係する多穆壺（図4）などがある[6]。

　孔齊は続いて当時の市場で流通しているものは，いずれもその他の土坑から採られた土で焼成された製品であり，品質は御土窯で生産されたものには及ば

景徳鎮元青花の起源に関する在地的要因考

図3 元代 白磁観音像 高:65cm 北京市西城区阜大街出土 首都博物館蔵（中国出土瓷器全集編輯委員会 2008 1 北京 図 81 より転載）

図4 元代 青白磁多穆壺 通高:24.9cm 北京市崇文区龍潭湖幹脱赤墓出土 首都博物館蔵（中国出土瓷器全集編輯委員会 2008 1 北京 図 83 より転載）

ないと述べている。この記述から，当時の官窯製品が景徳鎮磁器の流行を牽引している様子を看取できる。宮廷用の磁器を供給するにあたっては，一方では宮廷の好みに合わせなければならず，他方では高い技術を駆使し，採算を度外視してでも高い品質のものが求められた。これらのコストを惜しまず作り上げられた高品質の枢府手白磁は，一般の窯場で模倣される対象となり，多くの製品が国内外の市場で広く販売された[7]。窯跡の発掘からもその様子は看取でき，景徳鎮湖田窯の発掘では，枢府手白磁と青花磁器が一緒に出土している。そのうち，湖田窯南河南岸からは器形が大きく，優れた作行きの青花磁器が出土し，枢府手白磁も「枢府」銘のあるものなど，比較的精緻な種類のものが出土しているのに対し，南河北岸の窯跡発掘では，小型の碗や盤，高足杯が比較的多く，発見された枢府手白磁の多くは銘款を伴わないものであった（劉新園・白焜 1980，張文江 2000）。また，最近行われた落馬橋の紅光陶磁工場の考古発掘では，多くは無文の枢府手白磁であるが，その間に「枢府」銘のある白磁，及び五爪龍文装飾のある白磁や青花磁器も発見されており，発掘遺物を整理分析した報告によると，このような貢御の性質をもつ磁片の割合は，この窯場の最盛期であっ

第1部　元青花の誕生とその背景

ても全体の5％に満たないという(徐文鵬 2014 p. 176)。上述の例からみると，もし当時の窯場が宮廷用の磁器と一般の民間用の磁器を同時に焼造していたのでなければ，それぞれの窯場はいずれも宮廷用磁器の作風や流行を模倣し追究していたということになる。

(2) 政府の管理弛緩後の景徳鎮窯業の発展

孔齊の論述にある「毎歳差官監造器皿以貢，謂之御土窯，燒罷即封土，不敢私也。」の文と，《江西省大志》(序 1597 年成立)の「元泰定，本路總管監陶，皆有命則供，否則止。洪武三十五年始開窯解京供用，有御廠一所，官窯二十座」という記載には食い違いがあるようである。すなわち「毎歳差官監造器皿以貢」とは常時生産を指し，「皆有命則供，否則止」とは官府の要求するときにのみ官吏を景徳鎮に派遣し，上納用の磁器を監督・焼造させたことを指すと考えられる。時間的な前後関係を考慮に入れると，泰定年間(1324-1327)の後，モンゴル宮廷における磁器の需要量は減ったとみられ，統制もしだいに弛緩した可能性が考えられる。同時にそれまで設置されていた常設機構である浮梁磁局(1278-1320 前後)がすでに廃されて存在せず，宮廷で需要があった際にのみ官吏を景徳鎮へ派遣し磁器の監督・焼造を行い，宮廷の需要を満たした可能性も暗示している。これはさらに政府による重要な情報の管理も弛緩してきたことを示してしており，孔齊の記述と前述の分析に見られるように，「今貨者皆別土也」，すなわち一般の窯場ではその製品を模倣し自由に販売することができ，産業に一定の発展をもたらしたと言える8)。

実際の作品からみると，元代中期以降景徳鎮では，新原料の運用・胎土や釉薬の配合の調整・釉下彩による各種の装飾技法，および新しい文様モチーフの採用，そして各種製品の試験など，次々と一連の改革が行われている。それはちょうど政府の管理が緩んできた

図5　元代　青白磁鉄絵兎文盤 新安沈船発見
約 1323 年　韓国国立中央博物館蔵

景徳鎮元青花の起源に関する在地的要因考

図7　元代　孔雀釉金彩硯盒破片
珠山出土　景徳鎮市陶瓷考古研究所蔵
(香港大学馮平山博物館．景徳鎮市陶瓷考古研究所 1992 図 167 より転載)

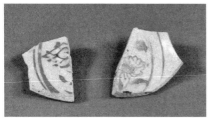

図6　元代　釉裏紅　青花　紅緑彩破片
落馬橋元後期灰坑出土 景徳鎮市陶瓷考古研究所蔵 (香港大学馮平山博物館．景徳鎮市陶瓷考古研究所 1992 図 173-174, 177-178 より転載)

図8　元代　藍釉貼金梅月文爵杯
杯高:8.2　口径長:10cm 幅:6.1cm
浙江杭州市朝暉路元代窖蔵出土 杭州市歴史博物館蔵 (中国出土瓷器全集編輯委員会 2008 9 浙江 図 221 より転載)

後のまさにその時点でのことである[9]。景徳鎮窯における当時の各種実験・変革から見て, 御用の枢府手白磁の出現は新製品の開発と技術改革を導く重要なポイントであることを示している。これらの変革を時系列に沿ってみてみると, 景徳鎮はもともと青白磁を主流としていた状況から転じて, 枢府手白磁を創製し, 高品質な枢府手白磁はモンゴル宮廷あるいは統治階級の人々の手中におさまり, その後一般的な品質の白磁も全国に流通, そして海外にも輸出されるにいたった。これに相応する技術改革として景徳鎮において白濁釉が出現し (Wood 1999), 続いて 1320 年頃から釉下彩や紅緑彩・孔雀釉・銅紅釉・藍釉などを含むその他の各種の新しい製品と新しい技術が陸続と登場し始めた (図 5-8)。また, 白磁の焼造は釉下彩を製作する上での重要な基礎であることは忘れてはならず, この時点で景徳鎮の新製品と相応する技術革新が起こったことは明らかである。

第 1 部　元青花の誕生とその背景

図 9　磁州窯系鉄絵龍鳳文扁壺　高：33cm 北京市元大都遺址安定門外出土　首都博物館蔵
（中国出土瓷器全集編輯委員会 2008 1 北京 図 111 より転載）

図 11　元代 磁州窯孔雀釉下鉄絵罐
高：17.7cm 口径：14.5cm 安徽省池州市貴池区清渓郷連合村出土
池州市貴池区文物管理研究所蔵
（中国出土瓷器全集編輯委員会 2008 8 安徽 図 205 より転載）

図 10　元代至正年間（1341-1368）　磁州窯系紅緑彩碗　劉用墓出土
口径 12.8cm 山西博物院蔵
（中国出土瓷器全集編輯委員会 2008 5 山西 図 182 より転載）

図12　元代 藍釉描金匜　高：4.5cm 口径：17cm
河北省保定市永華南路窖蔵出土　故宮博物院蔵
（中国出土瓷器全集編輯委員会 2008 3 河北 図225 より転載）

また，金代から元代にかけての北方磁州窯系の製品は，絵付け文様を得意とし，色彩のコントラストを好むという特徴があり，釉下彩や紅緑彩・孔雀釉などちょうど前述の景徳鎮の改革によって登場した多くの種類の製品が作られている（図9-11）。文献による直接的な証拠はないが，前述の通り先行研究によって明らかにされたように，中央アジアや中原の織工が特定の地域に遷り，統治階級が求める染織品を製作し需要を満たしたのと同様(Allsen 1996)，モンゴル宮廷もかつて北方の陶工を景徳鎮へ遷らせた可能性もある。多くの製品の種類や作風が共通していることから，磁州窯製品が景徳鎮の多くの新製品の開発に対して影響を与え，一定の促進作用をもたらした可能性を排除することはできない。また，たとえ中央政府が直接的に強制していないとしても，宮廷の好む陶磁器の種類が流行に影響を与えた可能性も軽視することはできない。伝来している文物および考古学的な出土遺物から分析すると，磁州窯製品はモンゴル宮廷の日常用器の主要製品であった（拙稿 2003）。河北省保定市窖蔵（枢府手白磁・青花・青花釉裏紅・藍釉金彩などの製品を含む）（河北省博物館 1965）（図12）や安徽省歙県窖蔵（大量の枢府手白磁と藍釉金彩の爵杯を含む）（葉涵鋆等 1988）の各種の景徳鎮の新製品に見られる通り，これらの新しい製品が元代晩期にさらなる発展を遂げたことは確実である。政府の管理が緩み，自由市場が活発化する中で，これらの新製品出現の契機が促されたのではないだろうか。とはいえ，宮廷の注文生産品と考えられる景徳鎮窯珠山遺跡出土の特殊な製品（青花・藍釉・孔雀釉金彩など）を考慮すると，宮廷による注文生産とこれらの新製品の導入の関係も完全に排除することはできないが，現在のところ資料の不足により，これ以上推論を進めることはできない。

このほか，1340-50年代に元青花の輸出市場は発展したが，大量に輸出された製品の方が大都皇城で発見された青花磁器よりも高い品質を具えていること

も，青花磁器が海外市場に向けて積極的に発展した可能性を示す重要な指標となる。同時に，劉新園は宋元時期の景徳鎮税収の研究において，景徳鎮から上納される税額は元代になって大幅に上がることから，財政上景徳鎮の立場は以前よりも重要になったことを指摘しており(劉新園 1991)，このことから類推すると景徳鎮窯業が大いに発展したことは疑う余地がない。このような繁栄の一方，元末明初の混乱時には景徳鎮は暫時焼造を中止した可能性がある。梁淼泰の研究によると，景徳鎮図書館所蔵の《湘湖馮氏宗譜》には景徳鎮が1352年から1354年まで深刻な旱害と疫病に見舞われたことが明確に記されているという[10]。《明太祖実録》(巻八・巻九)と《浮梁県志》にも1352年から1361年までの間，景徳鎮では何度も深刻な戦乱を経験したと記載されている。このため，この期間は景徳鎮の窯業が停止，あるいは少なくとも生産量に重大な影響を与えた可能性が極めて高い。

3. 地域性のある製品の特徴：点彩と文字

釉下彩陶磁の登場は，景徳鎮が元代に発展したことを示す重要な指標であり，景徳鎮窯業を全くの新しい段階に至らしめた。後の歴史的展開から振り返ってみると，確かに青花磁器はその中で最も重要な製品であることから，これまでの研究においてはその特異性が繰り返し強調され，一方で青花磁器の出現と釉下鉄絵や釉裏紅とのつながりはなおざりにされてきた。しかし，実際にはそれらとの関係は，元青花の起源に対する動機を論じるうえで重要な鍵となるもの

表1 確実な紀年をもつ，あるいは年代が推定できる元代の青花磁器

	出土地・所蔵地	遺跡の性質	紀年	青花磁	出典
1	浙江杭州	墓葬	1336	観音像 3	沈芯嶼 1997
2	江西景徳鎮	墓葬	1338	罐 1 (h.22cm) 穀倉模型 1 (h. 29.5cm)	江西省博物館 1981
3	陝西西安	墓葬	1339	匜 1 (d.9.8cm)	西安市文物保護考古研究院 2013
4	四川雅安	窖蔵	1347	帯蓋罐 1 (h. 11.9 cm)	李直祥 1988
5	江西景徳鎮	墓葬	1348	罐 1 (h.10.5cm)	黄雲鵬 1983
6	英国 Percival David Foundation	江西婺源県星源祖殿への奉納品	1351	瓶 2 (h.63.6cm)	Lam 1989
7	安徽臨渙鎮	墓葬	1353	盤 1 (d.16.2cm)	北京芸術博物館等 2009

である。それらは互いに類似した一連の技術が必要であるだけでなく，同時に地方市場においてそれらの釉下彩陶磁の需要があったという点が重要なのである。この点から，景徳鎮における釉下彩技法の出現と発展について追究し，また元青花の出現という重要な問題について理解する。なぜ長らく青白磁が主流であった景徳鎮において，まず白磁が誕生し，その後各種の釉下彩製品へとさらに発展したのであろうか。それについては，すでに示した多くの製品と磁州窯系製品の類似性から，北方陶工の南遷，あるいはモンゴル宮廷の磁器に対する嗜好の影響を受けたという要因のほか，景徳鎮近隣地域における地方独特の需要とのきわめて密接な関連性を挙げたい。

　本節では，確実に紀年のある早期の元青花製品（約1330～1350年の間）から景徳鎮近隣地域において需要が起きる上での原動力について探りたい。表1から早期作品によく見られる装飾技法として，意図的な点彩と文字という二種類の装飾技法があることに気づかされる。また，景徳鎮青花の早期作品はいずれもまさに景徳鎮近隣地域から発見されており，主に副葬品や供具である。このような用途の傾向は，景徳鎮近隣地域における需要と結びついているだけでなく，この二種の装飾技法とも密接に関連している。続いて景徳鎮の釉下彩磁器にみられる二つの装飾技法がいかに在地市場の需要を満たし，元青花の出現がどの

図13　元代 青白磁西王母塑像2件 高：19cm、19.5 cm　杭州後至元丙子年（1336）墓出土 杭州歴史博物館蔵（中国陶瓷全集編輯委員会 2008 図134、135 より転載）

第1部　元青花の誕生とその背景

図14a　元代　青花釉裏紅穀倉模型　通高:29.5cm
江西景徳鎮後至元四年（1338）墓出土　（汪慶正1987図7より転載）

図14b　元代　青花釉裏紅四神罐　通高:22.0cm　江西景徳鎮後至元四年
（1338）墓出土（汪慶正1987図6より転載）

ように現地の需要に応えていったのか見てみたい。
　まずは点彩について論じる。杭州1336紀年墓出土の3件の青白磁王母娘娘像では釉下鉄絵と青花による簡略な線条と点彩が目や衣服の襟，頭髪などに施されている（図13）[11]。また，1338年穀倉及び四神罐とともに出土した2件の人物俑は，点彩によって重要な部位を目立たせている好例であり，衣服や目，

景徳鎮元青花の起源に関する在地的要因考

図14c 元代 釉裏紅・鉄絵人物俑 高:19.8cm 江西景徳鎮後至元四年（1338）墓出土（中国陶瓷全集編集委員会2008 図228より転載）

図14d 元代 釉裏紅・鉄絵人物俑 高:20.5cm 江西景徳鎮後至元四年（1338）墓出土（中国歴史博物館にて筆者撮影）

眉は釉裏紅で，帽子や靴は鉄絵で点彩が加えられている（図14a〜d）。これらの釉下彩の鉄・銅紅・コバルトによる点彩装飾は，いずれも立体的な形状の部分の上に目を引く色を加えており，重要な部位を強調するために用いられている。このような装飾技法は，この時期から始まったものではなく，それ以前の陶磁の装飾にもよく見られるものである。例えば，河南省安陽の隋代張盛墓（595年）出土の2件の人物俑には鉄絵顔料を用いて目や眉・頭髪・帽子が強調されており（考古研究所安陽発掘隊1959），また，六朝から唐代にかけて大量に副葬された彩絵陶俑にも重要な部位や衣服の上に顔料が施されているなど，普遍的に見られるものである。さらに，金代から元代にかけての磁州窯系釉上彩である紅緑彩でも点彩の施された人物俑があり（秦大樹1997），江西地方の宋元墓葬出土の褐彩俑などにも例がある（拙稿2009）。単色釉や無釉の陶俑に比べ，顔料は人々の注意を引きつける効果があることから，これらの例においては製品の重要部位を強調するために用いられている。

　墓葬出土の陶磁俑のほかに，同様の装飾技法は同時期のその他の製品にも見ることができる。たとえば，南宋より神像や仏像用の一種の新興の材質として磁器は突如として登場し，瞬く間に普及したが，なかでも青磁や青白磁の塑像

第 1 部　元青花の誕生とその背景

図15　元代 龍泉窯 青磁塑像
高：25.4cm　北京昌平区出土
(中国出土瓷器全集編輯委員会
2008 1 北京 図 107)

図16　南宋 淳祐11年
(1251) 銘青白磁加彩塑
像　高：25.6cm
上海博物館蔵

図17　南宋 青白磁観音塑像
咸淳十年 (1274) 浙江衢州市史
縄祖墓出土　不連座高：17cm
(国立故宮博物院 2010 図 79 より
転載)

にこの装飾技法が最もよく用いられている(図15・16)。一般的にこれらのサイズが小さいのは，祠堂や寺廟に安置する大型の塑像ではなく，家の中の神棚に祀るためだと推測される。あるいは，南宋の史縄祖墓に副葬されたこのタイプの磁器製の観音塑像(衢州市文管会1983)(図16)にみられるように，墓葬の中で使用された可能性もある。宋代では銅の使用が禁じられたことから，鍍金銅像の比較的安価な代替品として宋元時代には陶磁器製の神仏塑像が次々と作られたと推測する説もある(郭懿萱2011)。これは宋元時代の陶磁製神仏像出現の背後にある動機のひとつとして解釈することができるが，たとえそうであったとしても，なぜ陶工がこれらの塑像の重要な部分の上に点彩を施したのかについては説明できない。全体に単色釉が施された，あるいは局部が露胎の作品に対して(図17)，露胎部分に加彩した製品が現れ始め(図16)，これらが景徳鎮の釉下彩局部点彩装飾の先駆である可能性がある。

なぜ消費者は人の眼を引く視覚的効果のある塑像を望んだのだろうか。Valerie Hansen の南宋の宗教研究によると，当時の人々は神像に対してイメージの正確さだけでなく，神通力の顕現をも求めたという(Hansen 1990 p.55)。彼は

洪邁(1123-1202)の《夷堅志》中の浮梁県で起きたという故事を引用して説明している。当地の人が一人の絵師に寺廟大門の二体の門神の絵を依頼したが、賃金が低すぎたため、この絵師は墨のみで製作したところ、門神が夢枕に立ち、このような図像では民衆が畏敬の念を抱かないと恨み言を言ったという。この故事から、南宋時代の浮梁県近隣地域においては、色彩は宗教的な人物俑において重要な意味をもっていた様子が伺える。すなわち装飾としてだけでなく、その図像を真に迫った表現にするという役割を担い、効果を強める働きをするのである。これらの陶磁製の神仏塑像における露胎や釉色によるコントラストや、重要な部位への加彩は、あるいはこのような効果への期待と関連しているのかもしれない。中には、上海博物館所蔵の1251年紀年の観音坐像(図16)のように、さらに多くの色や金彩を用いて効果を高めたものもある。この作品では冠や衣服に赤・青・金彩装飾を施しているが、その大部分は既に擦れ落ちてしまっている。

　これらの現象はいずれも陶工や注文主がドラマチックなイメージを持つ図像を望んでいたことを示している。ある研究によると、この種の副葬用の俑や塑像に対する「迫真性」の要求は、中国墓葬文化の中で早期より出現したものであり、かつ時代・地域を超越して存在しているものだという[12]。しかしながら、我々は時代や地域が変われば「迫真性」の定義に差異が生じる可能性についても認識しなければならない。本論中のこの種の釉下彩による副葬品はいずれも景徳鎮近郊地域において注文製作されたものだと考えられる。景徳鎮において釉下彩技法が発展する根本的な要因の一つは、このような在地の需要に触発された可能性が高く、露胎加彩や金彩を加えたものに比べ、釉下彩は擦れ落ちにくいという特性があり、長く真に迫るイメージを保持できることから、神通力の作用をより強調することができるのである。

　このほか、考古資料からみると、副葬品として注文製作された青花磁器は地方性が色濃く、筆者が以前元青花国内市場の研究の中でも挙げた通り、江西付近の地域では、青花磁器の早期発展は現地の葬俗や宗教的要求と密接な関係があることを指摘できる(拙稿2000)。釉下鉄絵と青花磁器は宋代に江西地方の墓葬に多く用いられていた日月瓶に一部取って代わり、引き続き墓葬の中で食料や酒類を供する貯蔵器のシンボルとして用いられ、また銅製の明器や

祭器の倣製品としてこの地の墓葬や窖蔵の中に出現した。また，Percival David Foundation 旧蔵の至正大瓶やその他の明代の青花瓶が奉納された例にみられるように，青花磁器は寺廟や家の祖先廟の中で祭祀用の供具としても用いられ，この地域において発展してきたものである。青花の文様は人の注意をひきつけやすいという特徴があり，当地の宗教的関連性および葬俗における需要の上で発展したものとして，注目に値する。

　重要部位への点彩のほか，早期の青花磁器に見られるもう一つの主要な装飾としては，文字の記載が挙げられる。器皿に事件の記録や用途（自名器〔器物名が記されているもの〕）・時代・製作者・出資者，あるいは詩句や吉祥語などの文字を記すことは，中国工芸品においては今日に至るまでよく見られるものである。青銅器にはしばしば重要な出来事が記録されており，国立故宮博物院所蔵の毛公鼎には器腹の内壁に西周の「宣王中興」についての約五百字にも及ぶ長い銘文があり，最も良い例として挙げることができる。発展し普及した陶磁器の上にも文字を記した例は多く，日本の愛知県陶磁美術館所蔵の白磁建築模型の上面にも「米倉」の二字が記されており（図18），明らかに用途を示している。時にはそれほど意味のある内容ではなく，装飾に興を添えるものであったり，祝福の文字が記されているものもある。例えば，高安窖蔵出土の青花高足杯には「人生百年常在醉，算来三萬六千場」（図19）と記されており，明らかに酒席に興を添えるために記されたものである。また，「内府」銘を持つ元明時代の梅瓶があるが，これは用途だけでなくさらに宮廷との関係をも示している（拙稿2000）。

　しかしながら，器皿の上に文字を書くことには，また別の重要な意味がある。中国において文字を記すことは，人と人の間における重要な意思疎通方法であるほか，もう一つの世界（すなわち鬼神）との意思疎通における強力な媒体であると伝統的に認識されてきた（池田1981, Kleeman 1984, Asim 1994, Hansen 1995）。呪符や墓誌・買地券は，紙や石材・金属だけでなく，陶磁器にもよく記されている。陶磁器は耐久性のある材質であり，その上に文字を書いたり彫った朱書陶瓶や穀倉罐・糧罌瓶（墓誌用として用いられた）などは，いずれもこのような意味を具えている。例えば，鈞窯系の陶枕には直接的に「勅鬼」の二字が記されたものがあり（図20），この文字が不思議な力を具えており，鬼神との意思疎通の

助けになっていることを示している。朱書陶瓶や墓誌石・鉄製の買地券の上に直接辰砂を用いて記されたものもまた、その文字が鬼神と意思疎通をするために利用された例であり、目立つ色によって文字の内容を強調している（池田 1981 p.203, Hansen 1995 pp.150-151, Asim 1994 p.336）。墓誌とはすなわち一種の死者の伝記であり、買地券は冥界に死者の到来を告げ、その人物の身分や地位などを保証するために用いられるものである。墓誌と買地券は用途の異なるものではあるが、それらは冥界に死者を知らしめる、あるいは紹介するという役割の点で一致している [13]。宋代《政和五礼新儀》巻二百十六に最も低階級の官吏と一般の平民は石刻の利用を認めないとあるように、多くの時期において国家制度上、低級階層の官吏や平民は石刻の使用が許されていなかった。しかし、多くの考古学的な出土品から、宋元時期においては依然として下層階級の官吏や一般市民の間で死後に関する文書に対する根強い需要があった様子を看取することができ [14]、石材以外の耐久性のある代替品に文字を記し

図18　南宋「米倉」銘白磁鉄絵建築模型
横長：18.5cm　12世紀末～13世紀
愛知県陶磁美術館蔵

図19　青花詩句高足杯　高：9.7cm 口径：10cm
江西省高安窖蔵出土
（汪慶正 1987 図版15　図25より転載）

図20　「敕鬼」銘釉下鉄絵磁枕
磁州窯系 12世紀末～13世紀
広州西漢南越王博物館蔵

ていることから，この需要が関連製品の市場を動かしたことに疑いは無い 15)。

上述の通り，陶磁器は耐久性のある材質として，入手しやすいだけでなく，釉下彩で文字を記せば色が剥げ落ちにくいという利点もあり，理想的な代替品であったと言える 16)。例えば，唐代越州窯系の青磁糧罌瓶では，しばしばその上に文字が彫られ，墓主の生涯を記録し，墓誌として用いられている。余姚出土の 842 年の紀年がある糧罌瓶に記された内容によると，墓

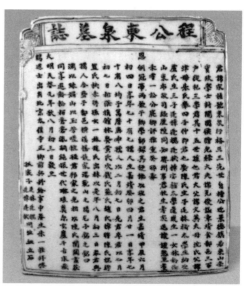

図 21 青花墓誌銘 縦長：21.3cm 横長：25.3cm
天啓元年（1621）（中国出土瓷器全集編輯委員会 2008 14 江西 図 224 より転載）

主は官職名の無い単なる一介の平民であるが，この墓主にとってこの糧罌瓶は墓誌の役割を兼ねていた (魯怒放 1997) 17)。先に採りあげた早期の青花磁器である 1338 年の青花釉裏紅穀倉 (図 14a) もまた青花で墓主の生涯を記しており，同様に墓誌銘の役割を具えていると見なすことができる。さらに後には，青花による墓誌銘は江西地区ではかなり普遍的なものとなり，それらは通常注文生産品であるため (図 21)，使用者の大多数は近隣地域の人々である。そこには，前述の浙江越州窯系青磁糧罌瓶と同様の強い地域的性質があり，当地の墓葬の中に記録を残すことへの強烈な欲求がみられ，景徳鎮で元代中期に釉下彩を発展させる重要な動機の一つであった可能性がきわめて高い。

また，副葬品のほか，供具に奉納銘を記し残す例もある。これはもともと金属製品上に見られる伝統であったが陶磁器上にも記され始める。例えば信徒によって仏前に供えるために注文生産されたイギリスの Percival David Foundation 旧蔵の 1327（泰定 4）年銘の花瓶など，元代龍泉窯の青磁大花瓶にはしばしば刻銘がみられる (Scott 1989 図版 51)。また，青花で奉納銘文が記されている最も明確な例として，同旧蔵の別の著名な至正様式の大瓶一対がある。そこには「信

州路玉山県順城郷徳教里荊塘社奉聖弟子張文進喜捨香爐花瓶一付，祈保合家清吉子女平安，至正十一年四月良辰謹記，星源祖殿胡浄一元帥打供」と記されており，一対の内もう一方の銘文ではやや異なり「至正十一年四月吉日措」と記されている(Scott 1989 図版 55)。この大瓶一対は香炉 1 点とともに一式で喜捨され，銘文によると江西省信州路玉山県順城郷徳教里にある荊塘社という道教の信者である張文進が製作を依頼し，1351（至正 11）年に江西省婺源県の星源祖殿（霊順廟）に祀られている胡浄一元帥へ供えるため寄進したことが明確に示されている[18]。これらの 2 件の例は年代・場所・人名などの内容を詳しく記載しているのに対し，四川省雅安県窖蔵より出土の青花罐には簡単で短く「至正七年置」(1347)とのみ記されている(李直祥 1988)。

総じていえば，上述のこれらの陶磁器に記された文字は，いずれも信仰する神々との意思疎通という目的のために用いられている。鉄絵・釉裏紅・青花を問わず釉下彩による文字は白地の上で強いコントラストを生み，越州窯系や龍泉窯青磁の刻銘に比べて鮮明であり，登場後急速に受け入れられていったことだろう。副葬品に朱書の例が多い点から見て，あるいは当時の景徳鎮で発展した釉下彩のうち釉裏紅が主力技法であったのかもしれないが，純然たる赤色に焼き上げることが難しいことから，別の方法として青花が選択され，却って首座を勝ち取り，普遍的な製品となっていったと推測することができる[19]。

おわりに

本論では，元代景徳鎮窯業の根本的変革を基礎として，青花磁器の出現に対する在地的要因について論じ，新技術導入の背後にある動機について追究してきた。一連の元代の窯業改革という脈略の中で，景徳鎮における青花磁器の出現をみてみると，陶工が速やかに変革を決断し，新しい原料や装飾技法を導入している様子を看取することができる。これらの発展は景徳鎮窯業における当時の逆境に対して積極的に対応した結果であり，蒋祈《陶記》に描写されている苦境を速やかに突破したものと見なすことができる。また，1278 年に「浮梁磁局」が景徳鎮に設立され，朝廷の資源を投入し，流行を牽引，そしてモンゴル宮廷が白磁を好んだことが景徳鎮の磁器生産において一つの契機となり，白

第1部　元青花の誕生とその背景

磁が景徳鎮窯業の中で一定の地位を占めるに至った。白磁焼造の基礎の上で，陶工は継続して各種の試みを行い，青花を含む釉下彩・紅緑彩・孔雀釉・銅紅釉および藍釉など多様な新製品を焼き上げた。とりわけ1320年代になって官窯の管理が緩んでくると，景徳鎮では次第に自由市場が発展し，さらに新しい段階へと入り，不断の努力により新原料とその技術を獲得し，多くの実験を重ね市場の需要に合致する製品を生み出した。そして1340～50年代の国内外の市場に販途を広げ大規模に発展する前段階において，在地市場の地域的特色をそなえた副葬品及び供具の需要が，景徳鎮で釉下彩の発展を直接的に促したことについて軽視してはならないということを指摘したい。

そして，景徳鎮の早期釉下彩製品の多くは景徳鎮の近隣地域から出土しており，かつそれらは主に墓葬の副葬品や寺廟に祀られた特注の器なのである。このことから，我々はその濃厚な地域性に気づくだけでなく，景徳鎮の陶磁産業が発展を求めた際，市場を切り開く影響力をもって積極的に取引先との間に密接な関係を築いていたということも理解できる。

最後に，本論の最初に強調した通り，我々はこれまで技術の具体的な発展に対して重点を置いて研究をしてきたが，技術開発の前の重要な前提である，製品の開発はそれに相応する技術の発展に先立つべきである。かつ新製品の起源の背景にある社会的な動機を明らかにすることは，それに相応する技術や製品様式の選択と採用に対する全体的な理解の助けとなるのである。この考え方は，元青花の研究に対しても一種の啓示を与える。本論における景徳鎮元青花の起源に対する在地的要因の整理が，元青花のこれからの研究に何らかの示唆を与えられれば幸いである。

なお，本研究は中華民国科技部専題研究計画補助（MOST 101-2010-H-002-181-MY2）の助成を受けたものである。

（翻訳：杉谷香代子）

註
1) 中国国内市場で出土した元青花の早期製品については，呉水存や朱裕平の研究など，多くの研究者がすでに整理を行っており，またその重要性についても指摘されている（呉水存1990 pp.40-48，朱裕平2006 pp.60-61）。しかし景徳鎮における元代の窯業の発展という脈略のもとで論じられているものはあまり見られない。この

ほか，多くの西洋の研究者にとっては，これらの考古学的に出土した早期の青花製品は，主流の青花磁器と比べて特徴と性質の面においていずれも差異が大きく感じられるため，本来論じるべき元青花の脈略の中に取り込んで一緒に論じることが難しいとみえ，大概一筆添えるか省略して触れない程度である。その中にあって，Medleyの1970年代に発表された元青花の起源についての研究に筆者は注目している。Medleyは早期の元青花について詳しく解説しており，伝世の早期の青花（および釉裏紅）製品の一群を挙げ，主に高足杯・玉壺春瓶・蓋罐の三種の器形があり，それらの様式と胎釉の表現について分析を行い，併せてそれらが在地市場の需要によって作られたものであり，生産された期間は比較的長いものと見なした（Medley1974 pp.35-36）。しかし，当時はまだ資料として有効な考古学的出土品はなく，当時得られていた資料の割合からすると，このタイプの早期製品と"主流"にあたる西アジア向けの国外販売市場あるいは国内の高消費市場のために作られた至正様式の青花磁器とは比べるまでもなく，そのためこの問題は注目されてこなかった。

2）　表1の3の西安張達夫墓出土の青花匜は最近ようやく公開発表された資料であり，本論で挙げる景徳鎮近隣地域の墓葬出土品あるいは特殊な注文生産品とは符合しないが，当時の元青花の国内市場の観点からみると，この青花匜は北方へ運ばれた景徳鎮の飲食用器の重要な紀年資料の例とみなすこともできる（拙稿2000 pp.138-149）。このほか伝湖北武穴1351年舒氏墓出土の青花香炉は表1には掲載していないが，これはその出土の経緯が明らかでなく，現在のところその経緯を実証しにくいためである（亀井2009b p.37［補訂資料］048）。

3）　《陶記》の最も早期の版本は既に遺失しており，現在我々が主に使用している版本は《浮梁県志》内に附されている《蔣祈陶記附》である。そのほか《江西通志》や《饒州府志》の後の版本にも記述があるが，これらはいずれも《浮梁県志》に基づいて書かれたものである。《陶記》の版本についての論考は，尾崎1937 pp.2-4，白焜1981 pp.36-52 参照。

4）　元時代の官窯についての論争および宮廷用磁器についての具体的な状況の考察については，拙稿2003 pp.169-203 参照。

5）　李玉珉の研究によると，モンゴル統治時代，統治者がチベット仏教を信仰していたため，チベット仏教式の仏像や菩薩の塑像が作られたという（李玉珉2007 pp.194-199）。

6）　蔡玫芬の研究では，鉄可父斡脱赤墓葬出土の文物は官府からの賞賜品であり（北京市文物研究所1986），その中の景徳鎮青白磁の製品（多穆壺，ビーズ紐繋ぎ文のある玉壺春瓶や稜花盤，匜，そして印花碗三件を含む）は，浮梁磁局の監督のもと製造された官様の磁器であると推測している（蔡玫芬2001 pp.223-224）。

7）　一般の枢府手白磁の生産量は多く，国内の元代の墓葬や窖蔵から時折発見され，安徽省歙県窖蔵出土品に見られるように，その中には「枢府」銘をともなう作品

第 1 部　元青花の誕生とその背景

及び無款の同類品ともに含まれている（葉涵鋆ほか 1998 pp. 85-88）。中国国外出土の「枢府」銘磁器については Abu Ridho 1983 図版 1-6 参照。

8)　元政府は「匠戸」制度を実施し，全国の技術の高い工匠を官匠・民匠・軍匠の三種の戸籍に編入させ，その地位は世襲制とし，業種の変更を許さなかった。工匠は一年中局に入って働くほか，多くの地方局院を渡り歩き輪番で働き，定められたノルマを達成しなければならない状況下で，さまざまな場面で自身の製品を販売したものと見る研究もある（高栄盛 1997 pp.123-129，胡小鵬 2003）。

9)　陸明華は，浮梁磁局が 1352 年に廃止されたという前述の劉新園の説に同意しつつも，これを景徳鎮民窯の発展の契機とみなし，明初の墓葬から出土する至正様式の青花磁器は官窯から民窯に転じた至正晩期の製品であると考えている（陸明華 2006）。この説は，元代中期（1320 年代頃）に政府の管理が緩んだ後に景徳鎮窯業が発展したと見なしている筆者の説とは異なるものである。

10)　景徳鎮市立図書館所蔵の『湘胡馮氏宗譜』によると，至正年間の 1352（壬辰）年に景徳鎮地区は戦場となり，1353（癸巳）年には旱魃が起こり，米価格が暴騰，10 人中 8～9 人の人々が死亡し，またさらに 1 年後，前年の旱魃のために再び深刻な穀物不足に陥り，多くの人々が餓死した。元朝の軍隊が接収管理の後にも，さらに疫病が流行り 8 割～9 割の人々が亡くなった（梁淼泰 1991 p.13）。

11)　この塑像のモチーフの問題については，これまで特別注意が払われず，筆者を含めた研究者たちは発掘報告をそのまま引用してこの塑像を「観音」と見なしてきた（拙稿 2000，2009）。しかし本尊の頭部に「勝」が載っている形から判断すると，この塑像が観音ではなく漢代の西王母から変化した民間信仰中の王母娘娘である可能性がきわめて高い（小南 1993 p.43-56）。なお，このうちの 2 件は『中国陶瓷全集 11 元（下）』に掲載されており，"西王母塑像"と作品名を付されているが，その根拠については説明されていない（中国陶瓷全集編輯委員会 2000，図 134-135）。このほか，弥永信美は南宋の洪邁《夷堅志》の中に観音の霊験についての多くの故事があり，その中で観音はしばしば女性として現れることから，これもまた観音が女性化していく過程の重要な資料の一つであると注意を向けている（弥永 2002 p.378-380）。興味深いことに，これらの観音の霊験の多くは饒州周辺を舞台にしており，西王母が民間信仰中の王母娘娘に変化していくこと，観音の女性化の両者の間には関係があるのか，今後も注意して見ていきたい。なお，『中国陶瓷全集 11 元（下）』および弥永信美の著作については 2 名の匿名審査員にご指摘いただき（2014 年『浙江大学芸術与考古研究』第一輯に中国語にて本稿を発表した際の査読審査員），小南一郎の著作についてはニューヨーク大学古代文明研究センター副教授曾藍瑩氏に関連資料をご教授いただいた。記して感謝の意を表する。

12)　巫鴻は墓葬中の物質性についての論述において，墓俑及びその表現媒体に対してその重要な性質と特徴を挙げており，その中の一つが「迫真性（verisimilitude）」である（巫鴻 2010 pp.123-127）。

13) 先行研究によると，墓誌はいくつかの階級の官吏にのみ使用が許されたため，官職に就いていない者は買地券を用いて墓誌の役割を代替したという(Kuhn 1996 p. 23, Asim 1994 p. 319, 363)。

14) Dieter Kuhn の宋代の埋葬制度の研究では，功績をあげていない文人であっても石刻の墓誌を用いている考古学的資料が発見されているが，これらの石刻墓誌の内容は比較的簡潔であることから，明らかな越権行為で上層階級に礼を失している訳ではないと推測されている。彼の推測が事実かどうかはさておき，低級管理および平民も石刻を使用していたということについては事実といえる(Kuhn 1996 p. 23 註108)。

15) 李椿の叙述記録には，彼の伝記を不朽のものとするため，墓誌の材質は必ず耐久性のあるものでなければならないと記されている(王善才 1987 p.84-85, Schottenhammer 1994 p. 256)。

16) 元青花の大盤には，印花と青花で，あるいは青花のみでアラビア文字を記している製品が数件ある(謝明良 2012)。これらの製品はいずれも海外市場のために作られたものであり，本論に挙げる景徳鎮近隣地域における副葬品や供具とは異なる脈絡のものであり，これについては今後別稿を設けて論じたい。

17) また同地区出土の 850 年の紀年をもつ青磁罐にも似たような内容が記されており，墓主である朱氏のための墓誌である(文物編輯部 1957)。

18) この大瓶は，1929 年当時，大英博物館の東方文物部部長であった Robert L. Hobson が初めて紹介し，中国考古ではまだその他の紀年の作品を発見されていなかった段階において，最も重要で且つ唯一の一対の紀年銘をもつ基準作であった(Hobson 1929 pp. 3-8)。以来，この青花象耳大瓶の銘文およびその背景について，その記載内容から解読されてきたが，最近の 2 年のうちに，Peter Y. K. Lam が指摘する通り，中国地方誌の重版およびネットワーク資源(E-research)の応用などにより，至正大瓶の銘文の解読には大幅な発展があった(亀井 2009b，黄清華・黄薇 2010 pp.64-76, Lam 2009 pp.70-77 参照)。

19) 大英博物館所蔵の明代の景徳鎮窯青花磁器のうち，釉下コバルト顔料で文字を書いた製品は墓誌，買地券，祭祀用器の銘文のほか，珍しいものとしては官箴もある(Harrison-Hall 2002-2003, pp.75-76)。

参考・引用文献
【日本語文献】
Abu Ridho, Wayono M. 亀井明徳訳 1983「東部ジャワトゥパン発見の陶磁器(The Ceramics Found in Turban, East Java)」『貿易陶磁研究』3
Kleeman, Terry F. 1984 "Land Contracts and Related Documents"『中国の宗教・思想と科学 牧尾良海博士頌寿記念論集』東京：国書刊行会
池田温 1981「中国暦代墓券略考」『東洋文化研究所紀要』86
尾崎洵盛 1937「元蒋祈陶記略」『陶磁』9-5
愛宕松男 1987『東洋史學論集 中國陶瓷産業史』三一書局

第 1 部　元青花の誕生とその背景

金沢 陽 1996「蒋祈陶記年代論争を読む」『出光美術館研究紀要』2
金沢 陽 2000「景徳鎮湖田窯焼造の"樞府手"碗に見る元代"官搭民焼"の傍証」『出光美術館紀要』6
亀井明徳 2009a「元様式青花白瓷の研究」『亞洲古陶瓷研究』IV
亀井明徳 2009b「中国出土元青花瓷の研究」『亞洲古陶瓷研究』IV
佐久間重男 1979「元代の景徳鎮窯業－蒋祈の佚文『陶記』を中心に」『三上次男博士頌寿記念 東洋史考古学論集』三五堂
佐久間重男 1981「蒋祈『陶記』訳註」『東洋陶磁』7
佐藤サアラ 1995「元青花の発生に関する一考察」『ファッションビジネス学会論文誌』1
佐藤雅彦 1971「青花，釉裏紅のはじめ」『陶器講座』第七巻　雄山閣
施靜菲 2009「景徳鎮における元代青花と釉裏紅の出現」『大和文華』120
陳文平 1985「卵白瓷年代考」『陶説』403 号
長谷川祥子 1999「元(至正)様式の青花瓷誕生についての一考察」『東洋陶磁』28
長谷部楽爾 1981「元代の磁州窯，吉州窯その他」『世界陶磁全集　遼金元』小学館
馬承源監修，樋口隆康，長谷部楽爾日本語版責任編集 1991『中国・美の名宝：完璧なかたちと色をもとめて－古代・唐・宋の陶磁器』日本放送出版協会／上海人民出版社
三杉隆敏 1987『やきもの文化史』岩波書店
弥永信美 2002『観音変容譚』法藏館

【中国語文献】
汪慶正編輯 1987『青花釉裏紅』香港：両木出版社
王宗沐輯，陸萬垓増補 1989《江西省大志》『中国方志叢書』779
王善才 1987「宋武略大夫李椿墓碑」『文物』3
郭懿萱 2011「蒙元時期陶瓷佛教造像初探」『2011 台大芸史所学生研討会摘要集』台北：国立台湾大学芸術史研究所
河北省博物館 1965「保定市発現一批元代瓷器」『文物』2
顏石麟 1981「宋・蒋祈《陶記》現代漢語訳文」『景徳鎮陶瓷』10
衢州市文管会 1983「浙江南宋衢州市墓出土器物」『考古』11
胡小鵬 2003「元代的系官匠戸」『西北師大学報(社会科学版)』3
呉水存 1990「元代紀年青花瓷器的研究」『江西文物』2
高榮盛 1997「元代匠戸散論」『南京大学学報(哲学人文社会科学)』1
黄雲鵬 1983「館蔵和窯跡出土的元青花，釉裏紅瓷」『江西歴史文物』4
考古研究所安陽発掘隊 1959「安陽隋張盛墓発掘記」『考古』10
孔齊著，荘敬，顧新校注 1987『至正直記』上海：古籍出版社
黄清華，黄薇 2010「至正十一年銘青花雲龍瓶考」『文物』4
江西省博物館 1981「江西豊城県発現元代紀年青花釉裏紅瓷器」『文物』11
国立故宮博物院 2010『文芸紹興南宋文物特展　器物巻』
小南一郎著 孫昌武訳 1993『中国的神話傳説与古小説』北京：中華書局
蔡玫芬 2001「転型与啓発：浅論陶瓷所呈現的蒙元文化」『大汗的世紀：蒙元時代的多元文化与芸術』台北：国立故宮博物院
蔡玫芬 2010「荘厳与細巧：南宋的工芸与生活」『文芸紹興：南宋芸術与文化特展図録　器物篇』台北：国立故宮博物院
謝明良 2012「元代青花瓷備忘録」『瓷器手記 2: 亞洲視野下的中国陶瓷文化史』台北：石頭出版社
朱裕平 2006「元代青花瓷的発展過程及其分期」『元青花瓷研究：景徳鎮元青花国際学術研討会論文集』上海：上海辞書出版社
徐文鵬 2013「再論浮梁磁局」『陶瓷考古通訊』2
徐文鵬 2014「景徳・落馬橋紅光瓷廠窯跡出土元代瓷器分期研究」北京大学：修士論文
秦大樹 1997「邯鄲市峰峰礦区出土的両批紅緑彩瓷器」『文物』7

施静菲 2000「元代景徳鎮青花瓷在国内市場中的角色和性質」『美術史研究集刊』8
施静菲 2003「蒙元宮廷中瓷器使用初探」『美術史研究集刊』15
西安市文物保護考古研究院 2013「西安曲江元代張達夫及其夫人墓発掘簡報」『文物』8
孫瀛洲 1963「元卯白釉印花雲龍八宝盤」『文物』1
中国出土瓷器全集編輯委員会 2008『中国出土瓷器全集』北京：科学出版社
中国陶瓷全集編輯委員会 2000『中国陶瓷全集 11 元(下)』上海：上海人民美術出版社
張文江 2000「景徳鎮湖田窯新出土瓷器」『南方文物』2
沈芯嶼 1997「関于杭州出土元青花観音像年代的両点考証」『中国古陶瓷研究』4
傅振倫 1979「蒋祈(陶記)訳註」『湖南陶瓷』1
白焜校注 1981「宋・蒋祈『陶記』」『景徳鎮陶瓷』10
巫鴻 2010『黄泉下的美術』北京：三聯書店
馮先銘 1973「我国陶瓷発展中的幾個問題—従中国出土文物天覧陶瓷展品談起」『文物』7
馮先銘 1980「有関青花瓷器起源的幾個問題」『文物』4
文物編輯部 1957「文物工作報導」『文物』6
北京市芸術博物館・北京市元青花文化交流中心・首都博物館 2009『元青花』北京：河北教育出版社
北京市文物研究所 1986「元鉄可父子墓和張弘綱墓」『考古学報』1
香港大学馮平山博物館・景徳鎮市陶磁考古研究所 1992『景徳鎮出土陶瓷』香港：香港大学馮平山博物館
馬文寛 2008「評『陶記』著作時代考辨—与劉新園先生商権」『考古学報』3
熊海堂 1995『東亜窯業技術発展与交流史研究』南京：南京大学出版社
熊寥 1983「蒋祈陶記著於元代辨」『景徳鎮陶瓷』4
熊寥 1992「耤」、「經總」及其它：答曹建文」『景徳鎮陶瓷』4
葉涵鎣・夏躍南・胡承恩 1988「歙県出土両批窖蔵元瓷珍品」『文物』5
李玉珉 2001『中国佛教美術史』台北：東大図書
李知宴 1986「故宮元代皇宮地下出土陶瓷資料初探」『中国歴史博物館館刊』8
李直祥 1988「雅安市発現元代窖蔵瓷器」『四川文物』5
劉新園・白焜 1982「高嶺土史考」『中国陶瓷』7
劉新園・白焜 1980「景徳鎮湖田窯考察紀要」『文物』11
劉新園 1981「蒋祈陶記著作時代考辨」『景徳鎮陶瓷』10
劉新園 1982a「元代窯事小考（Ⅰ，Ⅱ）」『陶瓷』351, 352
劉新園 1982b「元青花特異紋飾和将作院所属浮梁磁局与画局」『景徳鎮陶瓷学院学報』3-1
劉新園 1991「宋元時代的景徳鎮税課収入及其相関制度的考察：蒋祈陶説著於南宋新証」『景徳鎮方志』3
劉新園 1992「景徳鎮瓷窯遺跡的調査与中国陶瓷史上的幾個相関問題」『景徳鎮出土陶瓷』香港：香港大学馮平山博物館
劉新園 2001「元文宗—図帖睦爾時代之官窯瓷器考」『文物』11
梁淼泰 1991『明清景徳鎮城市経済研究』南昌：江西人民出版社
魯怒放 1997「余姚出土一件唐代墓誌罐」『文物』10

【英語文献ほか】

Allsen, Thomas 1996 *Commodity and Exchange*. Cambridge: Cambridge University.
Asim, Ina 1994 "Status Symbol and Insurance Policy: Song Land Deeds for the Afterlife" in Kuhn, Dieter 1994. *Burial in Song China*. Heidelberg: Heidelberg Edition Forum.
Berg, Maxine 2002 "From Imitation to Invention: Creating Commodities in Eighteen Century Britain", *Economic History Review*, 55, pp.1-30
Bushell, S. W. 1897 *Oriental Ceramic Art*. London.
Garner, Harry 1956 "The Use of Imported and Native Cobalt in Chinese Blue-and-White." *Oriental Blue and White* London: Farber and Faber, 1971; first published in 1954
Hansen, Valerie 1990 *Changing Gods in Medieval China, 1127-1276*. Princeton: Princeton University Press.

第1部　元青花の誕生とその背景

Hansen, Valerie 1995 *Negotiating Daily Life in Traditional China: How Ordinary People Used Contracts 600-1400*. New Heaven: Yale University.
Harrison-Hall, Jessica 2002-2003 "Blue for Who?" *Transactions of the Oriental Ceramic Society*, Vol.67
Hobson, Robert L. 1929 "Blue and White before the Ming Dynasty: A Pair of Dated Yuan Vases." *Old Furniture*, vol.6, no.20: 3-8
Kuhn, Dieter 1994 *Burial in Song China*. Heidelberg : Edition Forum.
Kuhn, Dieter 1996 "A Place for the Dead: An Archaeological Documnetary on Graves and Tombs of the Song Dynasty (960-1279)". *Heidelberg*: Heidelberg Edition Forum.
Lam, Peter Y. K. 2009 The David Vases Revisited: Annotation Notes of the Dedicatory Inscriptions. *Orientations* 40-7: 70-77
Medley, Margaret 1974 Yüan Porcelain and Stoneware. London: *Faber and Faber.*
Pope, John A. 1956 *Chinese Porcelain from the Ardebil Shrine.* Washington: Freer Gallery of Art.
Soucek, Priscilla 1999 "Ceramic Production as Exemplar of Yuan-Ilkhanid Relations", *Anthropology and Aesthetics*, res. 35: 124-141
Schottenhammer, Angela 1994a *The Emporium of the World: Maritime Quanzhou, 1000-1400.* Leiden: Brill.
Schottenhammer, Angela 1994b "Characteristics of Song Epitaphs." In
Scott, Rosemary 1989 *The Percival David Foundation of Chinese Art.* London: The Percival David Foundation of Chinese Art.
Wood, Nigel 1999 *Chinese Glazes*. London: A & C Black.
Young, S. 1956 An Analysis of Chinese Blue-and-White, *Oriental Art*: 43-47
Zhao Bing 2006 Érudition, expertise technique et politique: autour de la querelle de la datation du Taoji. Arts Asiastiques 61: 143-164.

宋末元初 景徳鎮の工房立地

水上 和則

はじめに

"お爺さんは山に柴刈りに"というのは，昔語りの文頭に用いられる常套句である。自然が豊かな頃にあっては，柴は山にあってそれを刈って自宅に持ち帰ることで，燃料源としていたわけである。従来，我々の考える初期窯業にあっても，燃料の薪材はもとより，原料の粘土は山で得られると考えられてきた。陶瓷生産はまるで炭焼きのように，農業生産が行われる里山を深く分け入り，山中がその主な活動場所と考えることが一般的であったろう。

　山で原料の粘土を得てそこで成形が行われ，山で集められた燃料を用い，山の斜面を利用した窯で焼成する。出来上がった商品である陶瓷器は人々の住む郷まで運ばれ，求める人々の手に渡るといった，まるで昔語りのような陶瓷器生産を思い浮かべる。それを果たして，中国中世の窯業生産の姿として捉えて良いのだろうか。

　宋代末元初の景徳鎮窯業では，大きく方向転換を迫られていたと考えている。それは昔語りの生産とは大きく異なり，山野の燃料の樹木はすっかり刈り取られ，見渡す限りの禿山が連綿と山肌を曝していたであろう。原料の粘土採掘で切り取られた山々が不自然な繋がりをもって続いており，所々に見られる地下まで掘り進められた原料採掘坑の出入り口が溜池と崩れかけた掘立小屋と共に，疲れ果てた姿で並んでいた。赤黒く見える山の斜面は龍窯で，黒く湿った煤が長く放置された期間を示していた。自然の山のもつ再生活力は完全に失われており，陶瓷原料として使用可能な粘土は掘り尽くされていた。

　ここで示す宋末元初の景徳鎮窯業の工房(作坊)立地試論は，窯業生産地として多くの職人が暮らす市街区の鎮市と，北宋代を通じて生産の中心地であり，南宋末元初では陶瓷原料の深刻な枯渇状態にある周辺山野から始まる。周辺山

野にあった生産工房を捨てざるを得ない状況となっていたことが，当時の景徳鎮で起こっていたと推察できるからである。この頃には景徳鎮窯業は，生産体制を大きく変貌させる。またこの変貌こそが，後に起こる元代の空前の青花瓷生産の準備となっていた。ここでは，より条件の整う体制変革への道程を紹介することで，景徳鎮窯業の近代化と，一人勝ちとも言えるその後の景徳鎮窯業の発展を支えた姿を推測する。

現状では，生産形態の変化を明確にするための物的証拠が完全に整っているわけではない。しかし原料の枯渇と工房移転は事実であった。ここではその事実を基に，著者が組み立てた一試論として紹介する。

1. 景徳鎮窯業の発展と陶瓷原料

景徳鎮窯業が興きたのは，唐代と推察される[1]。しかし現在までのところ，考古学的調査では唐代窯址は未発見で，五代時期の古窯址が発見されているに止まる。景徳鎮市街区では，南河北辺の白虎湾窯・黄泥頭窯，南河南辺の湖田窯・楊梅亭窯，更に南に位置する浮梁県柳家湾窯・南市街窯近傍の古窯址に五代生産層の確認がなされている。その生産規模はかなり大きく，焼造品の完成度も高いことから，少なくとも晩唐代の創業を予想させる[2]。

地図1　景徳鎮地域の古窯跡分布図（南川三治郎『景徳鎮窯のやきもの』美術出版社、1982年から加筆転載）

地図1に，景徳鎮の古窯址・古砥山を示す。景徳鎮は水利に恵まれ，北からの大河である昌江と，東より流れてくる南河が逆T字型に交わり合流し水量を増した昌江は南西に流れ去り，鄱陽湖を経て長江に至る。景徳鎮市は，二つの河の合流地東北部に発展した工業都市である。また南河に合流する小南河は，楽平県境界に沿って東北に流れ，柳家湾で流れを変えて北に流れ，黄泥頭東部で南河に合流する。そこで地図から，先に挙げた五代窯のほとんどが，南河近辺にあることが分かる。南市街窯は小南河に面しており，この沿岸にも宋代窯が林立する。すなわち初期景徳鎮窯業では，南河下流域が生産条件の最も整っていた地域と考えられ，特に純白な瓷器原料であるセリサイト（絹雲母）を豊富に産していたことは，景徳鎮窯にとって幸いであった。

　[宋]汪肩吾『昌江風土記』によれば，「山は甚だ稠く，田は甚だ狭い。」とある。景徳鎮地区を広く俯瞰すると，現在の景徳鎮市街区も南河の南岸の湖田窯区も，一般的中国市街区に比較し小山や谷の入り混じった起伏の多い土地であることが分かる。このことは，多くの窯業地の特徴であり，窯業原料を産出する地域の特徴でもある。華南で報告される唐代を代表する越窯・長沙窯等の焼成窯や工房は，ほとんど例外なく原料産出地に位置していることから，景徳鎮窯業においても原料が容易に得られる産出地上に工房が置かれたと考えられる。中国各地をめぐり，いまだに小規模ながら家内工業的生産を進めている窯場を見学すると，その多くに原料は裏山から得る（産出する）との答えが返ってくる（水上1996）。その裏山とは，高さ10mあるいは20mに満たない小山であり，藪に覆われた斜面を削り取るように採掘されている。地中深く穴を掘っての採掘はほとんど行われていない。景徳鎮窯業の唐・五代草創期のモデルとして，南河流域でのこのような小規模な工場の林立した姿を想像できる。山の斜面を利用した焼成のための一般的龍窯の全長は40m前後であり，煙り出し部を頂上部に置く必要から，10～20m高の小山は最適な条件となる。商業地の街からやや離れた里山風の窯場地が，産業の中心となっていたろう。

　このことについて劉(1982)によれば，「なぜ質が最も優れた早期白瓷が南河一帯に出現するのであろうか。この一帯の窯業はなぜ北宋時代に盛んな発展をなし得たのであろうか。これには当然多くの社会的原因があるのである。ただ我々は其の地が豊富な瓷石砥，特に当時の砥床が豊富な上層瓷石を持っていた

ことと密接な関係があると思うのである。(井上隆一訳)」と記し，続いて優秀な瓷石の特質を挙げている。

築窯しそこで窯業生産を始める初期の姿は，原料がその場にあることが条件であった。窯業生産では，素地土原料以外にも築窯や窯道具などの生産用具など粘土原料が大量に必要だ。また，当時の製品歩留まりとして生産量に対して製品完成割合が低い場合には，原料移動と製品移動を比較した時に，製品移動の方が効率が良いからである。

本試論が成立するには，景徳鎮窯業の創業期において，景徳鎮市街区南部を流れる南河沿いに豊富な陶瓷原料を産出する砿床を有したことを第一の条件としたい。

なかでも湖田窯地域の砿床は巨大であったと推察され，風化の最も進んだ表層ではセリサイト・珪石・カオリナイトをバランスよく含む風化型瓷石を豊富に産したと思われる。景徳鎮窯発展の基礎はここにあった。

2. 南宋代に起こる陶瓷原料不足

五代時期以来大量に陶瓷器を生産し，世に送り出してきた景徳鎮窯は，瓷器原料を大量に消費し，焼成用薪材燃料を大量に消費する大消費地であった。さて，北宋代を通じて青白瓷生産は最高潮を向かえていたが，現代の景徳鎮市南部に広がる湖田窯から南市街にいたる地域では，南宋代に早くも陶瓷原料の需要の拡大に対する産出量の減少が心配されていた。瓷器に用いる素地原料が不足するとは，どのようになることであろうか。

図1は，母岩である流紋岩がアルカリ性熱水による風化をうけ，風化型瓷石が生成する過程を示している。①流紋岩の主要造岩鉱物は石英と長石である。①から順に②未風化型瓷石，③半風化型瓷石と風化が進むと，流紋岩中の造岩鉱物である長石中のアルカリの一部が熱水に溶出し，長石が順に粘土鉱物のセリサイト(絹雲母)に構造を変える。一般に③の半風化型瓷石であるセリサイトが多くを占めたとき，瓷器素地原料として使用が可能となる。この時のモース硬度は5～6である。④の風化型瓷石では，セリサイトのアルカリ部がさらに溶出し，一部はカオリナイトに構造を変える。流紋岩の造岩鉱物の石英は構造

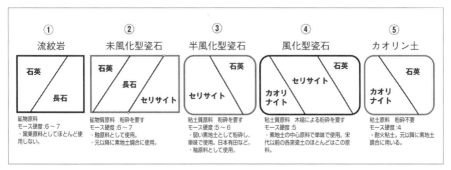

図1　母岩から風化型瓷石が生成する過程（アルカリ性熱水による風化）

的に安定なので，①〜⑤段階まで風化しないためにそのまま残留する。石英のモース硬度は7であり，この風化型瓷石をそれ程硬くない木製槌で粉砕作業を行うと，硬度5の粘土質物は潰れ石英粒は潰れずに残るので，これを比重選鉱すれば石英は底部に残留し容易にセリサイトとカオリナイトのみを得ることが出来る。水簸という簡単な作業によって除粘材である石英の割合を相対的に減らせるので，粘性を高めることが出来る。宋代までの景徳鎮ではこれを単味で瓷器素地原料として使用していたと考えられる。多くの窯場では図の③，あるいは④の状態のものを原料として使用している。これは産出した原料が一種類で使用でき，調合の必要のない簡便な原料であるからである。特に中国では釉調合と焼成温度の関係で④を用いることが多い。④よりさらに風化が進み⑤カオリン土の状態では，カオリナイトと石英の二種になってしまう。これも簡単な水簸操作で石英を取り除くことが出来る3)。この原料はカオリナイト中心の耐火粘土であり，通常白瓷の焼成温度である1230〜1300℃では全く焼結しない。耐火度は1700℃を超える。その程度は，焼成を終えたカオリン土を指で潰せる程である。完全風化が進んだカオリン土⑤では，強い耐火性で瓷器にはならない。①の流紋岩から⑤のカオリン土が出来上がるまでには，最低でも一万年を要すると考えられている。

　素地原料が不足になるとは，すなわちそれまで採掘を行っていた砥山から③・④の状態の原料が無くなることである。一般に表層が最も風化が進むので，④の風化型瓷石を表層から下層に向け削り取り素地土とする。この場合には，採掘と共に徐々に耐火度は下がり，未風化の下層で得られる原料②は，瓷器と

して耐火不足で素地の変形が起きてしまう。②・⑤両者原料の単体使用は瓷器に適さない訳である。

事の発端は，それまで数百年にわたり採掘が行われてきた，景徳鎮南河南岸に点在した伝統採掘場の瓷石の耐火度が不足し始めたことによる。その結果焼成によって胎の変形が発生し，例えば碗や盤では，腰部の耐火度不足で口部が下に垂れ，碗形にならない。壺や罐では，焼きあがるとひしゃげて使用に耐えないものが出来上がる。そのような状態が始まっていたと推察される。

南宋代の湖田窯では，地中に掘り進んだことにより，瓷石の風化程度が不足して，原料中にアルカリを多く含む風化の足りない，酸化アルミニウム(磐土)の含有量の少ないものとなっていた。これは図1の②の状態である。成形品個数に対して完成品個数の割合が減少した。すなわち歩留まりが下がったために，従来様の良質瓷石を近隣から探してくる必要に迫られた。

南宋代に起こった景徳鎮窯業全体の陶瓷原料の不足について，すでに南河上流の砿山の試掘を行い，新しい砿山からの原料の試し焼も始まっていたという記録がある。劉(1982)によれば，湖田窯址からは"進坑""下項泥""鄭家泥"と記載された影青瓷碗の試焼瓷片が発見されたという。これ等は新掘の鉱山名である。また，南宋嘉定七年(1214)～端平元年(1234)の発刊と比定される蒋祈『陶記』ではこの時に唯一"進坑(地名)砿山"に産出した瓷石だけが精巧であったことが記録されるという。進坑砿山は南河を東に溯上し，景徳鎮郊外の採掘場では東方に位置する。しかしこれについても，同文献に記載される分析値によれば，既に耐火度不足が懸念される数値が示されている。表1に，完全な単一原料による胎土である五代・宋初のものと"進坑"瓷片の分析値を示す。酸化アルミニウムの含有量は，それまでの18～19%台に対して16.9%と少ない。

表1. これまでに報告される景徳鎮白瓷胎の化学分析値　　　　　　　　　　　　　　　重量(%)

資料番号	年代	資料詳細	K_2O	Na_2O	CaO	MgO	Al_2O_3	Fe_2O_3	SiO_2	TiO_2	灼減
T2-1	五代	白釉瓷・楊梅亭	2.63	0.35	0.8	0.51	16.93	0.77	77.48	0	—
T2-2	五代	白釉瓷・楊梅亭	2.97	0.25	0.57	0.35	18.04	0.81	76.96	0	—
TS3-2	五代	白釉瓷・石虎湾	2.44	0.4	0.73	0.76	18.33	1	75.84	0.21	—
TS3-1	五代宋初	白釉瓷・石虎湾	2.35	0.56	1.27	0.2	19.24	1.12	74.58	0.33	—
	南宋	湖田窯"進坑"銘影青瓷碗残片	2.46	0.47	1.07	0.62	16.93	0.73	77.64	—	0.36
Y-1	元	湖田窯 青花大盤	2.87	1.78	0.24	0.15	20.24	0.93	72.75	0	—

※李家治等『中国科学技術史』陶瓷巻 1998年10月

耐火度が充分でない瓷石によって生産を行うには，従来に比して焼成温度を下げ，使用されてきた全ての釉の配合を再調整して，必要な温度で熔化するよう熟成温度を下げることを要する。これは景徳鎮職人に培われてきた今までの経験則を生かすことが出来ず，一時的に生産出来なくなることを意味する。そこで焼成温度を下げることを行わず，"進坑"など南河上流の砿山だけでなく更に上流の産出地を求め，地図1で示すように広く良質原料を探すことを行ったのであろう。更に後の明代には昌江の上流域にある東河東岸の砿山や，更に上流の安徽省祁門にまで入手先を拡大させることを行う。

　南宋中期に原料の枯渇に苦しんでいた景徳鎮窯において，北宋末・金代に華北で起きた覆焼技法を採用することは，耐火度不足の原料を利用する景徳鎮窯業においても適当な方法であったろう。口縁部を支圏具で支えることで，焼成時の変形が起きにくいからである。覆焼技法の開始と共に，印花技法の採用も始まり(水上2010)，薄い成形の小皿の碟や盒子は新しい生産技法に適した商品であった。覆焼によってひと窯にそれまでの4倍を越える大量の製品が窯詰でき，薄く成形することで原料使用量は減少する。この時代を代表する景徳鎮窯の製品がまとめて出土している。隠し埋めた年代が南宋末年1236年の可能性のある四川省成都市東方遂寧市金魚村窖蔵[4]からは，合計598点の青白瓷製品が出土している。このなかの432点が碗と盤(皿)碟(小皿)で，そのうち半数を越える224点の製品に口縁部が無釉の口禿が認められ，覆焼技法により焼造された製品であった(遂寧市博1994)。しかし，南宋晩期のこのような製品デザインも，根本的な解決法ではなかった。

　再び図1を見ると，未風化の下層で得られる原料②は，瓷器として耐火不足で素地の変形が起きてしまうし，完全風化が進んだカオリン土⑤では，強い耐火性で焼結しないので瓷器にはならない。②・⑤両者原料の単一使用は共に瓷器に適さない。では，瓷器素地材料として全く使えないかというとそうではない。未風化型瓷石②にカオリン土⑤を適量加えることで使用可能となる。②と⑤の混合はすなわち［石英・セリサイト・長石］＋［石英・カオリナイト］であり，混合割合を調整することで風化型瓷石④［石英・セリサイト カオリナイト］に近い内容となる[5]。陶石を産出しない日本の瀬戸・美濃地域では，同様に調合された磁土を用いており磁器素地の中心原料となっている。焼成を完了し

た②+⑤素地土と、④との違いを目視で区別することが出来ないことは、人々の知るところである。

さてこの原料不足は、景徳鎮窯業全体に関わった問題であり、それぞれの工房が別々に解決を付けることが出来る問題ではなかった。窯が廃業に至る理由の幾つかを設定できるが、その最大理由に現地の原料不足がある。陶瓷原料の枯渇した窯業地は廃業となるのが一般で、日本でも多くの例がみられる。すなわち、陶瓷原料の不足は景徳鎮窯全体の興亡に関わり、組織的な変革をも必要とした大問題であったのである。

焼成燃料についても問題があった。湖田窯地区や南市街地区周辺の山々は、早い時期に既に禿山となっていた。燃料について、後の明時代、宋末湖田窯区域の窯数に近い300基の窯について試算(加藤1997)がある。該書によれば、焼成燃料だけで年間60km²の松材を含む森林が必要とされたとある。燃料は、遠隔地から恒常的に河川を利用して順調に運ばれていた。それは景徳鎮が水利に恵まれており、また周辺地域は年間降雨量が1,000mmを超える樹木の再生能力を有する地帯であるからである。しかし、燃料の搬送距離は年々延びており運搬費用は高騰していたと推測される。しかも眼に見えるかたちの燃料と異なり、残量の見えない素地土原料の不足は大きな不安をもたらしていたと思われる[6]。

3. 元青花瓷生産に向けての陶瓷原料への要求

元青花瓷生産が、多くの点で景徳鎮窯の独自性を有していたことは、陶瓷原料学の観点から証明できる。即ち青花瓷の誕生は、それまでに無い新しい釉の開発に拠っていた。筆描き紋飾の上釉に灰釉発展型の石灰釉[7]を施釉した場合では、文様の滲みが発生し紋飾として成立しない(水上2002)。滲みを抑えるためには、基本的に上釉に長石釉[8]を採用する必要がある。景徳鎮窯業史では、元青花瓷出現の前に、典型的長石釉を用いた白瓷である枢府瓷や、良質な卵白釉白瓷が誕生している。これは、従来馮先銘が指摘した(馮1973)とされる吉州窯からの技術伝搬では完成しない技法である。吉州窯鉄絵装飾(白地黒花文様等)の上釉は伝統的灰釉であるから、普通厚みの施釉では滲みが多く文様の認識が

出来なくなる。あるいはそれを抑えるために，灰釉では極端に釉層を薄くしてこれに対応する。しかし灰釉は風化しやすく八百年の歳月に耐えられない。現在各地で出土する南宋代吉州窯の該当遺物も，風化によって釉の剥離が多く見られ，南宋代完成時の姿と大きく異なっている。これに対して青花瓷の釉である長石釉は風化に対して堅牢で，元代青花瓷出土遺物でも，釉の剥離や釉色の変化はほとんど見られない。

　すなわち，景徳鎮窯青花と吉州窯鉄絵の技法的連続性は，器形・文様および文様の組み合わせという外形と装飾部分に認められるのみである。これは見本作品の移動のみで倣製が可能であることを意味している。それ等を除き，二者間には素地土配合・釉調合・紋飾の骨描やダミといった，何より技法の実際的部分，師匠から弟子への教育の必要を含む技術の伝搬と，原材料の理化学的関連性は見当たらない訳である。同様にして華北磁州窯から江西吉州窯への技法的連続性も考え難い[9]。

　青花瓷上釉の長石釉を作るには，当時の釉配合の手法である素地土に媒熔剤である少量の石灰石の粉末(その多くが木灰)を加えることで行う。一般には10％以下の5％前後のことが多いが，これは取りも直さず長石中心の釉調合であり，素地土原料にアルカリを多く含むことを意味している。結局，従来のセリサイト・カオリン・珪石をバランスよく含む瓷土(瓷器原料)のみを単味(一種類)で用いることから，元代青花瓷生産には長石や硅石を含む未風化瓷石とカオリン土の粉砕を行い，それらの二成分の調合の必要が生じた。陶瓷器上に筆描きによる紋飾を施すといった陶瓷史上画期的できごとは，従来型粘土原料の枯渇と調合原料の始まりによって長石釉の調合に至り，滲みの問題を解決し，風化に強い堅牢な釉として完成したのである。すなわち長石釉を得たことで元代の青花瓷は完成する。

　長石釉を持たない各地伝統的工房は，流行となった瓷器に筆で紋様を描いて製品とするといった作業が出来ず，競争力を持たないために衰退していった。

4. 搬送路や荷揚げ港の確保と工房移転

　南宋中期以降の景徳鎮窯では，周辺の砿山より大量の原料を運ぶことによっ

て不足を補っていったと考えられた。おそらく，もうその頃には湖田窯や南市街窯周辺の山林は燃やし尽くされ，原料の搬送に上流から筏にして組まれた木材も，燃料として使用されたと思われる。冒頭に記した荒廃した窯業地の姿は，南宋代後半の景徳鎮の姿であった。

　宋代晩期の南河下流域にあった湖田窯や対岸の景徳鎮区の窯数は，およそ300余基であったと蒋祈『陶記』に記されると言う。工房が立ち並ぶ地域の砿山は，大規模な開発は望めない。従来の工房に隣接した場所に新たな粉砕作業所を附帯するのはスペース的に困難であり，原料を産出する砿山に作業所を設けた。水車を利用した粉砕装置も大いに利用され，原料の粘土も燃料の薪材類も加工を終えた状態で筏や船に積まれた。商品としての粘土原料は，生産拠点である工房の多く集まる地域に水運により運ばれることとなった。これらは，初期段階では湖田窯・南市街など北宋代より工房の立ち並ぶ元来の生産地に運ばれたものと推測する。

　生産規模の拡大は，港と工房との引っ切り無しの物質移動が必要となった。南河や東河上流で得られた原料や燃料が船で運ばれて来て，商品がまた船で出荷された。

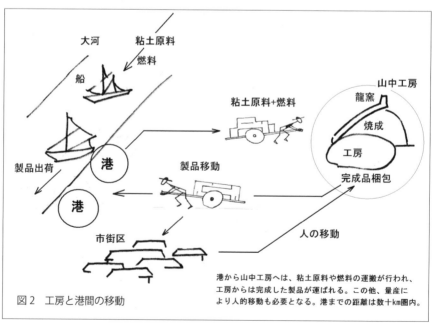

図2　工房と港間の移動

図2に人と物の移動について示す。工人は村や町に住み,原料・燃料・商品の全てが港を通じて工房への搬送が行われるようになると,工房の場所と焼成窯のみが山の中であり,港から工房への物質移動が大きな負担となっていったと思われる。そこで工房移転を行うこととなった。初期には南河に面した港の近傍が便利な場所であったと推定され,なかでも大河である昌江に接する港が至便であった。

現在の景徳鎮市の市街地区の地理から推察し,港が栄えた条件を考えてみる。

近代化前の中国の古い港町はどこでもほぼ例外なく,港を中心にそこから放射状に幹線道路が伸びている。無論,港に近いところが古い商業地域であって,結果的に巨大な市場や商店はそこに存在しないことが多い。建築物から見れば輸入雑貨・薬屋などが目に付く。景徳鎮の場合は,港からどのような発達をしていったのだろうか。

昌江は大河であり,接岸する船舶も大型船が多かったろう。それに対して南河は昌江の支流であり,水深も浅く大船の航行は不可能であったろう。すなわち,薪材や陶瓷原料など一度に大量移動を要しない物資は,南河の往来でも充分その役割を果たすが,梱包された製品などは大船にて一挙に運んだほうが効率的である。昌江から鄱陽湖を経て長江に至るルートである。従って,原材料と製品搬送の双方の利便を考えたとき,その港としての最適場所は,地図1に示した落馬橋から昌江東岸よりの場所(旧市街である老城区南端)ということになる[10]。なお,同条件の昌江西岸に未だ古窯址の報告が無いことについては,詳細不明である。藍浦『景徳鎮陶録』(清 嘉慶20年・1815)書中の市街区地図四にも,昌江西岸に工房の記載はない。この時期,工房立地に適さない状態であったためだろう。

表2は,景徳鎮窯で使用された主な年代別陶瓷原料で,原料の名は産出地を示している。これらを調合することで素地土としていた訳である。裏山から原料採掘した時期とは異なり,遠く離れた南河上流あるいは東河上流から船を利用した原料搬送は,砿山管理,原料採掘,粉砕処理,水利運搬,港の荷揚げの管理から,工場までの運搬法も考えねばならぬ。採掘から焼成を終えて荷造りまでを数名で行っていた時期とは異なり,それぞれの工程を分担してそれぞれ

第1部　元青花の誕生とその背景

表2. 母岩からの風化の各過程で用いられる年代別陶瓷原料

	① 花崗岩などの母岩	② 未風化型瓷石	③ 半風化型瓷石	④ 風化型瓷石	⑤ 完全風化カオリン
宋代末期			・名称不明	・瓷石(南河老坑) ・"進坑"残片	
元代		・風化花崗岩(釉石)	・風化花崗岩(強石)	・瓷石(名称不明)	・麻倉土(未水簸) ・御土(麻倉産出?)
明末～清代	・アプライト長石	・祁門瓷石弱石	・祁門瓷石(白不子) (セリサイト中心)	・祁門瓷石	・高嶺土(未水簸) ・明砂高嶺精泥
清末～現代	・アプライト長石 ・ペグマタイト長石	・三宝蓬瓷石 ・屋柱槽釉果 ・青樹下釉果	・祁門瓷石	・南港瓷石	・星子高嶺精泥 (水簸)

が責任をもつ，分業が始まることとなる。例えば，市街区にある各工房から港までの製品の搬送は荷車により行い，港近くでは，藁を利用した製品梱包を行う専門業者がいて，ここで充分な梱包を行う。藁等の梱包材は，やはり船で近隣から一括してもたらされた。梱包を終えた各工房別商品は，搬送先別に分けられた大型船に積み込まれる。窯業製品を中心とした近世的な商業地としての，このような姿が推察されるわけである。

ところで，従来型郊外工房地から市街区への工房移転を，人口移動から追えないだろうか。景徳鎮市街区の人口増加は，本論該当年代より後の時代である『康熙・浮梁県志』巻四・戸口の条に記されるという(金沢 2010)。これによれば，南宋の咸淳5年(1269)が，戸38,832，口137,513。元の至元27年(1290)が，戸50,786，口192,148で21年間に戸数が11,954戸，人口が55,095人増加している。

両年代の浮梁県の面積や調査範囲が同一かどうかは定かではないが，青花瓷生産の始まる前縁期に，市街区である景徳鎮の人口が増加することは確かであろう。金沢が述べるように南宋の滅亡年を含むこともあり大量な難民移動も推測され，安易に理由付けをすることは困難ではあるが，当時，港を含む市街区が陶瓷生産に最も適した場所になりつつあったと考えられることと人口増加は無関係ではないだろう。山野から市街区への工房移転に伴う職人の人口増加は言うまでもなく，港を中心として発展して行く多種多様な窯業関係業種の増加と，これに伴う雇用の創出が招く人口増加であったことも指摘できる。あるい

は砿山においても，今まで使用に耐えないと考え捨てられてきた未風化型瓷石の採掘や，新たにカオリン土の採掘も始まり，粉砕作業，調合調整作業も興った。それまでの硬度5程度の軟らかい風化型瓷石から素地土を得るのとは異なり，硬度6〜7の硬い未風化型瓷石の切出しと粉砕，カオリン土の調合により調合素地土を作る作業は，原料屋としての専業種が生まれるきっかけとなったはずである。宋末・元初には仕事が増え人口は増加し，文字通り景徳鎮は窯業の街，瓷都としての姿を形成した訳である。

5. 平地窯開発への要求

　この時代窯の形式変化への要求は，市街区への窯の移動を目的とするものである。港近くの市街区では，規模の大きな龍窯(山地窯)築窯の条件は無論整わず，また，平地窯であっても巨大な窯は製作できなかった。山野の大型窯から市街区の小型窯，山地窯から平地窯への要求であって，具体的には宋代龍窯から清代蛋形窯へ変化した。

　元代後期の景徳鎮の窯は，南河北岸の印刷機械工場内で1979年に発掘されている。劉(1980)によれば，その全長が19.8 mであり，窯底部は完全に残っていた。燃焼室は4.56 mの円形で焼成室手前に括れをもち，幅2.74 mの焼成室が16 m程続き，窯の傾斜度は12度であったことが実測されている。図3に全体図を示す。通常の龍窯の傾斜度12〜18度に比較して若干ゆるい傾斜角度であり，全長も短いことから，良好な燃焼を望むには煙突が必要となろう。この窯の年代推定の根拠は，窯後部の匣鉢や装焼法，製品遺物として卵白釉印花腰折れ碗，青花高脚杯，酒盃等から，元大都居住遺址出土遺物と河北磁県の沈船遺物の比較で行っている。該窯は残念ながら元代

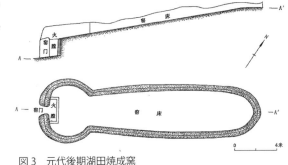

図3　元代後期湖田焼成窯
(『湖田焼成窯址 1988-1999 発掘報告』より)

第1部　元青花の誕生とその背景

前期に属さず，市街区に適切な完全な平地窯とも言えないかもしれない。しかし，仮に元代後期の代表性を有していたとすれば元青花瓷焼造を行った窯ということになろう。その場合南宋末から少なくとも60〜100年間を費やし，龍窯から元後期窯への形式変化が起きたことになる。主題からは外れるが，この時期の華北磁州窯からの職人移動を平地窯築窯の根拠にするには，少なくとも60年間に及ぶ長期間にもかかわらず窯形状の変化が余りに乏しく，またこの時点で華北で一般的な平地窯である饅頭窯の影響を受けた構造箇所を見出せない。

　明代初期から中期では，湖田窯烏泥嶺に造られた窯も若干形態変化し，燃焼室が大きくなり，全長が8.4mといった小型のものになる。全体の平面形状は前記元後期の窯と似ており，瓢箪形とされる。ただ傾斜角が4〜10度と緩やかになり，より高い煙突を設ける必要がある。この窯は，劉新園によれば，『天工開物』の挿図と同じ構造であると言う。これが当時の標準形の窯であった保証はないが，やはり市街地に造らなければならなかった窯として，小型化している。また劉の同論文では，明代中期の馬蹄窯が湖田窯烏泥嶺で調査されたことが記される。これは宋金代の河南省で見られる馬蹄窯と近似しているとされ，長さ2.95m，幅2.7〜2.5mであった。焼成室床面が奥に向かい傾斜角12.5度で下がっており，狭間をもつ倒焔式の窯である。該窯は，石炭を燃料としても焼造が可能な構造を有している。

　僅か三窯の発掘例を根拠に述べるのは些か資料不足だが，この三例において着目出来るのは窯の床面傾斜角度である。龍窯から順に傾斜角は緩やかな横炎式となり，ついには北方馬蹄窯の方式であるマイナス傾斜の倒炎式の窯が生まれている。これだけを見た場合，平地窯改良が一挙に行われずに，200年間の時間をかけて徐々に進んでいることを意味している。これは景徳鎮職人間の衆智を集め，開発が順に行われていったと推察出来るのである。

　既にみてきたように，港から近い窯の築窯はそのまま搬送費用の減少を意味した。分業によって生まれた格差は，工房間でも当然存在したと考えて良いだろう。立地条件の良いところには，高級な精品を生産する工房が並び立ち，新技術を取り入れていったと思われる。精品を生産する窯は，南河と昌江の交差する昌江東南部地域(老城区)に作られ始めて，荷揚げに至便な港に近い昌江東

岸に拡大していったと推察される。ここは現代も景徳鎮市中心部であり，既存の建物も多く発掘調査も容易に行えない。そのために元代前期から中期，青花瓷の生産される後期と，工房移転に関する明確にしたい中核部分は調査が遅れている。従って，今ここで取り上げた湖田地区の各年代の窯とは異なる，他型式の平地窯が存在した可能性も充分あり得る。

　また，窯構造が龍窯から小型化して平地の薪材窯へと次々に形式変化するのは，燃焼効率の良い窯を模索する現れであり，生産歩留まりと関係が深い。それに窯の小型化は，南宋末期に見られる様々な生活雑器製作の要求など，この年代の多種多様な焼造品の特徴が現れたものと言ってよい。そのためには小回りの利く，それまでに比較して小型の窯が都合が良かったことを挙げて良いように思う。

　長石釉の開発によって，それまでの灰釉と比較して釉性状は格段に安定したものとなり，釉による失敗は激減する。例えて言えば，結晶釉のように不安定だったものが，まるで装飾タイルの釉のように熔融温度も均一で色彩も安定になった。元以降では製品歩留まりが向上し，窯址に廃棄される遺物の量が減少する。その理由の一つに，素地土の改良と釉改良が関わっていると推察している。

7. 元青花瓷窯の所在地について

　景徳鎮窯の元至正年間を含む青花瓷大規模古窯址が，湖田窯地区で発見されないことは以前からの疑問であった。わずかに琵琶山・龍頭山周辺で工房と窯跡が知られるに過ぎない。各地に貿易された元青花瓷の量からすれば，湖田地区の初期段階での調査と共に，大規模窯址が発見されてもおかしくない。それが見つからなかった理由は，やはり現景徳鎮市街地区の直下に該当年代の多くの窯址が埋もれていることにある。また，南宋末元初に景徳鎮の港に近い地区に工房と窯が移動する必要があったために，従来の青白瓷生産区域である湖田窯地区や南市街窯地区には，わずかな工房を除き，青花瓷生産時代に工房は移転を終えて疎らになっていたと考えられた。

　元代青花瓷工房の発掘報告は曹(2009)によれば，地図2に示すように旧市街

第1部　元青花の誕生とその背景

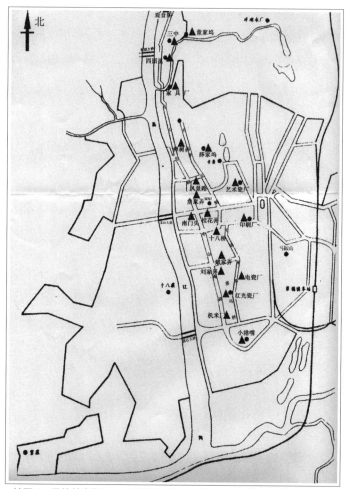

地図2　景徳鎮市街区の元青花瓷の窯場（曹2009：図1転載）

老城区から昌江東岸に沿って北に20箇所が確認されている。昌江東岸に沿った中山南路とその先の中山北路，中山路の東に沿う中華南路とその先の中華北路に挟まれた地域に10箇所の工房があって，他の8箇所も南北中華路東側に沿うかたちで存在している。南北中山路の西側には僅かに2箇所があるのみである。このことからこの時代，昌江沿岸は中山路西側まで平地ではなく，河原が続いていたものと推測できる。昌江に架かる橋から工房のあった範囲をみると，南から北へ現在の昌江大橋から珠山大橋を経て瓷都大橋までに当たる。南

写真1　落馬橋の白米脱穀廠址の窯跡
(曹2009：図6転載)

の小港嘴の窯址から北の観音閣の窯址まで南北に縦列しているほぼ中央に，官窯の置かれた珠山がある。

元代の青花瓷の精品を生産した工房は，本論で推察した通り市街地区の中心付近，昌江東岸の港に隣接する場所に作られていた。焼成のための平地窯の構造など，個々の窯址の詳細はいずれ報告書としてまとめられるものと思われる。

おわりに

　推察に推察を重ねて得た結論に，意味はない。一つの事実だけを目標に，辻褄合わせをした論文も褒められない。都合の良い論を取り上げ，不都合を捨てているからである。

　宋末元初の景徳鎮窯業の有様を思い浮かべた時，それは窯業地に生まれ育ち自分自身が肌で感じてきた昭和30年代前半の常滑窯の姿ではなかったろうかと思う。それまでの小さな工房の多くが統合され，組織化され新技術を取り入れ，港に近く鉄道路線にも近い埋立地に大工場が出来上がる。製品も伝統的な茶器や生活雑器から衛生陶器に変わり，新しく重油燃料を用いトンネル窯で焼成する。700年前の景徳鎮では，新しく鎮市(市街地区)に工房移転が起き，その後移転を終えた工房から，従来に比べて倍以上の大きな青花瓷大皿等が生産される。港には大船が入り，美しく梱包された大きな製品が次々に積み込まれる。自身が体験してきた港の姿を夢想する。

　本論では，宋末元初で起きた陶瓷原料の枯渇を明らかとし，景徳鎮窯業の発展を二成分調合の素地土と長石釉の発明という新技術を示し，水利による原料・製品搬送の利便から港に近い鎮市に平地窯と工房を置くと結論した。あるいは推察を重ねる過ちや，不都合の論を捨てる辻褄合わせを行っているかもし

第 1 部　元青花の誕生とその背景

れない。なにより自身の体験した事実に引きずられているかもしれない。本論の意味は，今後長期間にわたり続けられるであろう景徳鎮市街地区の考古学調査に依り明らかとなろう。

注
1)　梁(1991)によれば，唐初武徳 2 年(619)に " 里人が玉器に似せた陶器を王に献上した " とあり，この地に役所を置き鎮を設けた。鎮を昌南鎮と名付け，武徳 4 年(621)に博易務を置いたことが，万暦『江西省大志』巻七『陶書・陸氏続補』に記されると言う。また，明崇禎 10 年(1637)の刻碑《漢中老公祖鼎建貽休堂記》中に " 唐武徳二年，建有陶厰 " の記載があると言う。
2)　陳万里 1953「景徳鎮幾个古代窯址的調査」『文物参考資料』1953 年 9 期によると，距離的に湘湖窯と湖田窯の中間に位置する " 石虎湾窯 " に，唐代焼造品が確認されたと記載される。色彩は長沙窯品に近く，越窯に類するとも記す。 彭涛・石凡 2004『青白瓷』江西美術出版社には，1982 年落馬橋遺址の五代・宋堆積層下で玉璧高台の残片が発見されたという。発見者は唐代遺物と言うが，著者は未確認である。
3)　明清代の高嶺山では石英を取り除いていたため，産出した原土中のカオリナイトとほぼ同重量の石英が水簸地に放置され，石英の白さが目に眩しい。それ以前の原土は，石英を含む全ての粉砕を行い粘土質物の未風化瓷石とカオリン土の混合物を 1:1 で混ぜ合わせていた。水上(2009)に示した。
4)　出土品は，日本において『封印された南宋陶磁展』1998 年，として展覧された。
5)　未風化瓷石とカオリン土の二種の原料調合が行われたことについて，理化学的に証明することは可能である。著者は(水上 2009)で既に示した。ここでは，母岩に含まれる長石種類の Goldich 風化安定系列(S.S. (1938) A study in rock weathering. Journal of Geology, vol. 46, 17-58.)の違いを根拠に，素地土に含まれる酸化カリウムと酸化ナトリウムの比率，含まれる酸化アルミニウムとアルカリ金属の合計との比率から風化の程度を推察した。そして未風化瓷石の含まれる割合をノルム計算より求めて，二成分調合を推定したことを記しておく。
6)　加藤(1997)によれば，工業の立地は本質において技術であり工人の集約は第一である。見落とされがちなエネルギー資源を第二に挙げて良い。三番が原料であり，次に続くのが輸送・市場・土地条件であるとしている。加藤は該書中，景徳鎮の燃料不足を重要問題として取り上げていない。梁も(梁 1991)明代景徳鎮経済の中で，燃料代が生産費の三分の一に高騰したことを記すのみである。燃料不足については，景徳鎮の豊かな水利のなかで搬送さえ順調ならば問題は無かったとしている。
7)　釉の構成は，ガラス原料とそれを熔かすための媒熔剤，釉の安定性を高める中性成分とで成る。石灰釉は，媒熔剤として主にアルカリ土類である酸化カルシウ

ム(石灰)を多く含む釉である。天然木灰では石灰を多く含み，伝統的釉調合では木灰と素地土とを整数比で混ぜ合わせて作る。特徴として焼成温度幅が狭く，温度に対して敏感であるために熔化前と過熔化の釉状態が一つの作品に現れることがある。変化の激しい扱いにくい釉である。

8) 長石釉は中心となる媒熔剤にアルカリである酸化カリウム・酸化ナトリウムで構成する釉である。焼成温度幅が広く，焼成窯内の広い温度分布に対して安定して熟成熔化する。釉原料としてのアルカリは長石によって添加するために，全体の調合割合として長石を多く含むことになり，これを広く長石釉と呼ぶ。

9) これについては，華北磁州窯と吉州窯との間でも釉の理化学的連続性は認められない。進んだ技術をもつ磁州窯工人等が，吉州窯に移動した後に，生産歩留まりの悪い，遅れた不充分な技術で再び生産を始めることなど考えられないからである。靖康の変後の磁州窯工人の吉州窯への，少なくとも工房単位の集団移動はなかった。しかし，鉄繍花装飾の磁州窯作品は，乱を契機に華南にもたらされた。これらの器物を吉州窯で倣製した可能性はある。鎮江市大市口宋代古井戸出土品など，磁州窯作品の倣製例を挙げることができる。劉麗文 2005「鎮江出土江西吉州窯瓷器的研究」『中国古陶瓷研究』第 11 輯

10) 梁(1991)によれば，南宋人李徳遠が紹興年間の記録として，"街中の老関帝廟の下に移り住居とした(遷于鎮市之老関帝廟下而居焉)" が見られるという。老関帝廟のあった場所は，現在の"戴家弄"付近で，昌江を隔てた対岸は市埠渡(十八渡)であるという。これは，落馬橋北部に該当する。南宋前期の景徳鎮市街区の中心部と推察される。

参考文献
金沢　陽 2010「景徳鎮白磁青花出現の契機についての若干の考察」『出光美術館研究紀要』15 号
加藤瑛二 1997『陶磁業の立地と環境』古今書院
水上和則 1996「中国の龍窯ノート」『陶説』No.522.
水上和則 2002「中国釉下彩瓷釉の研究」『東洋陶磁』Vol.31
水上和則 2009「宋元代景徳鎮窯業における素地土配合の研究」『亜州古陶瓷研究』Vol. IV
水上和則 2010「装焼法の発展と印花装飾」『専修人文論集』87 号
馮先銘 1973「我国陶瓷発展中的幾個問題…從中国出土文物展覧陶瓷展品談起」『文物』1973 年 7 期
梁淼泰 1991『明清景徳鎮城市経済研究』江西人民出版社
劉新園・白焜 1980『景徳鎮湖田窯考察紀要』文物 1980 年 11 期
劉新園・白焜 1982「高嶺土史考」『中国陶瓷』1982 年 7 期(翻訳　劉新園 1985「高嶺土史考Ⅰ～Ⅳ」『陶説』No. 390-393)
曹建文・徐華烽 2009「近年来景徳鎮元代青花窯址調査与研究」『故宮博物院院刊』No. 146
遂寧市博物館・遂寧市文物管理所 1994「四川遂寧金魚村南宋窖蔵」『文物』1994 年 4 期

近年の景徳鎮における元青花研究から

関口 広次

1. 研究史

　当該論文は2011年2月27日に石川県金沢大学で開催された「金沢大学創基150年記念シンポジウム・シリーズ第24回　元代青花瓷―出現と継承―」の席上にて，標記題目で発表した内容に，多少の補助資料を追加して文章化したものである。最初に近年刊行された景徳鎮における元青花研究の論文，記事等の中で，特に筆者の眼に重要と思われたもの4篇を紹介する。その後，若干の感想を述べるとともに，そうした新たな研究成果から，中国国内の紀年墓出土の元青花や紀年銘を有する元青花の年代をどのように考えるのか，また日本の琉球(沖縄)出土の元青花についての研究成果を通観して，併せて今後の元・明青花研究の指針を得たいと思う。

1)　曹建文・徐華烽「近年来景徳鎮元代青花窯址調査と研究」

『故宮博物院院刊』2009年6期総146期)

　著者らは，元青花の窯址研究が大変重要であるとの視点に立ち，近年来景徳鎮の老城区で発見された窯址から採集した元青花についてまとめている。2000年代になって，景徳鎮市街地での大規模開発で沢山の遺跡が未調査のまま壊される中，著者らは追跡調査や収集活動を続け，その結果，元青花窯址は十余箇所にのぼり，そのうちの6箇所について報告している。

(1)小港嘴窯址：景徳鎮老城区南端(図1)。(2)落馬橋窯址：景徳鎮老城区南部　2001年落馬橋紅光瓷廠西側太白園の精米工場跡から大量の元青花出土(図1)。(3)碍子工場―劉家弄窯址：中華南路と中山南路中段一帯　今の浙江路中部。(4)戴家弄窯址：珠山区昌江街道と昌江区太白園街道の交点。(5)小黄家上弄―桂花弄窯址(十八橋窯址)：中華南路と中山南路の北部一帯。(6)四図里(半辺街)窯

址：中山北路の半辺街　2000年前後　景徳鎮市第三中学の建設現場で大量の元青花出土。

　景徳鎮元青花窯址の基本分布状況は湖田窯址と老城区との2地点で、老城区は規模も大きく、工場も多い。老城区の元青花窯址の分布は北の観音閣から南の小巷咀に至る昌江沿岸の十三里に分布し、特に中華路と中山路の両街東西に多い。落馬橋紅光瓷廠西側太白園の精米工場跡は西アジア向けの元青花の精品を生産しており最重要窯址とする。

　元青花紀年器より見た元青花瓷器の生産年代と盛行時期についてまとめている。湖北黄梅元代1319（延裕6）年墓出土塔式蓋瓶の釉下彩料はコバルトではなく、鉄である（図3）。最古の資料は1978年杭州発見の元代丙子年墓出土の青白釉観音像である。そこでは髪、目、眉、衣服などにコバルト顔料が釉下彩として使用されている（施・図13）。この年を順帝の1336（至元2）年と考え、それ以降の紀年銘資料の12件を示す。その結果、青花の盛行時期は14世紀30～50年代の元代後期であるとした。また「官窯」については、もし元代官窯が存在したとするなら、「浮梁瓷局」は管理機構であり、景徳鎮の元瓷工場はその管理下に置かれ、宮廷から発せられた焼造任務を課せられ、もし任務の無い時には自由に海外・国内向けの生産をしていたと考えられるとした。

　上記景徳鎮での採集資料を含めて示された紀年銘資料は、典型的な元様式（至正形式）の青花文様を持っていない例が多く呈示されていて、そこから元青花の盛行時期を元後期に限定することは危険ではないかと思う。洪武期にも継続するのではなかろうかとの疑問を筆者は抱く。

2) 黄清華・黄薇著「至正11年銘青花雲龍瓶考」（『文物』2010年第4期）
　黄清華、黄薇の夫妻により世界的に著名な至正11年銘青花雲龍文瓶一対がデヴィッドファンデーションに収蔵されるまでの流伝経緯に始まり、銘文に書かれた内容の詳細な研究がなされている。銘文研究では五顕教にかかわる星源祖殿や胡靖一に関しての文献が追及された。さらに奉納者の張文進についての人物探求が行われ、江西省玉山県でのフィールド調査も実施され、1351（至正11）年の同地域を中心とする五顕信仰のあり方と一致することを証明している。そのことにより、この至正11年銘青花雲龍文瓶が本物であることをも証明し

たことになっている。さらにこの瓶の奉納者である張文進の身分が特に貴族や官僚に属す身分ではなく，単に五顕教の敬虔な信徒の「上戸」であって，より具体的には商人さらには窯業に関係する商人かとも推測されている。従ってこの作品も当時にあっては，今日の骨董的価値から類推されるような高価なものではなかったとしている。そうした上で，かつて発掘された江西省高安窖蔵や河北省保定窖蔵から一括出土した元青花の所有者に，当地の貴族層・官僚層を充てることに疑義をも呈している。それは大変重要な指摘で，また魅力的見解である。この論文では触れられていないが，元時代に景徳鎮に官窯(御器廠)が置かれていたとの説，例えば劉新園は元の文宗時代(1328～1332年)に官窯が置かれていて，イランのアルデビル寺院所蔵の元青花瓷器やトルコのトプカプ宮殿伝世の元青花瓷器は，この頃の作品とする説を提示している(劉新園 2001)。こうした元代の景徳鎮御器廠説を否定した内容ともなっている。

　元青花研究の原点ともなり，「至正型式」の標式とされるデヴィッドファンデーション旧蔵の至正11年銘青花雲龍文瓶一対を追及した大変興味深い論文であったので，筆者も学生向けに全訳を試みた(関口 2011)。

3) 陳力子「元代景徳鎮浮梁瓷局所轄窯場性質辦」

(『中國文物報』2010年6月25日付「文物考古周刊」所載)

　新聞記事ではあるものの，最近の景徳鎮の元代官窯に関して「浮梁瓷局」および「御土窯」の捉え方を通して，研究状況を端的にまとめたものである。この著者は，元代景徳鎮浮梁瓷局所轄の湖田窯さらに珠山明代の御窯廠一帯の窯場は元代官窯ではないと考える。また政府は品質技術良好な民窯を選定し，宮廷が求める瓷器を造らせる貢窯とし，浮梁瓷局に広い管理を行わせ，さらに収税の仕事を行わせ，窯場の日常的な瓷器焼造や産品の流通については干渉を加えなかったと指摘している。上記2論文の内容とも連関しており，近年の景徳鎮研究のひとつの動向を示している。

4) 黃清華・黃薇「元青花瓷器早期類型の新発見―実証的観点より青花瓷器の起源を論ずる―」(『文物』2012年第11期)

　前記黃清華・黃薇夫妻が新発見の元青花瓷器早期類型に関して報告，考察し

た論文である。2009年7月〜12月景徳鎮市街の戴家下弄と中山南路との交差点付近の東北にあった紅衛映画館跡地より元代〜明代の窯址が発見された。陶磁器包含層としての最下層である第⑥層から至正様式とは全く異なる早期類型の元青花瓷器が15件発見された(図21・22)。この層の直上第⑤層からは、1337(後至元3)年の墓である西安の劉逵墓出土の青白瓷印花高足杯と形状、胎土、釉、文飾及び製作工芸の各方面で同一と判断出来る青白瓷印花高足杯が複数出土している。さらにその上の第④層からは至正様式の元青花瓷器が出土している(図23)。この早期元青花瓷器の年代は、韓国新安沈船引き上げ景徳鎮瓷器等との比較検討から、1323年以降1337年の間の青花瓷器と想定されている。

この早期元青花瓷器は西アジアの貴族層に見られるワイン等の美酒調合用の器に似た高圏足碗であり、一部の碗口縁部には青花でペルシア文字により美酒と愛情を歌った四行詩が流暢な書体で書かれ、またイスラム文化と関係の深いバラの花と推定される纏枝花文が「葦筆」と思われる硬筆工具を使用して描かれ、花文など所々に釉裏紅も併用されている(図21・22)。黄夫妻は青料もペルシア産であり、工人もペルシア地区から来鎮した陶工によるものと結論付けている。

5) 感　想

最後の黄夫妻の論文は、1)の曹・徐の論文と同様に正式な発掘調査によるものではなく、いわば緊急の個人調査によるものであったが、元青花瓷器早期類型の新発見という極めて重要な報告であり、また優れた考察内容でもあって、今後の元青花研究の基点となるものと筆者は考える。

上記1〜4の論文で筆者が思ったことは以下の点である。すなわち元代官窯(御器廠)説は未だ定説化されるに至らず、より確かなことは明代前期に青花が景徳鎮で官窯の主役に取り上げられている事実であり、そうした点を重視すると、1351(至正11)年と洪武期(1368〜1398年)の間に青花のドラマ—貴族層や官僚層にも評価・受容される変化—が展開したものと推測するのである。至正型式の青花も景徳鎮民窯では、時としては貢窯として、洪武期にも継続生産されていたのではなかろうか。

しかし、よく言われるのは1387(洪武11)年、曹昭によって書かれた『格古

要論』の「古窯器論」の中で「古饒器」の項目に「青花及五色花者且俗甚矣」と下評価されている点である。この文献が「青花」という語の初見であり，宋代以来の青磁の陰にようやく登場したに過ぎず，明初の貴族・文人層にあっては，まだまだ伝統的な青磁を中心とする瓷器に高い評価がなされていたことが分かる[1]。そうした評価が一転する事情や人物が現れたと考えるべきであろう。

明朝初代皇帝朱元璋(洪武帝)は安徽省の貧農出身であり，元末期の混乱期に白蓮教徒として紅巾軍に参加した。その後，部将として江南地域(南京)によって立ち，数多のライバルを平定し，天下統一を成し遂げた。その身分や宗教観には張文進とも共通するものもあったと想像され，歴代皇帝の愛した伝統的な「青磁」ではなく，民間生まれの「青花」を重視したと推測する。以下に明墓から主に出土する紀年銘元青花について触れておく。

2. 中国国内における元青花紀年銘資料考

2009年北京首都博物館にて開催された「元青花展」のカタログ(北京芸術博物館・首都2009)及び亀井明徳等のまとめた『亜州古陶瓷研究Ⅱ』(亀井他2005)等をもとに，表1に「元青花紀年資料一覧」として，中国で元青花とされる瓷器が出土した主な遺跡と資料名などをまとめてみた。亀井の元様式青花瓷編年研究は『亜州古陶瓷研究Ⅳ』に詳細に述べられているので，そちらを参照されたい(亀井2009)[2]。また前述の曹建文・徐華烽の報告にもあるように，表1- No.2の1319 (延祐6)年の買地券を伴う湖北省黄梅県西池窯廠元墓出土の牡丹文塔式蓋罐(図3)は青花ではなく，鉄絵であるため，本来この表からは除外すべきではあるが，近年まで青花として扱われていたこともあり，参考までにそのまま掲載しておいた[3]。またNo.1の江蘇省金壇県の窖蔵から出土した元青花雲龍文罐(図2)の年代は伴出した銀器に刻まれたアラビア暦が西暦1314年を示すこと(肖夢龍1980)からの年代観であるが，亀井はこの年代を重視し，且つこの作品を至正型式の標式であるとして論をたてている(亀井2009)。しかし遺構に伴う墓志や塼刻銘などとは異なり，銀器や古銭がかなり長い期間流通，伝世することをやはり，あらかじめ考慮しておく必要もあろう[4]。No.3の浙江省杭州市文三街無線学校宿舎工地の元代至元紀年墓から出土した青花観音像(施・図13)につい

第 1 部　元青花の誕生とその背景

表 1　元青花紀年資料一覧

No.	出土年	器物	数量	紀年資料	関連文献所載	図版番号
1	1966	元青花雲龍文罐	1	アラビア暦(1314年)銘銀器伴出	『文物』1980-1	2
2	1975	元青花牡丹文塔式蓋罐(鉄絵か)	1	買地券　延祐六年	『文物』1981-1・『江漢考古』2007-3	3
3	1997	元青花観音像	1	(後)至元二年丙子	『中国古陶瓷研究』第4輯　1997	施・図版13
4	1974	元青花釉里紅推塑四霊塔式蓋罐	1	銘文　大元至元戊辰六月	『文物』1981-11	施・図版14b
5	1974	元青花釉里紅推塑楼閣式穀倉	1	銘文　大元至元戊辰六月	『文物』1981-11	施・図版14a
6	1986	元青花「至正七年置」銘蓋罐	1	銘文　至正七年置	『四川文物』1988-5	4
7	1988	元青花菊文双耳連座炉	1	買地券　至正十一年	『文物』1992-6	5
8	1992	元青花花卉文盤	1	至正十三年	『元青花』2009	6
9	1970	元青花雲龍文高足杯	1	墓志　洪武四年	『考古』1972-4	7
10	1978	元青花梅瓶片	1	墓志　洪武二十一年	『考古』1999-10	8
11	1950	元青花騎馬人物文梅瓶	1	墓志　洪武二十四年	『考古』1960-9	9
12	1973	元青花纏枝牡丹文獣耳蓋罐	1	墓志　洪武二十八年	『文物』1977-2	10
13	2006	元青花龍文・四愛図梅瓶	2	永楽十三年	『江漢考古』2007-3	11・12
14	1990	元青花纏枝牡丹文梅瓶	1	墓志　永楽十四年合葬	『南方文物』1997-1	13
15	1960	元青花蓮塘鴛鴦文碗	1	墓志　永楽十六年	『考古』1962-9	14・15
16	1959	元青花纏枝牡丹文梅瓶	1	墓志　正統四年	『考古』1960-9	16
17	1967	元青花雲龍文獣耳罐	1	正統六年	『中国出土瓷器全集7』2008	17
18	1980	元青花纏枝牡丹文獣耳蓋罐	1	墓志　成化六年	『文物』1991-7	18
19	2011	元青花人物文匜	1	墓志　至元元年	『文物』2013-8	

北京芸術博物館・首都博物館・他『元青花』河北教育出版社　2009
亀井明徳・他『亜州古陶瓷研究II』　亜州古陶瓷学会　2005　等より作成

て，墓志にある至元丙子年を前至元である 1276 年とする見解(長谷川1999)もあったが，潘芯峴は墓志を贈呈した人物である「明安答兒」を幾つかの文献と照合し，また伴出した枢府銘白瓷碗の年代を検討した結果，後至元である 1336 年とされた(潘1997)。その後は，この年号を踏襲する論文が多数を占める。この青花観音像は中心の観音像と両脇の童子からなる三山形で構成され，鉄絵で賦彩された各像の頭部，眉，胸部，衣服の袖など所々にアクセント的に青花が点彩付加されている。上部の塑像部は白色瓷器質であるが，基部は黄褐色をした耐火性のありそうな，やや粗雑な粘土で造られている。そこに三像を埋め込むように載せており，基部内面にも観音像底部の白色胎土が黄褐色粘土の中に覗ける。一種の焼台的な効果もなしていたのであろう。釉色は青白色透明な影青である。同種のものが他に 2 点同時に出土しているようである。青花釉裏紅の作品として至元の銘文を有し，西暦 1338 年銘の江西省豊城市凌氏墓出土の青花釉裏紅罐(施・図14b)と青花釉裏紅楼閣式穀倉(施・図14a)とが知られる。No.

6の四川省雅安市文化路の元代窖蔵から出土した「至正七(1347)年置」青花銘の蓋罐(図4)は55件の瓷器と共に出土し、特に24件の高足杯が集中出土している点が注目される(李1988)。また出土詳細は不明だが、安徽省濉渓県臨渙鎮の1353(至正13)年の孫子家族墓から青花花卉盤が出土している(図6)。

　この一覧表のうち至正型式の青花騎馬人物文梅瓶(図9)を出土したNo.11の江蘇省南京市江寧区牛首山沐英墓の墓主沐英は朱元璋の養子であり、建国の功臣である。またNo.16の江蘇省南京市江寧県応塘村沐晟墓の墓主沐晟は沐英の息子であり、ここからも至正型式の青花纏枝牡丹文梅瓶(図16)が出土している。宮紀子は「朱元璋の息子たち」の中に、たとえば第10子の魯荒王朱檀墓に元刊本の古書籍や元朝廷で活躍した文人馮子振や趙巌の跋が附された宋人画などが副葬されていたこと、また第16子寧献王朱権が元刊本典籍や書画類を収集していたことを指摘し、「朱元璋の息子たち」の中にモンゴル文化への憧憬があったことを述べている(宮2006)。沐英墓や沐晟墓の至正型式の青花梅瓶もそうした事例として挙げている[5]。同じく「朱元璋の息子たち」の墓では、2006年湖北省鐘祥市で発見された郢靖王墓は『明史』列伝第6　諸王3によれば、洪武帝の第24子であり1414(永楽12)年に没し、翌年の永楽13年に王妃と合葬されている(院・他2007)。この墓からNo.13に示した2点の青花梅瓶(図11・12)が出土している(北京芸術博物館・首都博物館他2009)。これらは生前の洪武帝からの下賜品であったと見ることは出来まいか。また陸明華は、1441(正統6)年のNo.17の山東省鄒城市中心店鎮寨村北魯荒王戈妃墓出土の元青花雲龍文獣耳罐(図17)は頸部から上が欠損しており、副葬時にすでにアンティークであったと指摘している(陸2006)。西アジアで見られる口縁部を金属器で改作することと何らか関係するのか、また上記報告中に見える景徳鎮市内の戴家弄窯址からは口縁部外面にアラビア文字の刻まれた元青花盤が採集されている。これらは一般的には輸出先で行われた加工と考えられているが、景徳鎮でも行われていた可能性が出てきたと言えよう。黄夫妻が指摘したように元代早期類型の青花がペルシア陶工の手によるのであったなら、その後も当然西アジアの人々の関与があり得るであろう。

　また同一器種にはNo.12の1395(洪武28)年の墓志を伴った安徽省蚌埠市東郊曹山の湯和(朱元璋と同郷の将軍)墓から出土した元青花の蓋付き纏枝牡丹文獣

耳罐(図10,蚌埠市博物展覧会1977)等が挙げられる。さらに江蘇省淮安県季橋郷顔劉村鳳凰墩陶升夫婦合葬墓からも元青花牡丹文獣耳罐(図18)が出土しており,墓誌から1470(成化6)年の埋葬と分かり,至正様式の獣耳罐が明代中期の墓にも副葬されていたことが知れる。後述するようにこのタイプの獣耳罐は琉球の明代時期の墓からも出土している。

　この他,朱元璋の部下の墓では,1371(洪武4)年の墓誌を伴ったNo.9の江蘇省南京市中央門外の汪興祖墓出土の元青花雲龍文高足杯(図7,南京市博物館1972)等があり,いずれも洪武帝からの下賜品ではなかろうか。またNo.14の青花梅瓶(図13)は江蘇省南京市雨花台区鉄心橋郷尹西村蕭氏王氏夫婦墓からの出土で,蕭氏は一般品官であったが,墓誌より成祖永楽帝の時,洪武帝墓である孝陵衛指揮使に昇格しており,やはり洪武帝に関連する人物であったことが分かる(南京市博物館1997)。

　こうした明墓出土の元様式青花瓷器の生産年代,特に下限がいつなのかは,なかなか確定が難しいが,張浦生は早くに南京明初の功臣墓出土の青花を元の至正型青花を踏襲した明初の生産品と指摘され(張1997),2006年にまとめられた『元青花研究-景徳鎮元青花国際学術研討会論文集-』(上海辞書出版社2006)の諸論文でも元末とする研究者がやや多い中で,明初(洪武期)まで生産継続するとした研究者も根強く存在している。亀井は先の論文(亀井2009)で,これら明墓出土のものは埋葬年に近い時の生産品とされ,その元青花生産下限のヒントとなるのが,下記の琉球出土の元青花瓷器とされおり,筆者も注目しているところである。

　なお表1のNo.19に追記した元青花の匜は,2013年の報告(西安市文物保護考古研究院2013)で,西安曲江の張達夫と三名の夫人合葬墓から出土したものである。墓誌から墓葬の年代は1339(至元5)年と考えられる。匜の器形は元青花に一般的に見られる形であり,口縁は無釉となっている。少しくすんだコバルト色で,青花の図柄に特色があり,筆法もやや砕けた調子である。外面はラマ式蓮弁文を大きく配し,内面には傘状の器物を持った戴冠人物文が描かれ,周囲には仙鶴,太湖石,樹木等が配され,その内壁面には唐草文が大きく描かれている。至正年間を遡る事例にこうした図柄,様式の元青花が確かに存在するとしたら,黄夫妻が提示した早期元青花ともども,至正様式の元青花の成立そのものにつ

3. 琉球出土の元青花について

　図19・20に掲載した元青花双龍文獣耳壺(罐)は沖縄県読谷村古墓から1972年に発見されものである。出土時には口縁部は欠損しており，底部も穿孔され，骨壺として使用されていたらしい。この元青花についての追跡調査が亀井明徳らにより行われ，発見地が実証されたことを報告している(亀井2008)。明代青花の長頸瓶などと共に副葬され，墓自体は江戸時代まで使用されていたことなども報告されている。

　この壺の発見を契機に琉球での元青花発見が相次いだ。早くには矢部良明が勝連城跡出土の元青花(矢部の言われる元様式青花瓷器)を研究し，14世紀末から15世紀前半，すなわち洪武期の時代観を述べている(矢部1975)。近年では亀井明徳を中心とする研究グループが積極的な調査研究を継続し，数々の業績を挙げている。特に先の文献では琉球および日本出土の元青花瓷器の資料集成を行った(亀井他2008)。この集成をもとに，新島奈津子は具志川グスク出土元青花瓷を15世紀中頃，今帰仁グスクのものを15世紀前半，首里城のものを15世紀前半とし，総じて至正型式の生産年代は永楽期(15世紀第1四半期)まで見られるとしている(新島2008)。亀井明徳は中国の出土品の検討からも，15世紀第1四半期までは，至正型式青花瓷を焼造し続けていたとしている(亀井2009)。

　さらに近年の報告書で，金武正紀は今帰仁城出土の400点以上の大型の壺や盤を主とする元青花瓷の入手年代を山北王帕尼芝の時代とした(金武2009)。すなわち山北王帕尼芝が初めて明朝へ入貢したのは，洪武16 (1383)年である。その報告では今帰仁城跡出土の明代前半期の青花瓷器についても抽出，検討が行われている(亀井他2009)。また柴田圭子は今帰仁城跡出土の明代青花瓷を検討し，明代早期から中期の青花瓷器の把握と評価を行っている(柴田2011)。元青花との違いも摘出されようとしている。

　筆者も琉球(沖縄)の首里城址や今帰仁城址，勝連城址などで出土した元青花すなわち至正型式青花は，1372 (洪武5)年に中山から始まり，山南王が1380 (洪武13)年，山北王が1383 (洪武16)年と続く琉球三山の朝貢初期に，いわゆる

第1部　元青花の誕生とその背景

「朝貢貿易」によってもたらされたものと考えている。琉球は，この朝貢開始以後に東シナ海を渡航可能な船舶を明より下賜してもらい，朝貢貿易が可能となったのであり，それ以前に琉球側から宋・元・明へ直接渡航することは，ほとんどあり得なかったと推測している。この間の事情をもう少し先学の研究論文から掘り下げてみたい。

　琉球の朝貢以前の状況は明の洪武帝による海禁政策が敷かれていたので自由な貿易は行われていなかった。1371（洪武4）年に禁令が発せられるが，その実態について，檀上寛は，洪武帝による海禁政策が極めて厳格に実施されたことを主張し，『国初寸板不許下海』に関しても「字面どおりに国初の実態を表した文言だと考える。」(檀上2007)としている。中国国外遺跡での14世紀後半代の中国陶瓷の出土が少ない理由の一つと想定されよう。

　琉球三山の明朝への朝貢時期は前掲したが，中山王の三山統一は1429（宣徳4）年とされる。その間に朝貢貿易の利潤追求をめぐる思惑が和田久徳の論文に指摘されており，大変興味深い。すなわち「尚巴志が中山・山南を併せて支配する実権を握った後まで，山南王の明朝に対する朝貢が中山王と併行して暫くつづいたのは，明朝が承認した山南王が独立を保持している形式を維持することによって明朝との友好関係をそこなわずにすみ，一面において中山王としての朝貢のほかに山南王としての朝貢が行なわれることによって朝貢貿易の利得を倍加し得たからであろう。」と述べている(和田1976)。

　こうした琉球に鷹揚な対応をとった明朝側の思惑について，岡本好道は以下のように指摘している。「琉球という新興勢力を朝貢體制の中により積極的に組み込み，海禁令の下では必然的に密貿易者とならざるを得ない海商勢力に對する一種の『受け皿』とすることによって，海域アジア世界の状況を「禮的秩序」のもとに収斂させていく路線―その意味では單なる對倭寇政策というよりはより廣い意味での「對海寇政策」と呼ぶべきか―への轉換があったのではなかろうか。」と述べている(岡本1999)。

　琉球と明朝それぞれの歴史展開に対応しての思惑の中で，朝貢貿易品として至正型式を含む明初の青花が，洪武期に他の地域よりも数多く琉球に搬入されたものと考える。日本出土の元青花や東南アジア出土の元青花の一部は，中継貿易国の琉球を経由したものも多々あると予測される。

以上のような諸点から，洪武期にも至正型式の青花が支配者層や朝貢貿易国との間で流通していたことは認められ，その生産も洪武前期には継続していたと予測するが，洪武期のいつまで続いていたのかは，筆者にはなお結論付けられない。一方，洪武官窯について，南京で開催された「2010年南京洪武瓷国際学術検討会」での共通認識として，明代官窯は1369（洪武2)年に置かれ，当初は「陶廠」あるいは「瓷局」と称され，管理機構であったのか生産機関であったのかは，今後の研究を待たねばならず，1402（洪武35)年に「陶廠」・「瓷局」は御窯廠にかわり，瓷器生産を行うようになったであろうとの見解が示されている(『中國文物報』総第1883期　2010年12月1日付掲載より)。洪武御窯廠設立以前，ほぼ洪武期と言っても差し支えない段階での青花の型式・様式が，景徳鎮ではどのような状況になっていたのかが，特に注目されてくる。

今回紹介した論文のように，景徳鎮での研究もフィールドワークを中心に，地道な研究者からの報告が公表される機運となっていることは大変喜ばしい。景徳鎮の窯址現場で，元青花の出土状況を確認しながら，既成概念にとらわれず，ありのままの状況を正しく現実として捉えることが新たな視点を切り開く道となろう(わが国においても全く同様なことがいえるのであるが)。そうした元青花の出土状況や共伴遺物の種類・内容，元青花を焼成した窯構造，窯道具などの写真や図は客観的報告として必要であり，学術調査レベルでは当然のこととして遺構・遺物の写真，実測図や土層図などは是非報告書に掲載して欲しい。また報告された内容が正しいのか，他の見方はないのか等，後の研究者の疑問に対して再検討の余地を残すこと，すなわちトレサビリティーが可能となるような方法での遺物・遺跡の保存も出来得る限り必要である。そうしたことを可能にする調査体制や研究グループが景徳鎮の地元で，より沢山形成され，活発な活動をされることを願う。そうした一つの動きとして，2014年10月20日から22日までの3日間，景徳鎮市の協力で景徳鎮陶瓷学院に於いて「蔣祈《陶記》及び景徳鎮宋元窯業国際学術検討会」(黄2014)と題された研究会が開催された。標記テーマに関連した20数本の研究報告がなされた。その中では，元青花の胎土となったと推測される高嶺土(カオリン)と陶石を砕いて固めたパイトンツをブレンドする技術，いわゆる瓷胎の「二元配方」は，従来元代から始まったといわれていたが，南宋時代まで遡るとする発表が化学分析の立場(李・

湯 2014)からあり，また文献研究の立場(馮 2014)からも高嶺土(カオリン)の使用は南宋時代に始まっていたとの報告があった。注目される内容なので，より詳しい論文報告を期待したい。また最終日には，最近発見され遺跡で，窯址や採掘坑の調査が進む浮梁県湘湖鎮進坑村窯址群の見学会が行われた。そこは五代・宋代の白瓷や青瓷が生産された規模の大きな窯址群である。こうした新しい研究息吹が景徳鎮に生まれつつもあることを報告の結びとしたい。

注
1) この明初に成立した『格古要論』については，張鉄弦(張 1962)及び矢島律子の論考(矢島 2006)等がある。特に矢島は『格古要論 古器窯論』を先達の研究成果及び近年の発掘成果などをも汲み取り，その成立背景と歴史的意味を考察検討している。そして「北宋代以来の古器物鑑賞の対象として，陶磁器が取り上げられるようになるのは，元代のことと推測できよう。その中心が官窯青磁であったこと，『格古要論』に取り上げられた《古陶磁》の範囲が北宋代以降に限られていたことがその後の中国古陶磁鑑賞を大きく規定したといえる。その背景には，失われた文人理想の時代たる北宋そして南宋文化への強い憧憬があったであろうことは容易に想像される。」と結んでいる。
2) 亀井の結論は以下のようである。元様式青花を至正型式と略描型式とに分ける。青彩，文字，単純線などは青花瓷とは言えないとされるので，表1のNo.3・4・5・6は対象外ということになる。またNo.7の江西省九江市 1351 年墓出土の略描型式の青花双耳連座菊唐草文香炉(図5)は資料的に信頼性を欠いているので使用しないとする。至正型式の文様の基準作は至正 11 年銘青花雲龍文瓶と江蘇金壇県出土の青花雲龍文罐(図2)とする。1388 (洪武 21)年通海夫人于氏墓出土青花梅瓶片(図8)，1392 (洪武 25)年沐英墓出土青花梅瓶(図9)，1415 (永楽 13)年郢靖王棟・王妃合葬墓出土の青花雲龍文梅瓶(図11・12)，1418 (永楽 16)年宋晟夫人葉氏墓出土蓮池水禽文鉢(図14・15)などは至正型式と認定できるとし，「これらは伝世品やアンティークのものではなく，官窯の型式の影響を受けながらも，民窯において，およそ2世代以上にわたる 15 世紀第1四半期までは，至正型式青花瓷を焼造し続けていたと考える。すなわち，葬年と同時代の製品であり，至正型式青花瓷の琉球首里城跡などの国外出土例はこれを裏付けている。」と結んでいる(亀井 2009)。
3) この 1319 (元祐6)年の紀年墓から出土した牡丹文塔式蓋罐は湖北省黄梅県博物館に収蔵されており，これと対になっていたとされるもう一件の牡丹文塔式蓋罐は，江西省九江市博物館に所蔵されているとのことである(蔡 2007)。
4) 明代墓の中で古書画が副葬されていた例として，安徽省淮安県の 1496 (弘治 9)年葬の王鎮と 1505 (弘治 18)年葬でその妻劉氏の合葬墓には，25 副の古書画が副葬されていた(江蘇省淮安県博物館 1987)。王鎮は仕官したことはなく商人であったと

され，副葬された元・明の古書画は生前に購入したもので，25副の古書画には王鎮の上款が一点もないことから，古書画の作者達と王鎮との間には直接的関係は無く，ただ書画好きであったらしい（尹1988）。またその中には元末明初の偽作も含まれていたことが指摘されている（徐1987）。河北省石家荘市郊陳村の明代壁画墓で，1493（弘治6）年葬の劉福通墓からは河北省澗磁村定窯産で唐末の作品と思われる定窯水注が2点副葬品に混ざっていた。さらには1583（万暦11）年から寿宮として築造された万暦帝及び孝瑞皇后の墓である北京市郊昌平区の明十三陵中にある定陵からは，万暦銘款の青花梅瓶とともに「大明嘉靖年製」銘の青花梅瓶が2点副葬されていた（長陵発掘調査工作隊1958）。江西省南城県の益宣王朱翊鈏は1603（万暦31）年に没し，その元妃李氏英姑は1556（嘉靖35）年に没しており，継妃孫氏は1582（万暦10）年に没し共に王墓に合葬された。この墓から15世紀代生産と思われる龍泉窯の青瓷盤1点が副葬され，また玉佩の金製金具部分に「銀作局嘉靖元年六月内造金五銭」と刻まれた作品が出土している。嘉靖元年は1522年であり，アンティークな作品である（江西文物工作隊1982）。さらに江西省南城県の益定王朱由木墓は1634（崇禎7）年に没し，その次妃黄氏は1625（天啓乙丑）年に没しており，次妃王氏は1634（崇禎7）年に没し共に王墓に合葬された。この墓からも15世紀代に生産されたと思われる龍泉窯の青瓷盤が2点副葬されていた（江西文物工作隊1983）。上記諸例はたまたま筆者が気づいた数例であり，明代墓の中には，アンティークな文物が副葬された事例はまだまだ沢山あると思われ，それぞれの持つ意味を検討して行く必要があろう。

5) 近年，王志軍は「重新認識《建文》瓷器」（『中国文物報』2011.8.3付）という記事の中で，南京洪武宮址玉帯河出土の陶瓷器を，靖難の役で朱棣（永楽帝）が南京を陥落させた際に，建文帝の痕跡を完全消去する目的で，建文帝が宮中で使用していた陶瓷器を壊し廃棄したもので，白釉紅彩龍文盤などは建文朝の御用瓷器であったと解釈している。そうした上で沐英墓出土の青花梅瓶を張や亀井と同じく洪武期の焼成品としており，宮紀子の古物説とは異なる立場をとっている。

参考文献

尹吉男1988「関干淮安王鎮墓出土書画的初歩認識」『文物』第1期 文物出版社
院文清・周代瑋・龍永芳2007「湖北省鐘祥市明代郢靖王墓発掘収穫重大」『江漢考古』第3期
岡本好道1999「明朝における朝貢国琉球の位置附けとその変化－十四・十五世紀を中心に－」『東洋史研究』第57巻第4号：11
亀井明徳2008『亜州古陶瓷研究Ⅲ』：186-188 亜州古陶瓷学会
亀井明徳2009「元様式青花白瓷器の研究」『亜州古陶瓷研究Ⅳ』:1-57 亜州古陶瓷学会
亀井明徳・柴田圭子・高島裕之・新島奈津子・半田素子2009「第2節 今帰仁城跡出土明代前半期青花瓷の研究」『今帰仁城跡発掘調査報告書Ⅳ』:141-169 今帰仁村教育委員会
亀井明徳・高島裕之・新島奈津子・柴田圭子・山本文子2005「中国出土元青花瓷資料集成」『亜州古陶瓷研究Ⅱ』亜州古陶瓷学会
亀井明徳・高島裕之・新島奈津子・柴田圭子・山本文子2008『亜州古陶瓷研究Ⅲ』亜州古陶瓷学会
金武正紀2009「第Ⅴ章第1節 今帰仁城跡出土の元・明青花磁の分類と年代的位置付け」『今帰仁城

第 1 部　元青花の誕生とその背景

跡発掘調査報告書Ⅳ』:121-140 今帰仁村教育委員会
黄雲鵬・他 2006『元青花研究―景徳鎮元青花国際学術研討会論文集―』上海辞書出版社
黄清華・黄薇 2010「至正十一年銘青花雲龍瓶考」『文物』第 4 期 文物出版社
黄清華・黄薇 2012「元青花瓷器早期類型の新発見―実証的観点より青花瓷器の起源を論ずる―」『文物』第 11 期 文物出版社
黄清華・黄薇 2014「蔣祈《陶記》曁景徳鎮宋元窯業国際学術研討会論文草稿匯編」
江西省文物工作隊 1982「江西南城明益宣王朱翊鈏夫婦合葬墓」『文物』第 8 期 文物出版社
江西省文物工作隊 1983「江西南城明益定王朱由木墓発掘簡報」『文物』第 2 期 文物出版社
江蘇省淮安県博物館 1987「淮安県明代王鎮夫婦合葬墓清理簡報」『文物』第 3 期 文物出版社
蔡路武 2007「元牡丹紋塔形蓋瓶」『江漢考古』第 4 期
柴田圭子 2011「第 1 章　今帰仁城跡出土明代青花瓷の研究(1)」『今帰仁城跡発掘調査報告書Ⅴ』:167-190 今帰仁村教育委員会
肖夢龍 1980「江蘇金壇元代青花雲龍罐窖蔵」『文物』第 1 期 文物出版社
徐邦達 1987「淮安明墓出土書画簡析」『文物』第 3 期 文物出版社
潘芯嶼 1997「関于杭州出土元青花観音像年代的両点考証」『中国古陶瓷研究』第 4 輯 中国古陶瓷研究会
西安市文物保護考古研究院 2013「西安曲江元代張達夫及其夫人墓発掘簡報」『文物』2013-8
関口広次 2011「黄清華・黄薇著[至正十一年銘青花雲龍瓶考]を読んで」『立正考古』第 48 号　立正大学考古学研究会
施静菲 2009「景徳鎮における元代青花と釉裏紅の出現―釉下彩技術の発展からの一考察―」『大和文華』第 120 号　大和文華館
曹建文・徐華烽 2009「近年来景徳鎮元代青花窯址調査と研究」『故宮博物院院刊』第 6 期　総 146 期
檀上寛 2007「国初寸板不許下海」山根幸夫教授追悼記念論叢　明代中国の歴史的位相(下)：92 汲古書院
張鉄弦 1962「明代文物鑑賞書《格古要論》」『文物』第 1 期　文物出版社
張浦生 1997「南京明故宮出土陶瓷綜術―兼析南京明初功臣墓出瓷器珍品―」『中国古陶瓷研究』第 4 輯 中国古陶瓷学会
長陵発掘調査工作隊 1958「定陵試掘簡報」『考古通訊』第 7 期　科学出版社
陳力子 2010「元代景徳鎮浮梁瓷局所轄窯場性質辦」『中國文物報』6 月 25 日付「文物考古周刊」所載
南京市博物館 1972「南京明汪興祖墓清理簡報」『考古』第 4 期 科学出版社
南京市博物館 1997「南京南郊明墓清理簡報」『南方文物』第 1 期　南方文物編輯部
新島奈津子 2008「古琉球出土青花瓷の研究」『亜州古陶瓷研究Ⅵ』:64-65 亜州古陶瓷学会
長谷川祥子 1999「元(至正)様式の青花磁器誕生についての一考察―景徳鎮窯における各種技法変遷からの試論―」『東洋陶磁』第 28 号　東洋陶磁学会
馮雲龍 2014「界田石泥與麻倉土」『蔣祈《陶記》曁景徳鎮宋元窯業国際学術研討会論文草稿匯編」
北京芸術博物館・首都博物館他 2009『元青花』河北教育出版社
蚌埠市博物展覧会 1977「明湯和墓清理簡報」『文物』第 2 期　文物出版社
宮紀子 2006『モンゴル時代の出版文化』:658-667 名古屋大学出版会
矢島律子 2006「《格古要論　古窯器論》に見る中国古陶磁鑑賞の成立」『大和文華』第 115 号
矢部良明 1975「日本出土の元様式青花磁器について―沖縄、とくに勝連城の出土品を中心にして―」『南島考古』第 4 号　沖縄考古学
李直祥 1988「雅安市発現元代窖蔵瓷器」『四川文物』第 5 期　四川文物編輯部
李峰・湯輝・他 2014「景徳鎮瓷胎二元配方起始時間考―兼論蔣祈《陶記》之著作時代」『蔣祈《陶記》曁景徳鎮宋元窯業国際学術研討会論文草稿匯編』
劉新園 2001「元文宗―図帖睦尓時代的官窯瓷器考」『文物』第 11 期 文物出版社
和田久徳 1975「琉球国の三山統一についての新考察」『お茶の水女子大学人文科紀要』第 28 巻第 2 分冊 :27

近年の景徳鎮における元青花研究から

図1　景徳鎮市内出土元青花

図2　1314年銘銀器伴出青花罐

図4　1347年銘青花蓋罐

図3　1319年鉄絵塔式蓋罐

図5　1351年青花香炉

第1部　元青花の誕生とその背景

図6　1353年青花盤

図7　1371年青花高足杯

図8　1388年青花梅瓶片

図9　1392年青花梅瓶

図10　1395年青花獣耳蓋罐

図11　1415年青花梅瓶1

近年の景徳鎮における元青花研究から

図12　1415年青花梅瓶2

図13　1416年青花梅瓶

図14　1418年青花碗

図15　1418年青花碗内底

図16　1439年青花梅瓶

図17　1441年青花獣耳蓋罐

図出典
図1: 曹建文・徐華烽「近年来景徳鎮元代青花窯址調査と研究」『故宮博物院院刊』2009年6期　総146期
図2・7・16・18:『中国出土瓷器全集7』科学出版社　2008
図3・6・11・12・14・15: 北京芸術博物館・首都博物館・他『元青花』河北教育出版社　2009
図4・9: 亀井明徳・他『亜州古陶瓷研究II』　亜州古陶瓷学会　2005

133

第 1 部　元青花の誕生とその背景

図18　1470年青花獣耳蓋罐

図19　沖縄県読谷村古墓出土青花罐

図20　沖縄県読谷村古墓出土青花罐獣耳

図21　景徳鎮市街紅兵映画館跡地
第⑥層出土

図22　景徳鎮市街紅兵映画館跡地
第⑥層出土

図23　景徳鎮市街紅兵映画館跡地
第④層出土

図5: 呉水存「江西省九江発現元代青花瓷器」『文物』1992 第6期
図8: 南京市博物館・雨花台区文化局「江蘇省南京市戚家山明墓発掘簡報」『考古』1999年第7期
図10: 蚌埠市博物展覧会「明湯和墓清理簡報」『文物』1977年第2期
図13: 南京市博物館「南京南郊明墓清理簡報」『南方文物』1997年第1期
図17:『中国出土瓷器全集6』科学出版社　2008
図19: 東京国立博物館編『日本出土の中国陶磁』東京美術　1978
図20: 矢部良明『元の染付』平凡社　1974
図21〜23: 黄清華・黄薇夫妻からの提供による。

元様式青花瓷はいつまで生産されたか

髙島 裕之

はじめに

元様式青花瓷は，よく知られた陶瓷器である。その生産年代や，数が限定されることから，世界全体を網羅して把握することが可能であり，陶瓷史の中でも世界規模で語ることができる数少ない材料である。その発見と共に人々は強い関心を持ち，多くの研究討論がされてきた。私自身も SAAT（専修大学アジア考古学チーム）の一員として，2000 年代に中国，日本，古琉球，インドネシア・トローラン遺跡などの元様式青花瓷について，悉皆的に資料集成を行い，その成果をまとめてきた（『亜州古陶瓷研究Ⅰ‐Ⅴ』・亀井明徳編『元代青花白瓷研究』）。

その中で私どもは，至正型式製品の破片の観察から，その文様の描き方に幅があり，厳密に各々を区別できる可能性を見出すことができた。本稿では SAAT の研究について特に元様式青花白瓷の下限についてふりかえり，自身の見解も加える形でまとめていきたい。

1. 調査に基づいた元様式青花瓷の位置付け

(1) SAAT（専修大学アジア考古学チーム）の調査
我々の元青花瓷に関する主な調査は，以下の通りである。
・中国出土の元青花瓷資料集成(2005 年)
　悉皆的に中国の文献にあたり，その邦語訳と原文を合わせて掲載した。出土地点については遺跡ではなく，できうる限り遺構まで正確に把握した。
・日本出土の元青花瓷資料集成(古琉球出土の元青花瓷資料集成)（2008 年)
・インドネシア・トローラン遺跡発見陶瓷(シンガポール大学東南アジア研究室保管資料)の研究(2010 年)

第1部　元青花の誕生とその背景

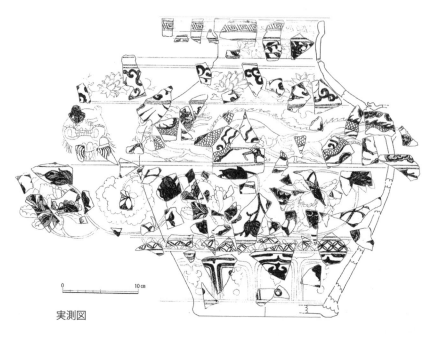

実測図

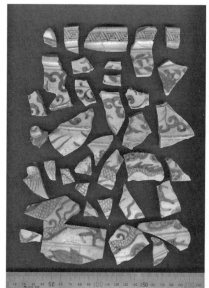

出土破片

図1　久米島具志川グスク出土青花双耳竜牡丹文罐（久米島町教委所蔵）

これらの調査では，現物にすべてあたり遺跡での個体数による全体像の把握に努めた。遺跡から出土する元青花瓷は，破片で出土することが多い。しかし世界に分布する完形品の資料と比較検討を行う時に，破片数では実態をつかむことができない。そのため破片を観察し，グルーピングできる例については，個体数としての把握に努めた。きっかけとなったのが，久米島具志川グスクの資料である。当初 303 片の破片であったが，獣耳罐 2，罐蓋 1，長頸瓶 3 と，このグスクに持ち込まれた元様式青花瓷の実数を割り出すことができた（図 1）。同じようにして，他の古琉球，日本，インドネシア・トローラン遺跡出土の元青花瓷の個体数を把握していった。
　その結果，従前からいわれているように西方イスラム諸国からの専らの注文生産製品ではなく，南・西アジアの保有量を超える量の元青花瓷が，東南アジア，古琉球に確認できることが解った。またこれらの作業を通して，合計 8500 片近くの破片を詳細に観察したため，完形品では解りえないことも多く解ってきた。

(2) 調査に基づいた元様式青花瓷の位置付け
　「元様式青花白瓷の研究」（亀井 2009-1）の中では，「元様式青花瓷」の概念を「青花とは，コバルト顔料を使用して，「花」，すなわち一定のデザイン・意匠が描かれ，透明釉がもちいられていることが必要条件である。すなわち，コバルトが付着している青彩，文字，単純な線などは青花瓷といえない。瓷として，白瓷胎で高火度焼成されていることが必要であり，陶胎も必要条件をみたしていない。」としている（亀井 2009-1.p.1）。さらに様式，型式，形式の用語について，次のように使い分け，厳格な概念規定を提示している（亀井 2009-1.p.29）。

・「型式」→他と区別できるグループ：至正型式・略描型式
・「様式」→複数の型式の組み合わせ：元様式・明様式
・「形式」→器種と形態：罐（壺）・扁壺・梅瓶・長頸瓶・出戟觚・盤・碟（小皿）・
　　　　　　鉢・碗・高足杯・水注（執壺）・多穆壺・器台（座）・香炉・
　　　　　　匜・盒・包形品（器種），稜花・折腰・玉璧底など（形態）
　まず元様式青花瓷について，至正型式と略描型式[1]の 2 型式に分けている。

第1部　元青花の誕生とその背景

　至正型式の基準資料として，江蘇省金壇県洮西公社湖渓大隊窖蔵出土青花刻花竜雲文罐と旧 Percival David Foundation of Chinese Art（以下旧 PDF.)所蔵の2点の青花雲竜鳳凰文象耳瓶と類似する文様例を「至正型式」として位置づけている。青花刻花竜雲文罐は，主文の雲竜に刻花技法が用いられ，溝刻内に青料が入れられていることが特記されている。この技法が卵白釉刻花文の技法と同時並行にあり，卵白釉刻花文品との関係も含め，1314年紀年銘を持つ考古資料として最も遡る元様式青花瓷としている。そして基準資料として広く知られている旧 PDF.所蔵青花雲竜鳳凰文象耳瓶についても，細かい所見が述べられており，特に記載される銘文の解釈から，至正11（1351）年までには国内で流通ルートにのって注文生産されていたことを明らかにしている（亀井 2009-1.pp.17-22）。

　そして基準資料を中心に据えて，器種構成と形状の特徴，文様についてまとめている。これまでの刻花瓷と異なり，元青花瓷で大きな要素を持つのが筆による施文である。特に年代の指標となる主文様として，竜，牡丹，宝相華文に着目し，その比較対象として珠山地域の洪武と永楽の各層出土品を挙げ，至正型式と洪武型式との相違について，各々説明されている（亀井 2009-1.pp.8-12）。さらに至正型式と明初至正型式[2]を明確に分類する2つの指標として，牡丹唐草文での蔓の有無と，宝相華葉文の変化を挙げている。特に牡丹唐草文の蔓を伴

牡丹唐草文の蔓（トローラン遺跡）　　宝相華葉文の変化（久米島・具志川グスク）

図2　明初至正型式に位置付けられる牡丹唐草文と宝相華唐草文

う例は，永楽13 (1415)年墓誌共伴の湖北省郢靖王・王妃合葬墓出土青花開光人物文梅瓶，永楽16 (1418)年埋葬南京市・王蕭夫妻墓出土梅瓶にみられ，永楽後半期の指標とも考えられている(亀井2010-1.pp.28-29)。この明初至正型式の例は，15世紀前半に元様式青花瓷がもたらされたと考えられる古琉球のグスク，インドネシア・トローラン遺跡でも確認されている3)(図2)。以上のように従来，「至正様式」と呼ばれた青花瓷について，「至正型式」として範囲を修正し，整理していく必要があることが提示された。

また略描型式は文様が略描であることから至正型式と併行ないし後進時期が考えられているが，洪武4 (1371)年銘墓誌と共伴する南京市中央門外・汪興祖墓出土青花高足杯を基に，明初においても継続して生産されていたことも指摘されている(亀井2009-1.p.23)。

2. 明時代における元様式青花瓷の生産

(1)明時代の遺跡での出土状況

明時代にも元青花瓷が生産されていたのか，根拠となるのが遺跡での出土状況である。すなわち中国における明代紀年銘共伴の資料，古琉球での出土状況，日本での出土状況，インドネシア・トローラン遺跡での発見状況などから元様式青花瓷の生産の様相が明らかにできた。

まず中国出土の明代紀年銘墓誌と共伴し，墳墓に随葬された青花瓷の中で，元様式として網羅されている資料の個々について，特に施文の状態について検討された。そして各々を「至正型式」，「洪武型式」，「正統から成化の埋葬時点に焼造された至正型式を踏襲した製品」と分類している。そのうち洪武25 (1392)年南京市江寧区牛首山・沐英墓(梅瓶)，洪武28 (1395)年安徽省蚌埠市湯和墓(獣耳罐)，永楽13 (1415)年湖北省鐘祥市・郢靖王棟・王妃合葬墓(梅瓶のうちの1つ)，永楽16 (1418)年南京市中華門外・宋晟夫人葉氏墓の4例を至正型式と認定し，これが永楽の前半期までは作られていたことを明らかにしている(亀井2009-1.p.25) 4)。

これを裏付ける至正型式青花瓷の中国以外の例として，まず古琉球での出土例が挙げられる。古琉球は明との進貢貿易を基軸として，東南アジア，東アジ

第1部　元青花の誕生とその背景

アを結ぶ交易ルートの結節点としての位置を築き，中継貿易を行ってきた。その盛行時期は14世紀後半から15世紀までにある。中山王朝が明に進貢したのは洪武5（1372）年であり，首里城以前14世紀代に王都の性格を持つと指摘される浦添グスクや尚氏の本拠地だった佐敷グスクでは，現在のところ，元様式青花瓷は発見されていない。大量に元様式青花瓷が発見された首里城は，宣徳2（1427）年の古琉球最古の金石文「安国山樹華木碑記」によると，尚巴志（1372-1439・中山王になったのは永楽19（1421）年）の代に王城として確立している。首里城跡京の内地区出土遺構では，下限が景泰4（1453）年，または天順3（1459）年の火災と考えられるSK01があり，元青花盒，高足杯盤，罐の他，明青花碗，皿，梅瓶，罐，瓶，青瓷碗，皿，盤，罐，瓶，白瓷，五彩，褐釉陶器，黒釉碗，瑠璃釉，紅釉，タイ，ベトナム，日本本土産陶瓷器等が出土している。いっぽう北山の中心であった今帰仁グスク主郭の調査は，層位によってⅠ－Ⅳ期に区分されていて，元青花瓷は，第Ⅲ期の遺物包含層（主郭2層）から明青花瓷と共伴して発見された。この層では青瓷の盤，罐等の大型品，タイ，ベトナム陶瓷器も共伴する。また久米島・具志川グスクでも二郭基壇舎殿南側礎石建物付近表層から，15世紀第2四半期の青瓷，白瓷と共に元青花瓷のほとんどが発見されている。このようなグスクからの出土状況をみると，元青花瓷は，青瓷も含め碗・皿等の小型品から盤・罐等の大型品まで大量に見られる15世紀前半を中心として，古琉球にもたらされたと考えられる[5]。

マジャパヒト王朝の都がおかれたインドネシア・トローラン遺跡では，次のような共同研究の成果があがった。SAATの調査で扱った資料はシンガポール大学東南アジア研究室が保管していた資料で，青花瓷が偶然的・選択的に採集された破片であり，トローラン遺跡出土陶瓷の一部として位置づけられる。しかし被熱した状態などほとんどすべてに共通した破片の損壊の特徴がみられ，狭い範囲から採集された破片と推測できる[6]。この資料では，盤の個体数が最も多く，次に罐が多い。盤は，世界で確認できる全ての文様がこの遺跡から発見されている。これらは，トプカプ宮殿，旧アルデビル廟のコレクションを超える量である。そして遺跡から発見されている6000点以上と推定される元様式青花瓷について，他の地域の経由ではなく中国の港湾からストレートに交易されたことが，出土状況，文献記録から推測されている[7]。特に明初に成立し

た『瀛涯勝覧』の「爪哇国」には、「青花磁器」が交易品として明記されている。この「青花磁器」は、地理志の成立年代からみれば永楽型式の青花瓷と考えるのが自然であるが、トローラン遺跡での発見状況もふまえ、至正型式青花瓷も含む可能性がある。そして元様式青花瓷の外銷は、明初の洪武から永楽期にその中心があると考えられている(亀井2010-1,p.27)。

(2)明時代における元至正型式青花瓷生産の実像

　元様式青花瓷は、至正型式と略描型式に分けられる。それらは民窯の中で作られた製品の幅を示している。明時代の制度としての官窯の成立については諸説あるが、元から明への王朝の交代時期を挟んで、洪武型式、永楽型式として官窯の製品と位置付けられる一群が誕生した。それと同時期に、以前と同じ技術で同じ製品を製作するという、容易な生産方法を選んだ窯が存在したことで、前代の型式も並列していくというのが事実に近いと考える。そしてこれは古琉球、インドネシア・トローラン遺跡など複数の遺跡の出土例を分析した結果、述べられることである。

　製品の中には洪武・永楽型式と至正型式の施描が同一個体の中に併存する場合もあり、「明初至正型式」の語が使用されている。具体例としては、大阪市立東洋陶磁美術館所蔵の青花菊牡丹文盤(Acc.no.10718)が挙げられ、内底の意匠について、洪武期の珠山地区出土湖石四季花卉文盤と類似した部分が多いと指摘されている(亀井2009-1,pp.26-28)。同じ形の牡丹葉を描く青花八稜形花卉文罐がトローラン遺跡で確認でき、洪武型式と同じ文様が描かれている(図3)。

　至正型式、洪武型式、永楽型式、宣徳型式の並行関係を示したのが図4であ

トローラン遺跡発見罐　(ｊ.51)

図3　明初至正型式にみる牡丹葉の類似

大阪市立東洋陶磁美術館所蔵盤
(Acc.no.10718)

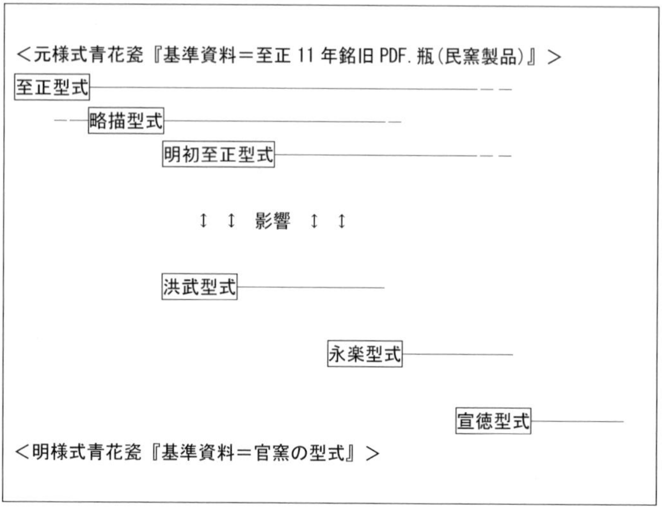

第1部　元青花の誕生とその背景

```
<元様式青花瓷『基準資料＝至正11年銘旧PDF.瓶(民窯製品)』>
至正型式─────────────────────
    略描型式─────
        明初至正型式──────────
            ↕↕ 影響 ↕↕
                洪武型式──────
                    永楽型式──────
                        宣徳型式──────
<明様式青花瓷『基準資料＝官窯の型式』>
```

図4　各型式の併行関係

る。「影響」の上下で元と明の様式の相違を示している。これまで各々の型式が年代順に並ぶと考えられてきたが，明初の段階には，図のように至正型式，明初至正型式，洪武型式→永楽型式が併行すると考えられる。元様式と明様式では各々の基準資料が，民窯の製品であるのか，官窯の型式であるのかという点でも異なっている。洪武・永楽型式は，珠山地域の発掘調査成果を基にその出土資料を基準としている点で，型式としての範囲が限定されてくると考える。

　そして施文による分類と共に，同じ器種での形態の変化にも注意を払う必要がある。基本的には大きな変化がなく形は踏襲されるため明確な分類は難しいが，比較的解りやすい事例として梅瓶と罐が挙げられる。梅瓶ではトローラン遺跡出土資料の分析での指摘がある。元時代の特徴は，40cm以上の器高，口縁部から頸部の形態，胴部から腰部の形態の中に認められるという(柴田2010. p.241)。旧アルデビル廟所蔵青花白瓷梅瓶は牡丹唐草文に蔓を加える形の明初至正型式であり，器形はなで肩となり，元様式の例と異なっている。いっぽう罐では明時代になると梅瓶と同じように底径が大きくなり，腰部の絞りが弱くなる傾向がある。そしていわゆる雲堂手罐になると器高が高くなる傾向がある。

　この明初期の器形の特徴を持つ罐からは，青花瓷周辺の装飾技法の選択肢について問題提起ができる(図5)。勝連グスク出土青花獣耳如意頭文罐[8]は，資料集成の段階から至正型式と異なる特徴を持つと考えられていた。外底部を除いて内外面とも丁寧に施釉されている点，青色顔料が薄青色に発色し文様がは

元様式青花瓷はいつまで生産されたか

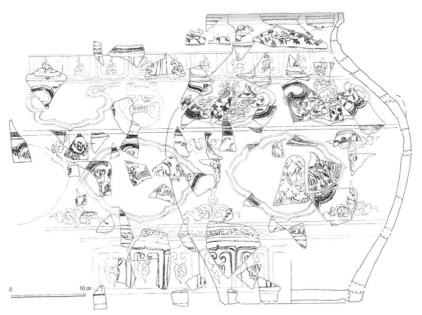

①勝連グスク出土青花獣耳如意頭文罐【淡青花】

②高安窖蔵出土釉裏紅開光花鳥文罐【釉裏紅】

③旧PDF.所蔵青花紅釉貼花花卉文罐【ビーズ紐繋ぎ】

図5　青花周辺の装飾技法の出現時期はいつか

っきりしない点(いわゆる淡青花)，巻草の描き方も略描になっている点，変形蓮弁文が細い線描きのみで描かれている点，文様界線の圏線に太線を用いる点がその異同点である。私はこの罐について，明時代の罐と至正型式の罐では，内面施釉の仕上がりに違いがみられ，明官窯の罐では接胎の痕跡を残さず滑らかであり，年代が下がる可能性を指摘した。

この類似資料として高安市城郊錦江南岸第二電気廠窖蔵[9]出土釉裏紅開光花鳥文罐がある。窓枠内の菊花文の描き方は花芯を格子文にし，花弁が線描だけで濃みぬりしない略描型式である。窓枠間の吉祥雲文の尾も2方向に描かれており，複数方向に尾のある描き方である。これらの施描は至正型式にはなく，器形との関係性も含め，明初の年代が考えられる。同じく類似した変形蓮弁文，如意頭形枠を持つ資料が，旧PDF.所蔵青花紅釉貼花花卉文罐である。この資料は河北省保定市永華路南小学校窖蔵出土の青花釉裏紅開光鏤花罐1対と共に，ビーズ紐繋ぎによって如意頭形枠を造作し，如意頭形枠内も透かし彫りとなっている[10]。しかし青色顔料で描かれる頸部の文様帯が半裁の銭繋ぎ文であり，腰部の変形蓮弁内は巻草が描かれ，略描の形になっている。これは勝連グスク出土の淡青花罐や高安出土の釉裏紅罐と文様構成も含め，類似している[11]。

ビーズ紐繋ぎを用いた製品は，青白瓷との関係から青花瓷の中でも早い段階におかれ，保定出土と旧PDF.所蔵の罐は共に同じ時期の製作と考えられていた。しかし施描や器形を厳密に追っていくと，旧PDF.所蔵罐は，年代が下がる可能性もあり，ビーズ紐繋ぎ(イッチン技法)の使用される製品の年代の幅を考える必要もあると思われる。このように青花と同じ種類の施文方法である淡青花，釉裏紅なども含め，青花瓷周辺の装飾技法の異なる製品が，どの時点で現れるのかも今後整理していく必要があろう。

おわりに

以上，SAATが2000年代に進めてきた研究をまとめ，指摘した点を整理し，現状の問題点をまとめてきた。私見を加えているため調査の成果と異なる部分があるかもしれないが，本稿における事実関係の誤認は，全て筆者の責である。最後に述べてきたことをまとめると，次の通りである。

現在一般的に認識されている元至正様式青花瓷は,「至正型式」,「明初至正型式」に分けられる。至正型式の製品は 14 世紀第 1 四半期には誕生し,明時代に入っても,その生産がなたで切断したように途切れるのではない。一時の断絶を経て,引き続き同じ技術で作ることが可能であるという生産の容易さを求め,至正型式の製品が継続して作られたと考えられる。これは受容先の要望にも応える形となった。いっぽうで明初様式(洪武・永楽型式)との影響関係により,文様の混在する明初至正型式の製品も併行して作られる。そして遺跡での出土状況から,元様式青花瓷流通の最盛は明初にあると推測できる。古琉球のグスク,トローラン遺跡など複数の遺跡の出土例がそれを立証している。

　資料集成の過程では,到達していなかった各型式が位置づけられたことにより,集成した資料の補完の他に,さらに修正,研究が必要となった。多くの課題を残しているが,今後明初資料との緻密な比較検討を行い,器形の変化との関係性,景徳鎮窯での装飾技術の変遷と合わせて,後日再考を期したいと思う。

注
1)　東南アジアなどで出土する至正型式と異なった作風の元青花瓷器という曖昧だった一群について,「略描型式」と位置づけている。輪郭線を描かずに,太目の面相筆に青料をつけて速筆で描くことが特徴である。
2)　(亀井 2010-1)では,本文で「明初至正型式」と表記した部分について,「明初型式」としているが,本稿では「至正型式」と「洪武・永楽型式」が施文として混在する形で位置付けられた「明初至正型式」の語で統一する。
3)　宝相華葉文の内巻き葉のみを描いた例として,古琉球でも具志川グスク,今帰仁グスク出土の青花雲竜牡丹唐草文双耳罐がある。両者は文様構成や施文状況も類似し,同一窯で焼成された可能性もある。トローラン遺跡発見の梅瓶破片には,牡丹唐草文に蔓を加える例が確認できる。
4)　前提として伝世品やアンティークではなく,葬年と同時代の製品として,15 世紀第 1 四半期までは焼造し続けたと考えられている(亀井 2009-1.p.29)。
5)　首里城出土の元青花瓷は,那覇港が整備されたことで直接もたらされており,15 世紀前半代には今帰仁・勝連グスクなどの地域有力層を否定して,強力な中山王権の展開のもとで受容されたと考えられている(新島 2009.p.66)。
6)　トローラン遺跡の資料については,その性格から絶対数の多寡を論ずるのは不適切であるが,至正型式青花瓷の発見量を他の遺跡との相対的比較,遺跡自体での他の器種との割合を探るうえでは有効な数字とされている(亀井 2010-1.p.25)。
7)　元末から明初にかけて著された地理志,『島夷志略』,『瀛涯勝覧』,『星槎勝覧』

第1部　元青花の誕生とその背景

の陶瓷器関係の用語をみると率直に解釈すれば，陶瓷器外銷の時代性を反映しているという。至正10（1350）年までには完成している『島夷志略』の「青白碗」，「青白瓷」，「青白花碗」「青白花器」「青白花磁器」「青白處州磁器」，「花碗」は青花瓷とする見解があった。しかし「花碗」に「青瓷花碗」があることから，青瓷輪花形碗ないし刻劃花文器と解釈でき，青花瓷に該当する品目が記載されていない。明初の『瀛涯勝覧』に至って初めて「青花磁器」の記載が確認できるという（亀井 2009-2.pp.53-55）。

8) この罐を略描型式の大型品と位置付ける指摘がある(亀井 2009-1.p.16)。
9) 高安市窖蔵からは，他に明初至正型式の特徴を持った宝相華葉を描いた青花蕉葉文觚も確認できる(劉金成 2006『高安元代窖蔵瓷器』朝華出版社 p.64-65)。
10) 保定市出土罐と旧 PDF.罐について，観察に基づいた比較検討が行われ，大きさは類似するが施文の点で保定市出土罐の方が丁寧な描写であるとされている(亀井 2009-1.pp.34-35)。詳細な考察は，2015年にも発表された(亀井 2015)。
11) 器種が異なるが，蔓を伴う牡丹唐草文を描く明初至正型式とした。湖北省鐘祥市郢靖王陳・王妃合葬墓(永楽13 (1415)年)出土青花梅瓶も，如意頭形枠，巻草を伴う変形蓮弁文を配置した同じ文様構成である。

参考文献

亀井明徳 2009-1「元様式青花白瓷の研究」『亜州古陶瓷研究Ⅳ』亜州古陶瓷学会 .pp.1-35
亀井明徳 2009-2「中国出土元青花瓷の研究」『亜州古陶瓷研究Ⅳ』亜州古陶瓷学会 .pp.36-60
亀井明徳 2009-3「日本出土元青花瓷の諸問題」『亜州古陶瓷研究Ⅳ』亜州古陶瓷学会 .pp.75-107
亀井明徳・John N.Miksic 編 2010：『インドネシア・トローラン遺跡発見陶瓷の研究』専修大学アジア考古学チーム（SAAT）
：亀井明徳 2010-1「Ⅲ.トローラン Trowulan 遺跡出土の陶瓷」pp.20-29
：亀井明徳 2010-2「元様式青花盤の研究」pp.340-356
：柴田圭子 2010「元様式青花梅瓶の研究」pp.235-244
亀井明徳 2015「Ⅲ 青花紅釉花卉貼付文罐3点の相違点」『博多唐房の研究』亜州古陶瓷学会 .pp.97-110
SAAT2005「中国出土の元青花瓷資料集成」『亜州古陶瓷研究Ⅱ』亜州古陶瓷学会
SAAT2008「日本出土の元青花瓷資料集成」『亜州古陶瓷研究Ⅲ』亜州古陶瓷学会
髙島裕之 2009「元明青花白瓷罐の成形と施釉について」『亜州古陶瓷研究Ⅳ』亜州古陶瓷学会 .pp.108-117
新島奈津子 2009「古琉球出土元青花瓷の研究」『亜州古陶瓷研究Ⅳ』亜州古陶瓷学会 .pp61-74

挿図出典

図1：筆者撮影・作図，図2：筆者撮影，図3：左・筆者撮影，右・大阪市立東洋陶磁美術館1999『東洋陶磁の展開』p.60 より，図4：筆者作成，図5：①筆者作図，②劉金成 2006『高安元代窖蔵瓷器』朝華出版社 .p.73 より，③大阪市立東洋陶磁美術館他 1998『中国陶磁の至宝　英国デイヴィット・コレクション』p.62 より

至正様式青花磁器の文様構成

杉谷 香代子

はじめに

　中国江西省にある景徳鎮窯は，明代初期には官窯である御器廠が設置され，以後中国そして世界の磁都として栄え，現在でも窯業地として稼働を続けている。景徳鎮窯が中国の中心的な磁器の生産地として発展した要因は，元代(1279～1368)以降，青花磁器[1]の生産を中心に行ったことによると考えられる。

　青花磁器の生産開始年代については，1351（至正11）年銘のある大英博物館所蔵(Percival David Foundation 旧蔵)の「青花龍文象耳瓶　一対」をはじめ(写真4)，江西省豊城県凌氏墓出土の1338(至元4)年6月銘「青花釉裏紅塔式四霊蓋罐」及び「青花釉裏紅楼閣式穀倉」などの紀年遺物の状況(楊ほか1981)，1323年の木簡とともに多数の磁器が引き揚げられている韓国新安沖の沈船に青花磁器が1点も積まれていなかったことなどから(文化公報部文化財管理局 1981-1988)，元時代(1271~1367)後半の1320~40年頃とみられている(佐々木1985，中沢ほか1995 等)。

　元代の青花磁器は，器体を水平線状あるいは同心円状の圏線で区切って文様帯を作り，その内部にびっしりと文様を描きこむ点に特徴がある(写真1)。このタイプの青花磁器は，J. A. Pope によって「至正(元)様式」と分類されており(Pope, 1952, 1956)，今日でもこの様式分類は妥当な見解として多くの研究者の間で認知されていることから，本稿でもこれを踏

写真1「青花 唐草文 稜花盤」景徳鎮窯
14世紀　口径46.3cm　戸栗美術館所蔵

襲するものとする。

至正様式の青花磁器については，その独特な文様様式をはじめコバルト顔料による釉下彩技法についても，それに先行する直接的な作例や資料はあまり発見されておらず，誕生の経緯，展開などまだ明らかにされていないことも少なくない。本稿では，作品を注意深く観察することによって，至正様式の青花磁器に表された文様の特徴，施文方法，規則性等について考察し，至正様式の青花磁器独特の青藍色の緻密な文様の特徴を系統的に把握し，当時の景徳鎮窯においてどのような体制の下で生産されていたのか明らかにすることを目的とした。

本稿では，まず至正様式の青花磁器を盤，瓶，壺などの器形ごとに分け，それぞれの文様構成を調べ，そこに表された文様について観察する。どのような文様がどのような配置でよく用いられるのかということを調べるために，完形品資料を多く集めることのできた器種を優先して採りあげた。写真資料は全部で 400 点近く集めることができ〈大盤 123 点，玉壺春瓶 51 点，梅瓶 44 点，壺 60 点〈酒会壺 37 点，双耳壺 23 点〉〉，これらをもとに調査を進めた。なお，その他の器形としては，瓢形瓶や扁壺，高足杯，碗，大鉢などが知られているが，資料数が少ないため，本稿では割愛した。また，実見の機会が得られた作品数はわずかであり，多くは写真資料を通しての観察であることから，大盤の裏面の文様や，瓶や壺等の全周の文様，玉壺春瓶の口縁内の文様などは考察に加えることができなかったことを予めお断りする。

1. 至正様式青花磁器の器種，器形と文様構成[2]について

(1) 大盤

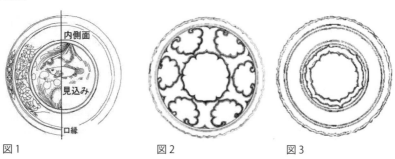

図1　　　　　図2　　　　　図3

至正様式青花磁器の文様構成

　大盤は，直径約40〜60cmの大きな皿であり，その多くは，広い見込み・鍔縁状の口縁・見込みから口縁に立ち上がる内側面の3つの文様帯になるよう同心円状の圏線で区切られている（図1）[3]。口縁の作りは丸いものと稜花形のものとがあるほか，内側面と見込みの境界がくっきり折れるものと滑らかにつながるものがあるなど，細部にいくつかのバリエーションがあるが，大きく器形が異なるものは見当たらない。

　大盤に描かれている文様は，見込みを丸い画面として魚藻文や花鳥文など「絵画的な文様」が主題として描かれているものと，蓮弁文や如意頭文を多用して幾何学的ともいえる文様で構成されているもの（以下，「幾何学的な文様」と称す）の大きく2種類に分けられる。「幾何学的な文様」は，一見アラベスク文様のようにも見えることから，しばしばイスラーム圏の趣向を反映していると指摘される作品群であるが（メドレー 1981），見込み内を構成している個々のモチーフは，牡丹文や菊文をはじめとして，鳳凰文や八宝文などいずれも中国伝統のものである。内側面には主として花唐草文が描かれている。幅1〜2cmほどの細い文様帯をもつ口縁には，波濤文や菱繋文，唐草文など副次的な文様が描かれている。

　文様構成について，絵画的な文様が描かれている大盤は，例外なく口縁・内側面・見込みの3つの文様帯になるよう区画されている。それに対し，幾何学的な文様が描かれている大盤では，同心円状の圏線ではなく稜花形の窓枠や如意頭文を用いて細かく文様帯を区画している作品が多く，逆に同一の文様構成の作品は見当たらない。ただし，区画の仕方に共通点をもつ作品は僅かながらではあるが見出される。一つには，口縁以外の文様帯を設けず，口縁内周に如意頭形の窓枠を6つから8つ配す構成をとっている図2のタイプである。また別の例としては，見込みの内周に稜花形の細い文様帯を設けてい

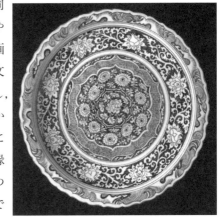

写真2 「青花 花唐草文 稜花盤」　景徳鎮窯
14世紀　口径45.6cm　大英博物館所蔵

る点で共通している図3のタイプがある(写真2)。図3のタイプでは，内側面に配された白抜き宝相華唐草文の花弁内部の輪郭線が渦を巻くように描かれている点でも共通の特徴を有し，他の作品では類例を見ない。

文様帯の組合せとしては，見込みが絵画的な文様のとき，内側面に宝相華唐草文，口縁に菱繋文が組合せられ，見込みが幾何学的な文様のとき，内側面に白抜唐草文，口縁に波濤文が組合せられることが圧倒的に多い[4]。このため，大盤には同一文様構成の作品が複数あるが，いずれも見込みの構図や細部の表現がそれぞれ異なり，全体の文様がぴたりと一致するような作品は見つけることができていない。

(2) 玉壺春瓶

玉壺春瓶とは，高さが約 25 〜 30cmで，下かぶら型の瓶のことである。文様帯は，基本的に頸部上帯・頸部下帯・胴部・裾部の大きく4つに圏線で区切られているが(図4)，まったく文様区画をしないもの，裾部のみ区画するもの，面取りにより八角瓶の形式のものなどもあり，区画の仕方が一様ではない。さらに，各文様帯の間や高台の側面部分にも副次的な細い文様帯が設けられる場合も多く，文様構成は変化に富む。とはいえ，頸部上帯に芭蕉文，下帯に伏式蓮弁文，裾部に仰式蓮弁文という文様の組合せをもつ作品がかなり多く，定型化した構成であったと考えられる。胴部には，花唐草文，雲龍文，蓮池文や蓮池水禽文，人物文，霊獣文など様々な主題が主文様として描かれている。また，圏線による区画が少ない作品では，主文様に龍文や人物文が描かれていることが多く，特定の主題のときに，圏線での区画が少なくなる。

玉壺春瓶にみられる特徴的なものとして，面取りされた器形が挙げられる(写真3)。このタイプの大半は，胴部主文様帯を面ごとに区画し，各面にはそれぞれ種

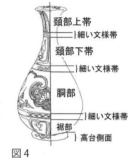

図4

写真3 「青花 花卉文 八角瓶」 景徳鎮窯 14世紀 高 25.6cm 東京富士美術館所蔵 ©東京富士美術館イメージアーカイブ/DNPartcom

類の異なる花の折枝文や、束蓮文などが描かれている。この形式では、面に沿って設けられた文様枠に、如意頭形の縁かがり文が設けられているものや、文様枠を六角形にするなど変則的な縁取りの作品もあり、枠という意識を強く持った構成であるといえる。

なお他の器形において文様帯の区画は、基本的に二重圏線となっているのに対し、玉壺春瓶においては1本の圏線で区切られている作品も少なくなく、また文様についても表現が拙いものや粗いものが多く、作品によって精粗の差が大きい5)。

(3) 梅瓶

梅瓶とは、高さが約40〜50cmで、筒状で細長く、口の小さい瓶のことである(図5)。文様帯は大きく肩部・胴部・裾部の3つに圏線で区切られている。

梅瓶の胴部主文様帯には、主に牡丹唐草文や雲龍文が描かれており、文様のバリエーションは少ない。それに

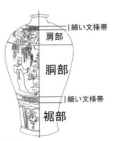

図5

対して肩部文様帯には、花唐草文や鳳凰文、如意頭文などが配されるほかに、肩部をさらに上下2つの文様帯に分けて構成している作品もあり、種類が多い。肩部如意頭文の内部の充填文についても、花弁唐草文や鳳凰文、蓮文など多様である。また、基本的に梅瓶の裾部には仰式蓮弁文が描かれているが、その内部の文様も、如意頭文や火焔宝珠文、雑宝文などやはり多様である。

文様帯の組合せを調べたところ、同一文様構成の作品は8組20点あり、このうち5組12点はそれぞれ共に伝世、出土したものであった6)。これらは、伝世・出土の状況、および文様表現、構図の近似性から一対や一組として製作されたものと考えられ、構図やモチーフの表現の近似の度合いも高い。

(4) 壺

壺は大きく酒会(海)壺と双耳壺の2種類に分けられる。酒会壺と双耳壺は、同じ「壺」であっても、文様帯の区切り方や主題の選択が大きく異なることから別個に項を設ける。

① 酒会壺　酒会壺とは、高さが約30cm、胴回りの直径が約35cmの広口の壺で

ある。酒会壺の多くは，口部・肩部・胴部・裾部の4つの文様帯になるよう圏線で区切られている（図6）。そのほか，口部以外区切られていない例や，肩部と胴部が区切られていない例も一定数見られ，玉壺春瓶同様，文様区画の仕方は一様ではない。口部には波濤文や鉄線唐草文，肩部には牡丹や宝相華などの花唐草文，胴部主文様帯には牡丹唐草文や雲龍文，魚藻文，人物文など，裾部には仰式蓮弁文が描かれている。4つの文様帯になるよう文様区画されている作品では，主文様に牡丹唐草文が描かれていることが多いのに対し，あまり圏線で区画せず一つの文様帯の幅を広くとる作品では，魚藻文や雲龍文，人物文など絵画的な主文様が描かれていることが多い。

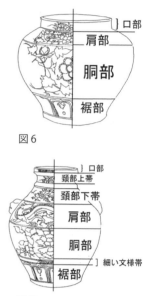

図6

図7

　文様の組合せを調べたところ，各文様帯に配される文様の種類が少ないことから，同一文様構成の作品は比較的多くみられるが，そのうちのほとんどの作品は構図や文様の表現が異なり，一対や一組として製作されたとは考えにくい。唯一一対で製作されたと考えられるのは，高安県の窖蔵から出土した2点である（劉ほか1982）。この2点は，主文様の上下に無文帯が設けられている特異な文様構成であり，ともに出土した梅瓶4点も同様の特異な文様構成で共通することから，特注品であったと考えられる。

②双耳壺　　双耳壺とは，高さが約40〜50cmの壺で，肩部2カ所に耳がつけられている壺である。耳は，獣面形と龍耳があるが，ともにほぼ例外なく，口部・頸部上帯・下帯・肩部・胴部・裾部の6つの文様帯に圏線で区切られており，各文様帯の間には副次的な細い文様帯が設けられることもある（図7）。

　獣面の耳がつけられている作品では，口部には七宝繋文や回文，波濤文，頸部上帯・下帯にはそれぞれ花唐草文や伏式蓮弁文など，肩部には如意頭文や花唐草文，雲龍文など，胴部主文様帯には牡丹唐草文や雲龍文，裾部には仰式蓮弁文などが描かれ，器面を区画する文様帯の数が多いだけでなく，それぞれの文様帯に配される文様の種類も多い。それに対し，得られた作品資料数は少な

いことから，同一文様構成の作品はあまり見つけることができていない。一方で，龍耳がつけられている作品6点は，頸部下帯に霊獣文，肩部と胴部は圏線なしで伏式の八宝蓮弁文と牡丹唐草文が描かれ，裾部の仰式蓮弁文内には石榴文が描かれている組合せで共通している(写真6)。これらの作品は，獣面の耳がつけられている作品と比較して，器体が10cmほど大きく，すべて丁寧で雄渾な作行きである。ただし，伝世・出土の状況からこれらが一対や一組として製作されたとは判断できない。

2. 各文様モチーフ・主題について

　至正様式の青花磁器に表されるモチーフとしては，龍，鳳凰，麒麟などの霊獣をはじめ魚，鳥，虫などの動物文，菊や牡丹，蓮華，宝相華[7]，霊芝，朝顔，葡萄，瓜，松，竹，梅，芭蕉などの植物文，その他八宝文や人物文などが描かれている。

　至正様式の多くは，これらのモチーフを組合せて主題を形成しており，蕉石文，花鳥文，蓮池文・蓮池水禽文，魚藻文，霊獣文，元曲や人物故事を題材とした人物図などとして描かれているが，牡丹唐草文のように単一モチーフで文様帯を構成している文様もある。以下には特徴的な文様を取り上げる。

(1) 雲龍文

　雲龍文は，玉壺春瓶や梅瓶，酒会壺，双耳壺の胴部主文様として描かれることが多く，そのほかに大盤の見込み，双耳壺の頸部や肩部に表されている作例もある。酒会壺や玉壺春瓶において雲龍文を主文様として描いた作品では，主文様帯の幅を広く作り，変則的な文様構成をとっている場合が多い。

　龍文は瓶や壺などの筒状を為す器形の文様帯を囲むように2頭ないしは1頭で表されている。基本的に向かって左側に頭部，右側に尾をもち，進行方向が左向きになるよう表されており，頭を後方に振り返らせているものもある。胴体部のうねり方や，髭やたてがみ，脚から流れ出る体毛(あるいは雲気)の靡き方，周囲を埋める雲文などは，文様帯の幅に応じて描きこまれており，龍の形態や構図は一様ではない。

第1部　元青花の誕生とその背景

写真4　「青花 龍文 象耳瓶 一対」　景徳鎮窯　14世紀
高 63.3cm　大英博物館所蔵

元時代において，二角五爪をもつ龍の文様は皇帝の象徴であり，自由な使用が禁じられていたが(『元史』巻105・刑法志4・禁令の条)，至正様式の青花磁器に表される龍文は基本的に三爪であり，四爪のものは特殊な作例が多い。1980年に江西省高安県の元代窖蔵から出土した梅瓶4点と酒会壺2点や(劉ほか1982)，句容市出土品2点(汪 2000)，1964年に河北省保定市の元代窖蔵から出土した梅瓶形八角瓶の2点(河北省博物館 1965)などでは，いずれも四爪龍が描かれている。特に，高安市出土品は胴部主文様帯を狭く作り，その上下に無文帯を設けている点，保定市出土品は梅瓶形八角瓶という器形である上，波濤文地に白抜きで表された龍文には陽刻を伴う点で他の作品と比べて特異な文様構成・表現である。これらは，一対や一組のものとして製作された特注品であると考えられる。

また，器形が異なるものの，四爪の雲龍文主文様帯の下に圏線の区画なしに波濤文の文様帯をもつという特異な構成で共通している作品も数点知られている。すなわち，東京国立博物館所蔵の酒会壺と，Percival David Foundation 旧蔵の瓶一対(写真4)，トプカプ宮殿博物館所蔵の瓶である。龍の表情等にそれぞれに違いがあることから，これらがセットで作られたものとは見なすことができないが，いずれも特に丁寧に描かれており，特別な需要に応えるための特別な文様である可能性もある。

(2)鳳凰文

鳳凰文は花鳥文として、大盤見込みに主文様として表されるほか、梅瓶や双耳壺の肩部などに描かれていることが多い。玉壺春瓶の主文様として描かれている作例もある。梅瓶や双耳壺の肩部では、花唐草文を背景に一対の鳳凰文が描かれているもの、鳳凰文と麒麟文が描かれているもの、如意頭形の枠内に花唐草文を地文として鳳凰文が描かれているものなどがある。鳳凰文の尾羽は襞状の突起がある曲線で表される場合と、尾先が丸

写真5 「青花 双鸞菊文 大皿」景徳鎮窯　14世紀　口径47.0cm　松岡美術館所蔵

く回転しているものとに描き分けられていることもある。また飛翔している姿や下降している姿など様々な姿形で表されている。

　大盤の見込みに鳳凰文が描かれる場合、一対の鳳凰文が上下逆の向きで描かれているタイプと(写真5)、蕉石文を背景に1羽の鳳凰文が表されているタイプの2種類に大別される。前者はさらに背景が宝相華唐草文のものと牡丹唐草文のものの2種にも分類できる。それぞれの鳳凰文の表現は非常に近似していることから、写真資料の意匠をトレースしてみたところ、背景が宝相華唐草文のものでは、ひとつの作品内に描かれている一対の鳳凰文は、それぞれの胴体部以上(すなわち尾羽以外)の形姿が全く同一であり、トレースしたものを180度回転させて重ねてみるとぴたりと重なる意匠であることが分かった。また背景が牡丹唐草文のものでは、同一作品内の2羽の鳳凰の形状は一致しないものの、同一画題の別の作品——すなわちVictoria and Albert美術館所蔵品と梅沢記念館所蔵品において、鳳凰文の胴体部以上の形状・配置がぴたりと一致することが分かった。

(3)蓮池文・蓮池水禽文

　蓮池文や蓮池水禽文は、主に大盤の主文様として描かれている文様だが、玉

壺春瓶や酒会壺の主文様として，あるいは面取りされた梅瓶形八角瓶，双耳八角壺の窓枠内にも表されている例がある。

大盤に表された蓮池文では，いずれも見込み内の四方に荷葉文を配し，そこからは2つずつの蓮華文が伸びており，また画面の中心には浮き草文か荷葉文が配されるという意匠化された構図である。鳳凰文同様，作品画像をトレースしてみると，ひとつの作品内に描かれている上下の荷葉と左右の荷葉，見込みを充填しているすべての蓮華文がそれぞれぴたりと一致する形状であることが分かった。蓮池文を背景として鴛鴦文が加えられている作品では，鴛鴦文の意匠はそれぞれかなり近似しているものの，トレースして完全に一致するものは見つけられていない。

また，酒会壺の中には，器体全面に蓮池水禽文が描かれた作品が1点知られているが(Freer Gallary of Art 所蔵)，この作品では背景が意匠化された蓮池文ではなく，蓮茎の棘や荷葉の葉脈まで描き込まれており，細かで丁寧な描写である。さらに一部の荷葉の葉先には乾いた絵筆で軽くたたいて付けたようなぼかしの表現が見られる。これは，敗荷(風に吹き破られた蓮)を表したものと考えられる。当時，絵画において秋の風情として，蓮池図に敗荷を採り入れることが好まれており，江南絵画でも茶色く色づけられた荷葉の縁が毛羽立っているような描写の例があるが，酒会壺にみられる葉先をぼかす荷葉の表現は，このような絵画からの影響であると考えられる。

(4) 魚藻文

魚藻文は，大盤の見込みや酒会壺の胴部に主文様として表されている。その他の器種では作例をみていない。

大盤では，魚文の形から，鱖魚(ケツギョ)文，鯉文の2種類に分けることができ，見込み中央に1尾を描き，その周囲に藻が配される構図の作例が多いが，2尾で双魚文としている作品もある。魚の姿形について，鱖魚文はすべて左向きに描かれ，鯉文はすべて尾鰭を翻す姿で描かれているなど，それぞれに一定の決まった表現が見られる。文様をトレースしてみると，鱖魚文・鯉文ともに，同一画題の別個の作品において魚の形状が完全に一致するものが数組あることが分かった。ただし，形状が完全に一致する魚文でも，鱗の描き方や，背景の

藻や浮き草までは一致しない。

　酒会壺では，胴部主文様帯の幅を広くとって魚藻文を表している作品が多い。いずれも鱖魚文や鯉文を組合せて，複数の魚文が配されている。背景には，大盤と同じく藻や浮草のみを表すものと，蓮池文が背景となっているものがある。蓮池文が背景の作品では，蓮池水禽文が表された酒会壺と同様に，蓮茎の棘などの細部まで描き込んだ丁寧な描写であり，敗荷が表されている作品もある。鱖魚文や鯉文の形姿は，大盤に表されたものと共通の表現のものも多いが，酒会壺に表された魚文は，モチーフが大きく表されている分，細かな描写であり，また背中をみせて水底に潜っていく姿の鯉文や，右向きの鱖魚文など大盤には見られない姿も表されている。

　さらに，基本的に至正様式の青花磁器の文様構図では遠近法などは用いられておらず，モチーフを平面的に組合せて文様を構成しているが，大阪市立東洋陶磁美術館所蔵品では，藻と魚の間に前後関係が示され，やや奥行きのある画面として表現されている点で他とは異なる。

(5) 唐草文

　至正様式の青花磁器に表される唐草文は，牡丹唐草文，宝相華唐草文，菊唐草文の大きく3種がある。このうち牡丹唐草文は主文様としても副次的な文様としても用いられるが，その他の唐草文が主文様として描かれている作例は少ない。また，花の種類，描かれる文様帯の部位にかかわらず至正様式に表される花唐草文はいずれも，大盤では左回りに流れるように描かれ，瓶や壺類では左から右手に向かうよう蔓が繋がれて描かれるという規則性がみられる。

	シルエットが三角形の牡丹文	シルエットが楕円形の牡丹文
牡丹花の表現		
蔓・葉の表現		

①主文様としての　図8

第1部 元青花の誕生とその背景

写真6 「青花 雲龍文 壺」 景徳鎮窯
14世紀　高38.0cm　松岡美術館所蔵

牡丹唐草文　主文様として牡丹唐草文が描かれている器種としては，玉壺春瓶や梅瓶，壺など，いわゆる袋物が多い。それらに表される牡丹唐草文の表現には，大きく2種類のタイプがある。すなわち，側面観の牡丹文を描く場合に，花弁を縦に重ねてシルエットが三角形を呈するものと，花弁が均等に配されてシルエットが楕円形になるものである(図8)。

そのうち，前者の形式の牡丹文をもつ作品では，梅瓶，酒会壺，双耳壺など異なる器種であっても，唐草の蔓のうねり方や枝分かれする位置，大きな葉の配される位置など，大まかな部分で共通する構図で描かれている(図8)。ただし，器種や作品によって，胴周の長さと文様帯の幅の割合等が異なるため，それぞれの画面の大きさに応じて変化が加えられている。最も文様帯の幅が広くとられている双耳壺では，牡丹花の周囲の充填文として蕾を描く割合が高い(写真6)。

一方，後者の形式の牡丹文で構成されている作品は，前者に比べて胴部の文様帯の幅が狭いものが多く，いくぶん簡素な表現の作品も見受けられる。唐草の蔓のうねり方や枝分かれする位置，大きな葉の配される位置については，蔓の枝分かれする部分を大きな葉で隠すなどシルエットが三角形になる牡丹文に見られる唐草文とも一部通じる表現もあるが，蔓の表現に闊達な動きが少なく，また異なる作品間での共通性はやや低い。

②副次的な文様としての牡丹唐草文　副次的な文様としての牡丹唐草文は，大盤の内側面や酒会壺の肩部に描かれることが多い。

大盤の内側面では，白地に青花で牡丹唐草文を表す場合と，藍地に白抜きで表す場合とがある。白地に青花で描いている作品は，基本的に唐草文を構成する花の数は6つであり，牡丹花は正面観のものと側面観のものが交互に表されている。丁寧な筆致で表されている作品が多く，写真資料をトレースしてみると，1つの作品の中に表される側面観・正面観の牡丹花がそれぞれぴたりと一

致する形をとっている作品もあった(写真5)。

また藍地に白抜きで牡丹唐草を描いている作品では,基本的に内側面を一周するのに8つの牡丹文で構成されており,やはり側面観や正面観によるデザインの牡丹花を組合せて配列されている。白抜き牡丹唐草文の作品の中には,青花で表しているだけでなく,陽刻を施した作例もある。その多くは,見込みには蕉石文や花鳥文などの絵画的な文様が描かれ,口縁には陽刻を伴う白抜き菊唐草文が描かれている。このような陽刻は印花文装飾によると見え,写真資料の文様をトレースすることにより,同じ型を用いて作られたと判断される作品が2組6点あった。これらの作品では,牡丹花の花弁一枚一枚には輪郭線を施さず白抜きのままで表し,背景の藍地の部分は細かな渦状の線文や格子文で充填しているものが多い。この種の作品は,特別丁寧な作行きであるといえる。同じ元代景徳鎮窯で製作された枢府手白磁に印花文が施されていることをふまえると[8],印花文が施されている青花磁器は枢府手白磁の流れを汲み,特別な生産品であった可能性がある。

③宝相華唐草文　宝相華唐草文は主に副次的な文様として,大盤の内外側面や梅瓶,壺の肩部や頸部に描かれている。

大盤の内側面に宝相華唐草文が描かれる場合,牡丹唐草文同様,白地に青花で文様を表したものは6つの花文,藍地に白抜きで表したものは8つの花文で構成されることが多い。花文は,側面観や正面観のものなど複数種の意匠の花文を組合せて配列されており,側面観のものと正面観のものを交互に配しているものや,同一の意匠の花文だけを繰り返し配すなど,基本的に規則的な配列である。さらに,文様をトレースしてみると,全く同じ意匠・形状の宝相華文を繰り返し配している作品もあることが分かった。また,白抜牡丹唐草文同様,陽刻が施してある作例もわずかに見られ,同じ型を用いて製作されたと考えられる作品が1組2点ある[9]。

梅瓶の肩部に宝相華唐草文が描かれている場合,

写真7 「青花 牡丹唐草文 梅瓶」 景徳鎮窯　14世紀　高42.5cm　戸栗美術館所蔵

肩部を2つの文様帯に分け，上帯を伏式の八宝蓮弁文，下帯を宝相華唐草文としている作例が比較的多い(写真7)。八宝蓮弁文の内部には，犀角や法螺などの雑宝文と火焔宝珠が描かれている。これら雑宝文の組合せや配列は作品によってそれぞれ異なる。下帯の宝相華唐草文については，花弁の一部や中心部を白抜きで表す場合があるなど，表現にバリエーションがある。

3．至正様式青花の生産体制に関する一考察

　以上，大盤・玉壺春瓶・梅瓶・壺を中心に，至正様式青花磁器に表される文様についての観察を通して理解された以下の7点の特徴をもとに，至正様式青花磁器の生産体制について考察を加えたい[10]。

1，至正様式青花磁器では，器形のバリエーションは少なく，器種ごとに一定の規格がある。
2，文様構成については，それぞれの器種ごとに定型化した区画の仕方および，文様の配置がある。例えば，大盤では，見込みに絵画的な主文様・内側面に宝相華唐草文・口縁に菱繋文の組合せ，あるいは見込みに幾何学的な文様・内側面に白抜唐草文・口縁に波濤文の組合せ，玉壺春瓶では頸部上帯に蕉葉文・頸部下帯に伏式蓮弁文・裾部に仰式蓮弁文が配されるという組合せの文様配置が多い。区画方法について，大盤，梅瓶，双耳壺においては例外が少なく区画方法が厳格であるのに対し，玉壺春瓶や酒会壺においては描かれる主題に応じて文様帯を広くとるなど区画の仕方に変更が加えられている場合も少なくない。文様帯を広くとっている作品では，人物図など絵画的な文様が描かれていることが多い。
3，花唐草や波濤文など，施文の際に絵付けをする方向が判断できる文様について，基本的に，大盤では左回りに回転するように唐草の蔓が繋がれたり，波濤が描かれており，瓶や壺などでは左から右に向かって流れるように描かれている。
4，1つの文様帯の中で同じモチーフが複数描かれている場合，寸分違わぬ形をしたモチーフが繰り返し描かれている作品がある(鳳凰文，蓮池文，大盤内側面の唐草文など)。また，同一主題の別個の作品において，それぞれに描かれ

たモチーフがぴたりと一致する形状で表されている作品もある(鳳凰文，魚文など)。
5，同主題の別個の作品において，近似した形姿のモチーフが用いられていたり(鴛鴦文など)，近似した構図がとられている作品がある(牡丹唐草文など)。それは同一器種内だけではなく，異なる器種間においても意匠の共通性が見られる。ただし，近似の度合いはモチーフや作品によって幅がある上，器面の大きさや作品の精粗によって細部の表現に変化が加えられている。
6，同一の地点に伝世・出土した作品のうち，同一の文様構成をもつ作品は，各モチーフの形姿だけでなく，充填文の種類，位置等，文様の細部まで一致していることが多く，一対や一組のものとして製作された可能性が高い。それらは梅瓶に例が多い。
7，四爪龍文を描いた作品をはじめ，陽刻・印刻を施した作品や，余白を多くとるなど類例の少ない文様構成の作品など，至正様式の青花磁器の中には，特注品あるいは特別な高級品として製作されたと考えられる作品がある。一対や一組として製作されたと考えられる作品の多くも，特注品の範疇に含まれると考えられる。

　まず，上記1～5までの特徴は，いずれも一定の品質を保ちながら効率的に量産を図った結果であると考える。すなわち，器形や文様構成の規格性については，器形のバリエーションを少なくし，器面の区画法をある程度定型化させることで，分業生産を可能にしているといえる[11]。また，唐草文が大盤では左回り，瓶や壺では左から右に流れるように蔓が繋がれるという施文方法については，右利きの画工が絵筆で絵付けを行う場合にスムーズな描き方であったためと考えられ，絵付けの際，器を逆さにすることなく常に上向きの位置が保たれていたことを示している。瓶や壺に表された雲龍文では基本的に進行方向が左側になるよう描かれているのも，同様の理由によるものと考えられる。
　個々のモチーフの表現について，1つの文様帯の中，あるいは異なる作品間で同様のモチーフが繰り返し描かれている場合，モチーフの形状が完全に一致するものは転写紙なども使用し[12]，大まかな形状のみが一致するものは絵手本などの見本をもとにしたものと考えている。この転写紙と絵手本の使い分け

第1部　元青花の誕生とその背景

は，モチーフごとに決められていたというよりは，画工の腕前や作品に求められる緻密さによって使い分けられていたと推測する。たとえば，一流の画工であれば，転写紙を使用せずとも絵付けをすることが許されていた可能性や，あるいは反対に特に丁寧に描きたい場合や綿密に構成された文様を描きたい場合に転写紙を用いていた可能性などが考えられる。また，これら形状が完全に一致するモチーフが描かれている作例でも，背景に表される文様や周囲の充填文などは作品ごとに異なることが多い。すなわち，全体の構図の中で，充填文や細部の表現などの施文においては基本的に画工の力量が認められ，裁量を振るうことが許されていただろう状況が作品を通して看取できるのである。一定の品質を保つことを目的として転写紙や絵手本が使用され，一部を画工の裁量に任せることで効率化を図ったものと考えられる。

　このような体制は，一定の品質を保ちながら量産を図るためのシステムであり，需要に応じて効率化を求める中で浸透，定着していったと考えられるが，磁州窯や吉州窯など，絵付けを伴う同時代の他窯の作品と比較してみると，他窯の作品には文様構成の秩序や施文の規則性などはあまり見られず(拙稿2003)，景徳鎮窯が他の窯と比べて，より制度が整っていたことが分かる。

　ただし，至正様式青花磁器の生産体制において，効率化・量産化ばかりが求められた訳ではないことは，特徴6, 7に見られるような，特注品と考えられる作品があることからも分かる。それらはさらに，伝世・出土の状況などにより，朝廷からの命令により作られたものと，富裕層の要求に応じたものの大きく2種類に分けることができる。例えば，道観へ寄進する旨の銘文を伴っている「青花龍文象耳瓶　一対」(写真4)や，高安や保定など市中の窖蔵から出土したセット組の梅瓶などは富裕層からの注文により作られた特注品であると言える。

　それに対し，トプカプ宮殿に伝世している四爪龍文が描かれた瓶は，龍文の爪の数が「格」を示していた元王朝において，四爪龍文が施された青花磁器は中国国外の伝世・出土の例がほとんど知られていないことから，その生産については厳格に管理されていたものと考えられ，特殊な事情，すなわち朝廷やそれに連なる機関からの下賜品として運ばれたものと考えらえる。さらに，景徳鎮珠山の発掘調査により五爪龍文の表された合子が発見されていることからも

(大阪市美術振興協会ほか1995)，官用品として生産された至正様式青花磁器の存在が認められるのである。

以上，至正様式青花磁器には，宮廷用や海外へ下賜するための官用品，富裕層が求めた特別注文品，その他の輸出などに用いられた量産品としての需要が認められた。景徳鎮窯にはそれらの需要に応じた製品を生産するための系統だった体制が敷かれており，龍文の爪の数のコントロールに見られる通り，特に官用品に対しては厳重な管理のもと生産されていたということが理解された。

最後に，元代の景徳鎮窯に官窯に準ずる働きがみられる点については，元王朝が設立した将作院に属する機関である「浮梁磁局」(『元史』巻88 志38 百官四・将作院)や「御土窯」(金沢1999)などの管理機構の存在も文献の記述も知られている。将作院の下部機関には浮梁磁局のほかに，「画局」も設けられており，そこで青花の下絵が描かれたとも言われている(劉1982)。しかし，現在のところ，これらの機構が至正様式青花磁器の生産について，どの程度介入し，あるいはどのような管理体制を敷いていたのか判断することができない[13]。本研究では，明代になって景徳鎮窯が官窯として中国陶磁史の中心を担っていく前段階として，すでに元代に準備が整っていたことが，作品を通して理解することができた。

おわりに

本研究では突如として完成した形で誕生したように見える元青花の文様構成の特徴を調べ，それがどのような生産体制のもとで製作されていたのかを考察することを目的とし論を進めてきた。その結果，至正様式の青花磁器の生産に関しては，一定の品質を保ちながら効率的に量産を図る生産体制が整えられていたこと，その中でも作行きにある程度の幅があり，厳格な統制の下で生産されているものと，画工の裁量が振るわれている作品があるなどの様子がうかがえた。それによって，当時の景徳鎮窯が，すでに官窯の前段階として準備が整っていた様子も看取された。

最後に今後の課題として，今回は写真資料を中心に観察を行ったため，底部や裏面，または蓋に隠れた箇所など確認できない部分が多く，また胎や顔料の

色なども比較することができなかったことを反省し，今後より多数の作品を実見し，より正確に至正様式青花磁器について理解を深めたいと思う。

なお，本稿は拙稿「元代・景徳鎮窯青花磁器における文様構成について」(拙稿2003)を改稿，加筆修正したものである。そのため，至正様式青花磁器の生産年代について，永楽期まで下るのではないかという近年の指摘，いわゆる"明初至正様式"については考慮に含むことができていない(亀井2009)。明初期におけるコバルトの入手方法や，元代から明代へ時代の推移に伴う様式変化の有無について，洪武様式の出現時期など，検討が必要な事項は多く，この新たな視点に対する考察も今後の課題としたい。

注
1) 青花磁器とは，白い磁胎をベースとして，酸化コバルトを主原料とする顔料を絵筆で絵付し，その上に透明なガラス質の釉薬をかけて高火度焼成することによってできる磁器のことを指す。本稿では，磁胎を高火度焼成しているもののみ「青花磁器」として扱い，唐代の青花等は含めない。
2) 本稿で用いるまぎらわしい用語の説明として，「モチーフ」とは，龍，鳳凰，菊，牡丹などのそれぞれ個別の文様を指し，「構図」とはいくつかのモチーフを組合せて構成される雲龍文や蓮池文，松竹梅文など，1つの文様帯を埋める図柄全体を指すものとする。また「文様構成」とは，圏線でいくつかの文様帯に区画された作品の，区画の仕方および各文様帯を埋める主題の組合せを指すものとする。
3) 本稿で掲載する図はいずれも筆者が作成したものである。
4) 具体的には，見込みに絵画的な主文様が描かれている作品92点のうち，内側面が宝相華唐草文のもの57点，口縁が菱繋文のもの45点であり，両方が組合されているものは40点である。そして，幾何学的な文様の作品31点のうち，内側面が白抜唐草文のもの21点(白抜宝相華唐草文8点，白抜牡丹唐草文13点)，口縁が波濤文のもの22点であり，両方が組合せられている作品が15点である。
5) 玉壺春瓶では，至正様式の特徴を具えた作品のほか，フィリピンで多く出土する小壺類と近い印象を受ける簡略様式の作品もあり，また両様式を備えている中間的な作品もある。なお，玉壺春瓶については東南アジアでの出土例も知られている。南河の南北両岸で元代後期の窯址が発見されている湖田窯の発掘調査によると，南岸からは至正様式の大盤片の出土が多いのに対し，北岸からは白磁等に混じって簡略様式の碗類片が出土するという。しかし，玉壺春瓶の作例を見てみると，至正様式と簡略様式の青花磁器の生産を手がけていた工房が完全に分離していたわけではないことが分かる。
6) トプカプ宮殿伝世品2点(Krahl 1986)，高安県出土品2組6点(劉ほか1982)，句容

市出土品 2 点(汪 2000)，保定市出土八角瓶 2 点である(河北省博物館 1965)。

7) 「宝相華」とは，牡丹や蓮，石榴などのいろいろな植物の要素を組合せて作られた架空の吉祥花である。本稿で「宝相華唐草文」とした文様については，蓮華唐草文や石榴唐草文であると解釈する説もあるが，大阪市立東洋陶磁美術館 1999 p.229 にならった。

8) 元代，景徳鎮湖田窯で焼造されたことが明らかになっている枢府手白磁は，「枢府」の印花銘をともなう作品があることから，官窯様式の製品とされている。「枢府」銘に関しては，従来「枢密院」の略称と考えるのが一般的であったが，近年では〝禁秘の府〟すなわち天子のための供膳具を掌る〝宣徽院〟の御用品の印であるとする説もある(金沢 2000)。

9) 同一の型と判断されたのは，トプカプ宮殿博物館所蔵の「青花双鳥文盤」と大英博物館所蔵の「青花草花文輪花大盤」であり，トプカプ宮殿博物館所蔵品には陽刻文の上に花弁が線描されているのに対し，大英博物館所蔵品には線描きされておらず，絵付けの段階での違いが見られる。

10) 至正様式青花磁器のうち，出土地や伝世地が確認できた作品点数は，大盤 67 点，玉壺春瓶 8 点，梅瓶 24 点，酒会壺 6 点，双耳壺 7 点とあまり多くないため，本論では取り上げなかったが，注にて触れておきたい。大盤は中近東地域を中心とする国外伝世品が多い。玉壺春瓶は他の器種と異なり東南アジアへも渡っている。文様の面から見ると，龍文を主文様とする梅瓶や酒会壺は，中国国内出土の割合が比較的高いと言える。そのほか，消費地ごとの元青花に対する特殊な嗜好は見出すことはできない。

なお，至正様式の青花磁器がイスラーム圏向けの商品であることは，前代までの陶磁器よりも器形が大型化することや，トプカプ宮殿に伝わるミニアチュールなどの絵画資料から伺え，先行研究において常々指摘されているところであるが(佐藤 1995，中沢ほか 1995 など)，近年では，中国国内での需要に注目した研究も盛んになってきている(亀井 2009，施 2000・2003)。

11) 至正様式青花磁器の器形・文様構成の規格性，施文の規則性については，以前は景徳鎮窯に敷かれた統制によるものと考えていたが(拙稿 2003)，現在はむしろ生産の効率化や利便性を図った結果であると考えている。あるいはこれらの磁器がある一定の状況下で，特定の用途により使用されるものであったために，器形のバリエーションが少ないのかもしれないが，この点については今後の課題としたい。

12) 型紙について，拙稿 2003 においては，至正様式の青花磁器では線描付近に青色の斑点が浮かんでいることを根拠に，型紙摺りの手法を推論として挙げた。しかし，現在ではこれらの斑点は顔料に含まれる鉄分等の不純物が焼成により浮き出たものであり，製作過程で意図的に付されたものではないと考えている。

文様の下書きについては，文様の下に浅い線彫(沈線)が施されている作品も数点知られているが，トレースにより細部までぴたりと一致する形状を具えているモ

第1部　元青花の誕生とその背景

チーフが描かれている場合でも，下書きの痕跡を確認できない作品が大半である。痕跡の残らない下書きの例として，肥前磁器などの絵付けに用いられている仲立紙のような転写紙の利用を挙げておきたい。
13）浮梁磁局とは，元王朝が設立した将作院に属する機関である。その稼働期間や元青花生産に対する影響については，本書別稿施静菲「景徳鎮元青花の起源に関する在地的要因考」に詳しい。

参考・引用文献

大阪市美術振興協会・出光美術館・ＭＯＡ美術館 1995『皇帝の磁器―新発見の景徳鎮官窯―』
金沢陽 1998「元末明初の景徳鎮『官窯』成立条件についての試考」『出光美術館研究紀要』第4号
金沢陽 1999「元代景徳鎮「御土窯」小考―その「官窯」としての性格について」『出光美術館研究紀要』第5号
金沢陽 2000「景徳鎮湖田窯焼造の"枢府手"碗に見る元代"官塔民焼"の傍証」『出光美術館研究紀要』第6号
亀井明徳 2009「元様式青花白瓷の研究」『元代青花白瓷研究（亜州古陶瓷研究4号）』亜州古陶瓷学会
佐々木達夫 1985「青花生産技術の起源」『東洋陶磁』1982, 1983-85 第12・13号
佐藤サアラ 1995「元青花の発生に関する一考察―その特異なデザイン性の持つ意味―」『ファッションビジネス学会論文誌』第1号
杉谷香代子 2003「元代・景徳鎮窯青花磁器における文様構成について」『藝叢』第20号　筑波大学芸術学系芸術学研究室
杉谷香代子 2005「元末明初の景徳鎮窯青花磁器における文様構成について」中間評価論文（修士論文）筑波大学大学院　博士課程　人間総合科学研究科
中沢富士雄・長谷川祥子 1995『平凡社版　中国の陶磁 8　元・明の青花』平凡社
マーガレット・メドレー 1981「インドおよび中近東向けの元代青花磁器」『世界陶磁全集』13 遼・金・元　小学館
劉新園　井上隆一訳 1983「元の青花の特異紋飾と将作院所属の浮梁磁局と画局―上下―」『陶説』No.366,367
Krahl, Regina. 1986 "*Chinese ceramics in the Topkapi Saray Museum, Istanbul*" Sotheby's Publications.
Hobson, R. L. 1929 "*Blue and White before the Ming Dynasty: A Pair of Dated Yuan Vases*", Old Furniture VI．
Pope, John A. 1952 "*Fourteenth-Century Blue-and-White: a Group of Chinese Porcelains in the Topkapu Sarai Muzesi, Istanbul*", Freer Gallery of Art, Washington D.C.
Pope, John A. 1956 "*Chinese Porcelains from the Ardebil Shrine*", Freer Gallery of Art, Washington D.C.
汪慶正主編 2000『中国陶瓷全集 11　元（下）』上海人民美術出版社
河北省博物館 1965「保定市発見一批元代瓷器」『文物』第2期
江西省文物管理委員会 1966「江西景徳鎮柳家湾古瓷窯址調査」『文物』第4期
江西省文物考古研究所 等編著 2007『景徳鎮湖田窯址 1988-1999年考古発掘報告』文物出版社
江西省文物工作隊 1985「江西景徳鎮柳家湾古瓷窯址調査」『文物』第4期
呉水存 1992「江西九江発見元代青花瓷器」『文物』第6期
施静菲 2000「元代景徳鎮青花瓷在国内市場中的角色和性質」『国立台湾大学美術史研究集刊』第8期
施静菲 2003「蒙元宮廷中瓷器使用初探」『国立台湾大学美術史研究集刊』第15期
陳世華 1991「句容出土元代青花瓷器」『東南文化』1期
楊后礼・万良田 1981「江西省豊城県発現元代紀年青花釉裏紅瓷器」『文物』第1期
劉新園・白焜 1976「景徳鎮湖田窯各期碗類装焼工芸考」『景徳鎮陶瓷』第1期
劉新園・白焜 1980「景徳鎮湖田窯考察紀要」『文物』第11期
劉新園・白焜 1980「景徳鎮湖田窯各期碗類型的造型特徴及其成因考」『文物』第11期
劉裕黒・熊琳 1982「江西高安県発見元青花、釉裏紅等瓷器窖蔵」『文物』第4期

第2部
元青花のアジア流通

# フィリピン出土の元青花

田中 和彦

はじめに

　フィリピン出土の元青花については，これまで，「フィリピンなど東南アジアでは，これまで言及してきた至正様式とは異った作風の元青花磁器が，多く出土している」(長谷川 1995: 105)とされ，「インドネシアなどでは碗類が多く，フィリピンでは副葬品として小壺類が発見される傾向にある」(長谷川 1995: 105)と指摘されてきた。しかしながら，そうした小壺類(本論では小罐)をはじめとする元青花の出土状況や器種，出土数の検討や考察，遺跡間の関係についての検討はなされてこなかった。本論文では，フィリピンの各遺跡(図1)出土の元青花[1])を概観した上で，そうした検討を行ってみたい。

1. ルソン島中部，マニラ市，サンタ・アナ(Santa Ana)遺跡

　①サンタ・アナ遺跡の考古学的調査：サンタ・アナ遺跡は，ルソン島中部のバイ湖(Laguna de Bay)とマニラ(Manila)湾をつなぎ，マニラ市を東西に貫通するパシグ(Pasig)川の南岸に位置し，河口から川を約8km程溯った地点にある(図2)。この地点で川は大きく蛇行し，舌状の地形を形作っている。この舌状地は，中央が周縁よりもわずかに高く，そこにスペイン時代の教会(サンタ・アナ教会)が建っている。
　この遺跡の存在は，第2次大戦前から知られ，フィリピンで最初に全国的な遺跡集成を行ったベイヤーの著作(Beyer 1947)でも取り上げられている。彼は，その著作の中で次のような3点の指摘を行っている。すなわち，(1)かつてサパ(Sapa)と呼ばれる王国があった地域と一部が重複すること，(2)墓地と貝塚があること，(3)三箇所の地点があり，そのうちの一つは，9, 10世紀～14世紀に

第2部　元青花のアジア流通

図1　フィリピンにおける元青花出土遺跡

図2　マニラ市，サンタ・アナ遺跡
　　（左下挿入図：Locsin, L.&C. 1967: Fig.4 一部改変）

属し，もう一つは，15世紀～16世紀前半に属すること(Beyer 1947: 238)である。

この遺跡の考古学的発掘調査は，少なくとも3度行われている。最初の調査は，マニラの富豪，ロクシン(Locsin)夫妻が主導したもので，1961年9月から1962年5月にかけて行われた(Locsin L. & C.1967: 33, 40)。発掘された地点は，サンタ・アナ教会修道院の東側から南側にかけた逆L字状の地区，教会壁とラマヤン道路の間に挟まれた細長い地区及びラマヤン道路よりも南の人家の密集する地区2)である(図2)。これらの地区の発掘によって202基の墓が検出された(Locsin L.&C.1967: 40)のである。

2度目の調査は，フィリピン国立博物館のR.B.フォックス(Fox)とA.レガスピ(Legaspi)によって1966年7月から1967年1月にかけて行われた(Fox and Legaspi 1977: 2, 10)。発掘地点は，教会敷地と教会の中庭及びアエロパギタ(Aeropagita)氏の所有する土地である(Fox and Legaspi 1977: 2, 10)。そして，教会敷地

と中庭の発掘では，71基の墓が検出され，アエロパギタ氏所有地では21基[3]の墓が検出されたのである。

3度目の調査は，マニラ首都圏のケソン市(Quezon City)にあるアテネオ・デ・マニラ(Ateneo de Manila)大学のM.ダルーパン(Dalupan)によって1980年代中半に行われた。調査地点は，教会の斜め向いに位置する材木置き場やバスケットコートに沿った舗道の一部[4]である。しかし，その成果については，未だレポートが出されていないため，詳細が不明なままである[5]。

一方，2度目のフォックスとレガスピによる発掘調査についても，発掘が進行中の1966年10月に開催されたマニラ首脳会談の折，各国首脳に同行して来比していた首脳夫人たちの遺跡訪問に際して準備された(Fox and Legaspi 1977: 11)小冊子がもとになった全11頁ほどの概報(Fox and Legaspi 1977)が刊行されているだけである。それ故，ここでは，ロクシン夫妻の調査資料のみを扱うものとする。

②サンタ・アナ遺跡出土元青花の器種：サンタ・アナ遺跡出土元青花のうち完形品，略完形品29点[6]の器種としては，有蓋小罐，球形双耳小罐，稜形双耳小罐，卵形双耳小罐，方形小罐，碗，長頸瓶，盒，瓢形水注(図3)がある。ここでは，その各々の器種について，出土数，出土遺構，器高，器形，紋様を概観してみたい。

有蓋小罐(図3-1a,b)：身と蓋がセットになったものが1点と身だけが2点，蓋のみが1点出土している。身と蓋及び身の部分のみが出土したのが71号墓，98号墓，185号墓である(Locsin L.&C. 1967: 100)。ただし，身と蓋がセットになって出土した墓は，特定できない。一方，蓋のみが出土したのが106号墓である(Locsin L.&C. 1967: 100)。蓋と身を合わせた器高は5.5cm，身のみの器高5.1cm (Locsin L.&C. 1967: 100)。蓋は蓮の葉形を呈し，型作りで成形されている。身は，口縁部が広口で，肩部で稜をとり，径の大きな高台をもつ小罐である。身の部分の紋様は，頸部から肩部にかけて，一重の圏線で縁取られた唐草紋が巡り，その下に一重の圏線で縁取られた菊花紋を描く。菊花紋は，花芯が渦巻になっており，略描型式に属するものと考えられる。ただし，写真の製品は，花弁の先端部分のみが濃くなり，花弁の数も17片と多い。また，胴下部と高台の境となる屈曲部にも一重の圏線がめぐっている。一方，蓋の紋様は，葉脈状

第2部　元青花のアジア流通

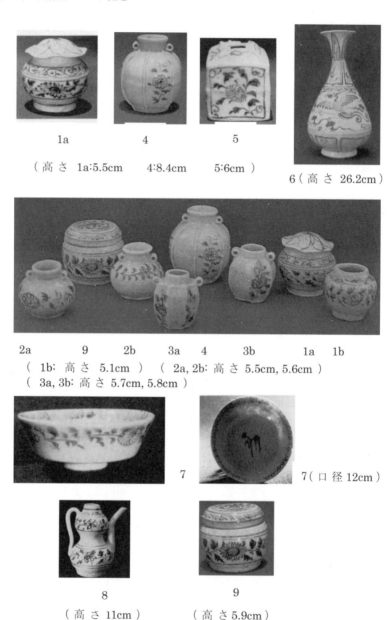

1a　　　　4　　　　　5
（高さ　1a:5.5cm　　4:8.4cm　　5:6cm）
　　　　　　　　　　　　　　　　6（高さ　26.2cm）

2a　　　9　　　2b　　3a　　4　　3b　　1a　1b
（　1b: 高さ　5.1cm　）　（　2a, 2b: 高さ　5.5cm, 5.6cm　）
（　3a, 3b: 高さ　5.7cm, 5.8cm　）

7　　　　　　　　　　　　　7（口径 12cm）

8　　　　　　　　9
（高さ　11cm）　　（高さ　5.9cm）

図3　サンタ・アナ遺跡出土の元青花（Locsin, L.&C. 1967）
上段図：Fig.87, 82, 86, 口絵（左から），中段上図：Fig.85，中段下図：Fig.81，下段図：Fig.80, 83（左から）

の紋様である。

球形双耳小罐(図3-2a,b)：13点が出土している。68号墓1点，71号墓1点，76号墓2点，89号墓1点，91号墓1点，104号墓1点，105号墓2点，146号墓1点，192号墓2点，193号墓1点である(Locsin L.&C. 1967: 100)。器高は，5cmから6.1cmまでを計る(Locsin L.&C. 1967: 100)。形態は，胴部が球形を呈し，その上に短い円筒形の頸部が付き，口縁部は外側に肥厚する。成形は型作りで，胴部中位より下に合わせ目を持つ(Locsin L.&C. 1967: 100)とされる。紋様は胴部に菊花紋(図3-2a)ないしは，鉄線紋(図3-2b)が描かれている。菊花紋を描いたものは11点あり，うち10点の菊は素描的に描かく(図3-2a)が，1点の菊の花弁は正確に描かれているとされる(Locsin L.&C. 1967: 100)。ただし，この1点も菊の花芯は渦巻形に描かれているとされる(Locsin L.&C. 1967: 100)。一方，鉄線紋を描いたもの(図3-2b)は2点である(Locsin L.&C. 1967: 100)。コバルトの発色は，青から青黒いものまで様々であるが，黒味を帯びた発色をしているものの中の1点は胎土が粗く灰色の釉色を持つとされる(Locsin L.&C. 1967: 100)。

稜形双耳小罐[7](図3-3a,b)：3点が出土している。63号墓，76号墓，192号墓から各1点が出土している(Locsin L.&C. 1967: 100)。器高は，5.7cmから6.1cmまでを計る(Locsin L.&C. 1967: 100)。形態は，稜形の胴部が八稜形のもの(図3-3a)と六稜形のもの(図3-3b)がある。前者は，頸部下に平坦な面を作り，その面と胴部の境に双耳が付く(図3-3a)。一方，後者は，平坦面を作らず，頸部の付根に双耳が付く(図3-3b)。紋様は，稜で区画された胴部の面に一つおきに描かれている。八稜形のものは，四つの面に菊花紋を描き(図3-3a)。六稜形のものは，三つの面に菊花紋を描く(図3-3b)。描かれた菊花は，いずれも花芯が渦巻状で花弁も素早い一筆描きで描かれた略描型式である。

卵形双耳小罐(図3-4)：71号墓から1点出土した(Locsin L.&C. 1967: 103)。器高は8.4cm (Locsin L.&C. 1967: 103)。器形は卵形の胴部にやや内傾した短い頸部が付き，口唇部は肥厚する。頸部の付け根に双耳がつく。胴部中位に接胎の痕跡を確認でき，底部は平底の露胎で赤変している(Locsin L.&C. 1967: 103)。胴部の紋様は，貼り付けの連珠紋によって縦長の6つの面に区画している。この連珠紋は，露胎になっている底部まで及び，畳付付近まで伸びているものもある。この縦長の面に一つおきに菊花紋が縦に描かれている。菊花は，花芯が渦巻で描かれ，

花弁は素早い一筆描きによる略描型式である。花弁の数は11枚である。

方形小罐(図3-5)：141号墓から1点出土している(Locsin L.&C. 1967: 104)。高さ6cm、横幅一辺5.7cmを計る(Locsin L.&C. 1967: 104)方形の小罐である。上面中央に一辺2cm（Locsin L.&C. 1967: 104)の方形の口がある。胴部中位で接胎し、底部は露胎で、底部中央は円形に窪むとされている(Locsin L.&C. 1967: 104)。紋様は、方形の側面の外周に沿って四角形を描き、四隅に渦巻紋を配し、中央に菊花を描く。菊花は花芯を渦巻で描き、花弁は素早い筆致で連続的に描かれた略描型式である。また、方形の口縁部の両側にトカゲの形態をした貼付が一つずつある。

長頸瓶(図3-6)：1点が出土している(Locsin L.&C. 1967: frontispiece)。報告には、出土した墓の番号等の記述が無く不明である。器高は26.2cm（Locsin L.&C. 1967: frontispiece)で、玉壺春の形態を有している。紋様は、内外面ともに描かれている。内面の紋様は口縁部直下の回紋である。外面には、口唇部直下から頸部中位にかけて、先端部が上を向いた芭蕉紋がその下部を2重圏線で縁取られて描かれている。頸部中位から肩部にかけては、蓮弁紋を逆さにした紋様が連続して描かれている。蓮弁は、外側が濃い太線で、内側が細線で、各々の蓮弁の中に玉と炎を描く。さらにその下には、半截された銭形紋が一重の圏線で縁取られている。胴部のふくらんだ部分には、主紋様である鳳凰と雲があり、鳳凰は4本の尾を持ち、内側の2本は長く先端が渦を巻いている。この紋様の下部を縁取って胴部最大径となる部分に2重圏線が巡っている。そして、その下の胴下半には、蓮弁紋が描かれている。釉は高台畳付を除き、施されている。

碗(図3-7)：1点が71号墓から出土した(Locsin L.&C. 1967: 100)。口径12cm、高台径4cm（Locsin L.&C. 1967: 100)。胎土は、砂糖のような白色の磁器質で、露胎部分は焼けて赤くなっている(Locsin L.&C. 1967: 100)。器形は、口縁部から底部にかけて、内湾気味にすぼまる輪郭を持つ腰折れの枢府手の碗である。側面は非常に薄手に製作されているとされる。紋様は、内外面に施されている。内面では、内側面と見込み部分に紋様が描かれ、口縁直下に連続した回紋をめぐらせ、その下に菊花[8]と蔓の紋様を描く。見込み部には、中央に玉と炎の紋様を描く。一方、外面は、外側面に口縁部直下から蔓と菊花紋を描き、菊の花芯が渦巻となる。花弁も略描型式と考えられるものである。

瓢形水注(図3-8)：88号墓と144号墓から各1点ずつ出土した(Locsin L.&C. 1967: 99)。器高は11㎝ (Locsin L.&C. 1967: 99)。形態は，上部と下部の2箇所に球形のふくらみを持ち，その間がくびれる瓢形の水注である。注口部は下部のふくらみに内部でつながり，ほぼ垂直に立ち上って上部のふくらみに外面が接する。その後，さらに外に屈曲している。把手は，注口と反対の位置に瓢形の胴部の上部のふくらみの上方から下部のふくらみの中位にかけてついたループ形のものである。紋様は，口縁部直下から上部のふくらみの上位にかけた部位に上下を一重の圏線で縁取って簡略化された雷紋が描かれている。その紋様に接して一重の圏線で囲まれた鉄線紋を描く。くびれ部は無紋，下部のふくらみには二重圏線で縁取られた菊花紋を描く。菊花の花芯は渦巻で，花弁も一筆で素早く描かれている。花弁の数は14枚である。

盒(図3-9)：71号墓，105号墓，146号墓から各1点が出土した(Locsin L.&C. 1967: 99)。ただし2点は蓋と身がセットであるのに対し，残りの1点は身の部分のみ[9]である。器高は，蓋とセットのものが5.9㎝で，蓋のないものが5.2㎝である(Locsin L.&C. 1967: 99)。胎土は，蓋と身がセットになった2点は，瓷器質で砂糖のように白い胎土を持ち，露胎部分が赤く焼けている(Locsin L.&C. 1967: 99)。身の部分の1点は，灰色で赤変はない。器形は，蓋は身と合わさる部分が直立し，そこから上面の平坦部までが外にふくらみをもってゆるやかに傾斜する。身は，口縁部と足部が内側にすぼまり胴部が樽状にふくらんだ形態を呈する。紋様は，蓋が上面の平坦面に円で囲われた鉄線の花を描き，側面の傾斜部分に簡略化された雷紋を描く。身の紋様は，胴部のやや外側にふくらんだ部分の上下に横位に一列ずつ釘紋が並ぶ。そして，上部の釘紋の直下に2本の圏線が巡り，下部の釘紋の直上を1本の圏線が巡る。上下の圏線の間に菊花が描かれている。菊花の花芯は格子状に描かれやや古手である。花弁は，両側が丁寧に描かれ，花弁の数も23片を数える。蓋と身がセットになったもう1点は，蓋部上面の紋様として鉄線紋ではなく菊花紋を持っている(Locsin L.&C. 1967: 99)とされている。また，蓋が無く身だけのものは，胎土の色調は異なるが，形態，紋様とも同じとされている(Locsin L.&C. 1967: 89)。

2. ラグーナ州，ピラ町，ピナグバヤナン（Pinagbayanan）遺跡

①ピナグバヤナン遺跡の考古学的調査：ピラ町はルソン島中部にある大湖ラグーナ・デ・バイの南東岸に位置する町で，遺跡はこの町の湖岸にあるピナグバヤナン村に位置している。考古学的発掘調査は，1967年9月4日から1968年1月27日にかけてR. D. アグラ（Agura）氏の所有地とD. メンドーサ（Mendoza）氏の所有地の2箇所（図4）で，テナザスの率いるサン・カルロス（San Carlos）大学の調査隊とロクシン氏の共同調査として行われた（Tenazas 1968: 13）。アグラ氏の所有地は，ピナグバヤナン村を東西に貫通する道の南側にあり，メンドゥサ氏の所有地は，同じ道の北側に位置する。ただし，両地区は，道をはさんで向かい合った関係にあるのではなく，斜めに75m程離れた関係にある。そして，この両氏の所有地は，バイ湖の湖岸から約750～850m程南東の位置にある。アグラ氏の所有地における発掘は，80m×48mの南北に長い調査区が設定され，全体を240個の4×4mの区画に分けて行われた。4mごとに南北軸を数字で，東西軸をアルファベットで示し，各区画の表示とされた。一方，メンドゥサ氏の所有地における発掘は，二つの調査区が設定されて行われた。両調査区とも南北に長い調査区で，道路

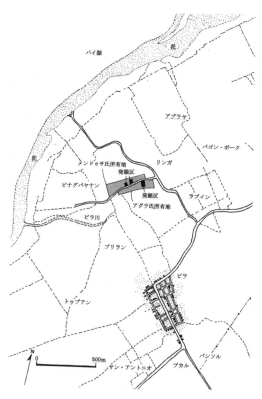

図4　ピラ町、ピナグバヤナン遺跡発掘地点位置図
（Tenazas 1968: Figure 1 一部改変）

沿いに35m程離れて並んで設定された。第1調査区の大きさは，アグラ氏所有地の調査区の大きさと同じ80×48mであった。一方，第2調査区の大きさは，32×30mであった。これら3箇所の調査区のうち元青花が出土した2基の墓は，いずれもアグラ氏所有地の調査区から検出されたものである(Tenazas 1968: Appendix III)。

本遺跡の地層は，表土層を含めて6層からなっている。この内，第2層から第5層までが文化層と考えられ，第I期から第IV期までに分けて捉えられている。遺構としては，第I期から3基，第II期から174基，第III期から55基，第IV期から9基の埋葬あるいは埋葬と考えられる遺物のまとまりが検出された(Tenazas 1968: 15-17)。

②ピナグバヤナン遺跡出土元青花の器種：本遺跡においては，2基の墓から3点の元青花が出土している。それらは，いずれも果物形といわれる稜形双耳小罐(Tenazas 1968: Appendix III)である。やや不鮮明な54号墓の遺物出土状況の写真(Tenazas 1968: Plate10)があるだけだが，54号墓出土の元青花は，頸部の付け根に双耳がつく八稜形の双耳小罐と見られる。

③ピナグバヤナン遺跡の元青花出土墓：本遺跡における元青花出土墓は，アグラ氏の所有地の発掘区から検出された12号墓と54号墓の2基である。12号墓は，C-2区の第4層で検出され，第II期に属する墓である(Tenazas 1968: Appendix III)。墓が検出された深さは105cmで，人骨遺骸は検出されず，遺物としては元青花稜形双耳小罐1点と青磁小罐1点が出土した(Tenazas 1968: Appendix III)。54号墓は，D-13区の第4層で検出され，第II期に属する墓である。墓が検出された深さは134cmで，人骨遺骸は検出されず，遺物としては，元青花稜形双耳小罐2点，見込みが無釉の灰釉碗1点，徳化窯白磁合子の蓋2点，水牛形鉄斑紋青白磁水注1点，注口土器1点が出土した(Tenazas 1968: Appendix III)。

3. ラグーナ州，パンギル(Pangil)遺跡

①パンギル遺跡の考古学的調査：遺跡は，ルソン島中部の大湖，ラグーナ・デ・バイの北東岸に近い平坦地に所在する。ただし，その背後には，ルソン島北部から東海岸に沿って南に伸びてきたシェラ・マドレ(Sierra Madre)山脈の末

第 2 部　元青花のアジア流通

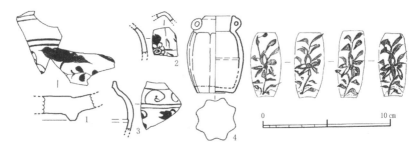

図 5　パンギル遺跡出土元青花実測図（亀井他 2015: fig.5）

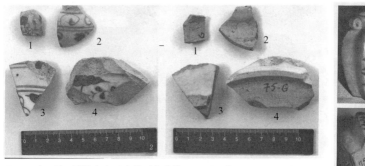
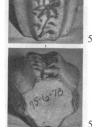

図 6　パンギル遺跡出土元青花（亀井他 2015: fig.8）

端部分が見えている。また，この遺跡は，マニラから東南へ約 60km 程のところにある。この遺跡の調査は，盗掘による破壊を避けるための緊急調査としてフィリピン国立博物館の W. ロンキリオ（Ronquillo）氏らによって 1975 年 6 月 19 日から 3 日間行われた（亀井他 2015: 111-112）。発掘地点は，パンギル町のスリッブ（Sulib）村にあり，国道標識 118-120km の山側の水田のうち，ミセス・マリア・ガリグルソレラ（Mrs. Maria Galiiglsorera）の所有地の約 80m² の範囲を深い所で地表面下 1.2 m まで掘り，磁器，陶器，ガラス製腕輪，土器など約 140 点の遺物を検出したと亀井は，ロンキリオによるフィールドレポートを要約している（亀井他 2015: 112）。

②パンギル遺跡出土の元青花の器種：2009 年 3 月，亀井明徳を中心として山本文子，新島奈津子，筆者よりなるチームによるフィリピン国立博物館収蔵庫に収蔵されているラグーナ・デ・バイ湖周辺遺跡から出土した陶磁器類の調査によって，同定，発見されたもので，4 点が同定された。すなわち，青花蓮

　　　　　　　　　　　　　　　　　　　　　　　　　フィリピン出土の元青花

池文盤片 1 点(図 5-1, 6-3,4)，青花菊花文稜形小罐片 1 点(図 5-2, 6-1)，青花菊花文小罐片 1 点(図 5-3, 6-2)，青花花文八稜形双耳小罐 1 点(図 5-4, 6-5)である。

　青花蓮池文盤片(図 5-1, 6-3,4)は，亀井明徳によって，「底径 23cm前後の至正型式の盤であり，二重圏線の際に荷葉と別種の植物文がのこる。胎土は，白瓷胎，青料の発色も鮮やかであり，葉先に一線をくわえている。無釉の外底および畳付きは平滑に仕上げられており，高台内側と外底の一部に黒焦げ痕が付着している。2 片の接合であり，茶色の膠状の接着剤が付着している。」(亀井他 2015: 114)と報告されている。

　青花菊花文稜形小罐(図 5-2, 6-1)は，亀井明徳によって，「稜形罐の肩部破片であり，釉下に黒みをおびた青で，花芯を渦巻文にした菊花唐草文が描かれている。釉薬は黄褐色を呈し，カセており，マットで剥落箇所もある。胎土も赤みをおびた軟質であり，内面は無釉，胴部中位の接胎の位置で割れている。」(亀井他 2015: 114)と報告されている。

　青花菊花文小罐(図 5-3, 6-2)も，亀井明徳によって，「肩から胴中位の破片である。肩に簡略化された渦巻文，二重圏線の下の胴部に，渦巻文の一部と菊葉とみられる断片がみえている。わずかに青白色をおびた釉は，内傾する頸部内側まで施され，口唇部分は削りとられ，以下の無釉の内面には轆轤目と，中位に接胎の痕跡がある。」(亀井他 2015: 114-115)と報告されている。

　青花花文八稜形双耳小罐(図 5-4, 6-5)も，亀井明徳によって，「口径 2.4，底径 2.3，高さ 5.8cmで，型造りで八稜形にした胴部上下を接合，双耳を貼りつけた小型罐である。内面は，頸部下半まで施釉され，以下は露胎で，下から 2.5cm付近に凹線めぐり，接胎位置とみる。施文は，凹部に一つおきに 4 箇所，折枝立花文が鮮明な青料で描かれている(図は逆時計回り順)。化粧土はなく，枝の下端の上に施釉されていない箇所もあり，青料は黒く呈発している。花芯は円文で，6 弁花は輪郭線を比較的丁寧に描いているが，その内部を塗ることは一部をのぞいてない。葉・枝文ともに，いわゆるつけたて描法である。- 中略 - 外面の釉は，氷裂が多くあり，底部から 0.5cm までかけられ，釉際は赤変し，露胎の外底部の沿に焼成時の痕跡がわずかにみてとれる。」(亀井他 2015: 115)と報告されている。

第2部　元青花のアジア流通

図7　パンダナン島沖沈船出土元青花（筆者撮影）（Courtesy: National Museum of the Philippines）

4. パラワン島南東端パンダナン（Pandanan）島沖沈船遺跡

①パンダナン島沖沈船遺跡の考古学的調査：パンダナン島沖沈船遺跡は，フィリピン西部のパラワン島の南東端に隣接する小島，パンダナン島の北東海岸沖 250m，水深 42m の海底で 1993 年 6 月に真珠養殖会社，エコファーム・リソーシーズ社（Ecofarm Resources Inc.）の潜水夫によって偶然発見された（Dizon 1996: 64）。調査は，フィリピン国立博物館によって 1995 年 2 月から 5 月にかけて行われ，残存した 1/4 程の船体と 4,700 点程の遺物が検出された（Dizon 1996: 64, 66）。遺物の主体は陶磁器で，景徳鎮窯製の青花，龍泉窯製の青磁，福建，広東省製の褐釉有耳壺などの中国製品の他，北部ベトナムのチュウダオ（Chu Dau）窯製の青磁，褐釉，中部ベトナムのゴーサイン（Go Sanh）窯の青磁，褐釉，タイのスコタイ（Sukhotai）窯製の鉄絵，ノイ（Noi）川窯製の黒褐釉四耳壺が出土している（Diem 1996: 95-105）。中でもゴーサイン窯をはじめとするベトナム製の製品が多い。報告者のディゾン氏は，70％以上がベトナム製の製品であった（Dizon 1996: 66）と述べている。陶磁器以外の遺物としては，数千点のガラスビーズ，約 300 点（破片を含む）の土器，60 点以上の鉄製大鍋，24 点の砥石，5 点の青銅製銅鑼などが出土数の多い物である（Dizon 1996: 60）。また，永楽通寳の出土（Dizon 1996: 66）も重要である。

②パンダナン島沖沈船遺跡出土元青花の器種：大鉢（図7）が 1 点出土している。口径 29.7cm を計る。口縁部は外反し，高台畳付及び高台内は，露胎である。

内面の紋様(図7左)は，見込み部と口縁部に描かれている。見込み部の紋様は，2重圏線で囲った中に鳳凰と麒麟を向い合わせて描き，その間を宝相華紋で埋めている。宝相華紋の花弁の先端は，加線されて尖っている。よって至正様式と考えられる。また，この宝相華の中心部の花弁のうち外側3枚ないし1枚は，白抜きで描かれ，立体感を描出している。口縁部の紋様は，上下を2重線で縁取った間に9個の菊花を横位に描いている。菊花の花芯は格子状で，花弁は1枚1枚ダミ塗りされ，1/3程を白く残す花弁も多い。

　外面の紋様(図7右)は，口縁直下に上下を2重線で区画して間に巻草紋を描いた幅の狭い紋様帯があり，その下に，やはり上下を2重線で区画してその間に菊花紋を横位に描いた紋様帯がある。菊花の花芯は，格子状に描かれ，花弁は内側と外側に2重になっている。すなわち，内側には白抜きした花弁を描き，その外側には2/3ほどをダミ塗りした花弁を描いている。その下の腰部には，幅の狭い無紋帯が2重線で縁取られてある。この無紋帯の下には，ラマ式蓮弁紋が描かれている。青の発色は，鮮やかで濃いコバルト色を呈する。

5. 討論・考察

　ここでは，まず，フィリピン諸島で最も多くの元青花が出土したサンタ・アナ遺跡を取り上げ，同遺跡の中で元青花が副葬された墓の位置を検討する。その上で，被葬者の年齢(成人か子供か)と副葬された元青花の数の関連性を検討する。次に，サンタ・アナ遺跡とピナグバヤナン遺跡並びにパンギル遺跡の関連性を遺跡の位置と出土した元青花の器種と数の面から検討する。そして，中国文献からわかる元代のフィリピンの地域と社会，中国との貿易について検討した上で，ピナグバヤナン遺跡やパンギル遺跡などバイ湖沿岸の内陸の遺跡に元青花がもたらされた理由を考察する。そして，最後にパンダナン島沈船遺跡出土の元青花の評価について検討を行いたい。

　①サンタ・アナ遺跡出土元青花出土墓の検討：本遺跡において，元青花が出土した墓は，遺跡全体に万遍なく分布するのではなく，あるまとまりを持って分布することがロクシン夫妻が作成した墓全体の分布図より元青花出土墓のみを抽出した分布図を作成したことによってわかった。すなわち，サンタ・ア

ナ教会修道院の東側から南側
にかけた逆L字状の地区に
2箇所，ラマヤン道路よりも
南の人家の密集する地区の1
箇所のまとまりがある（図8）。
これら三つのまとまりを，こ
こでは北側からA群，B群，
C群と名付け，群ごとに墓，
被葬者，副葬された元青花及
びその相互関係について見て
いきたい。

A群を構成する墓は，東
から63号墓[10]，185号墓，
192号墓，193号墓の4基で
ある（図9）。これら4基の墓
は，東北東から西南西にかけ
て東西方向に並ぶ形で分布し
ている。被葬者の頭位方向は，
最も東にある63号墓が南西
方向を向いているのに対して，
残る3基は，東あるいは南東
方向を向いている。これら4
基の被葬者を見ると185号墓，
193号墓は成人であり，63号
墓，192号墓は子供である。
また，これらA群の墓に副
葬された元青花は，被葬者が
成人である185号墓が有蓋小

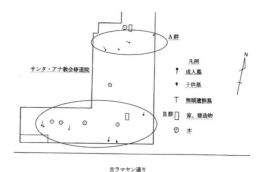

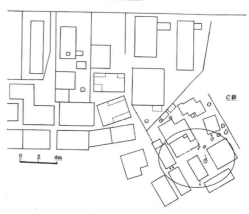

図8　サンタ・アナ遺跡元青花出土墓分布図
（Locsin, L.&C. 1967: Fig.3 一部改変）

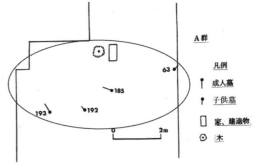

図9　サンタ・アナ遺跡元青花出土墓（A群）分布図
（Locsin, L.&C. 1967: Fig.3 一部改変）

罐1点，193号墓が球形双耳小罐1点であるのに対して，被葬者が子供である
63号墓は稜形双耳小罐1点，192号墓は球形双耳小罐2点，稜形双耳小罐1点

フィリピン出土の元青花

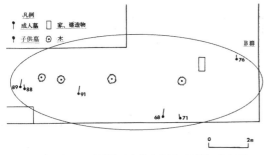

図10　サンタ・アナ遺跡元青花出土墓（B群）分布図
（Locsin, L.&C. 1967: Fig.3 一部改変）

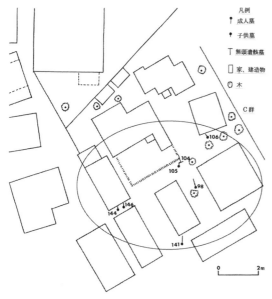

図11　サンタ・アナ遺跡元青花出土墓（C群）分布図
（Locsin, L.&C. 1967: Fig.3 一部改変）

である。

　B群を構成する墓は，東から76号墓[11]，71号墓，68号墓[12]，91号墓，88号墓，89号墓の6基である（図10）。これら6基の墓は，東から西にかけて東西方向並ぶ形で分布している。被葬者の頭位方向は，南あるいは南南東方向を向いてほぼ揃っている。これら6基の墓の被葬者を見ると68号墓，91号墓，89号墓の被葬者が成人であり，76号墓，71号墓，88号墓の被葬者は子供である。また，これらB群の墓に副葬された元青花は，被葬者が成人である墓（68号，89号，91号）は，いずれも球形双耳小罐が1点ずつである。一方，被葬者が子供である墓に副葬された元青花の器種と点数は，71号墓が球形双耳小罐1点，卵形双耳小罐1点，有蓋小罐1点，盒1点，折腰碗1点の計5点で，76号墓が球形双耳小罐2点と稜形双耳小罐1点の計3点であり，88号墓が瓢形水注1点である。

　C群を構成する墓は，東から106号墓，98号墓[13]，141号墓，104号墓，105号墓，146号墓，144号墓の7基である（図11）。これら7基の墓の分布を見ると，南にややはずれる141号墓を除くとほぼ北東から南西にかけて並んで分

布している。被葬者の頭位方向は，遺骸の頭のない104号墓を除き，106号墓と98号墓がやや東にふれて南南東方向を向くのに対して，それ以外の105号墓，141号墓，146号墓，144号墓は南を向いている。これらC群の墓に副葬された元青花のうち成人墓に副葬されたものの器種は，98号墓が有蓋小罐1点，104号墓が球形双耳小罐1点，141号墓が方形小罐1点である。一方，子供墓の方は，106号墓が有蓋小罐(蓋のみ)1点，105号墓が球形双耳小罐2点と盒1点，146号墓が球形双耳罐1点と盒1点，144号墓が瓢形水注1点である。

②サンタ・アナ遺跡の墓から出土した元青花の検討：ここでは，フィリピンで最も多く元青花を出土したサンタ・アナ遺跡出土の元青花とその出土状況について検討したいと思う。そのため，2種類の表を作成した。一つは，器種別の点数と出土墓を表す表1である。もう一つは，墓の被葬者の年齢別(ここでは，成人と子供の2区分)に副葬された元青花の器種と点数を表わす表2である。

まず，表1に示したように最も多く出土している器種は，13点出土している球形双耳小罐である。墓の数も最も多く，元青花を出土した17基中，10基を数える。次に多いのが有蓋小罐が4点で，その次の稜形双耳小罐及び盒が各3点である。出土墓の数も各3基である。

また，被葬者と器種及び点数の関係をみると，成人墓では，球形双耳小罐を副葬する墓が元青花を出土した成人墓7基中，5基と最も多い。また，これら球形双耳小罐の出土数は，各墓1点である点も注意されて良いと思う。有蓋小罐や方形小罐が副葬された成人墓でも，副葬された元青花の点数は，1点であることも同様に注意されよう。一方，子供墓9基における元青花の出土数を見ると，1点のものも4基あるが，2点のもの1基，3点のもの3基，5点のもの1基があっ

器種	点数	出土墓番号
① 有蓋小罐	4点	71号、98号、106号(蓋のみ)、185号
② 球形双耳小罐	13点	68号、71号、76号 (2点)、89号、91号、104号、105号 (2点)、146号、192号 (2点)、193号
③ 稜形双耳小罐	3点	63号、76号、192号
④ 卵形双耳小罐	1点	71号
⑤ 方形小罐	1点	141号
⑥ 瓢形水注	2点	88号、144号
⑦ 長頸瓶	1点	不明
⑧ 碗	1点	71号
⑨ 盒	3点	71号、105号、146号
合計	29点	

表1　サンタ・アナ遺跡出土元青花の器種別点数及び出土墓

群	被葬者の区分	墓葬番号	出土元青花の器種と点数
A	成人墓	185号	有蓋小罐(1)
A	成人墓	193号	球形双耳小罐(1)
A	子供墓	63号	稜形双耳小罐(1)
A	子供墓	192号	球形双耳小罐(2),稜形双耳小罐(1)
B	成人墓	68号	球形双耳小罐(1)
B	成人墓	89号	球形双耳小罐(1)
B	成人墓	91号	球形双耳小罐(1)
B	子供墓	71号	球形双耳小罐(1),卵形双耳小罐(1),有蓋小罐(1),盒(1),碗(1)
B	子供墓	76号	球形双耳小罐(2),稜形双耳小罐(1)
B	子供墓	88号	瓢形水注(1)
C	成人墓	98号	有蓋小罐(1)
C	成人墓	104号	球形双耳小罐(1)
C	成人墓	141号	方形小罐(1)
C	子供墓	105号	球形双耳小罐(2),盒(1)
C	子供墓	106号	有蓋小罐(蓋のみ)(1)
C	子供墓	144号	瓢形水注(1)
C	子供墓	146号	球形双耳小罐(1),盒(1)

表2 サンタ・アナ遺跡被葬者年齢別(成人か子供か)の元青花の器種と点数

た。こうした点から成人墓にみられるような1基1点というような規則はうかがえないといえる。また、副葬された器種を見ると1点のみを副葬したものは、瓢形水注が2基、稜形双耳小罐と有蓋小罐(蓋のみ)が1基ずつであった。一方、複数の元青花が出土した子供墓では、2点の場合、球形双耳小罐1点と盒1点の組み合わせが1基、3点の場合、球形双耳小罐2点と稜形双耳小罐1点の組み合わせが2基、球形双耳小罐2点と盒1点の組み合わせが1基であった。また、5点が出土した墓の器種構成は、球形双耳小罐1点、稜形双耳小罐1点、有蓋小罐1点、盒1点、折腰碗1点であった。こうした点をふまえれば、複数の元青花を副葬した子供墓の副葬品には、必ず球形双耳小罐が含まれていることを指摘できる。

③サンタ・アナ遺跡とピナグバヤナン遺跡及びパンギル遺跡の関係:サンタ・アナ遺跡とピナグバヤナン遺跡及びパンギル遺跡の関係は、どのようなものであろうか。ここでは、この点を3遺跡の位置と各々の遺跡から出土した元青花の器種と数から検討してみたい。

まず、遺跡の位置から見た関係性であるが、サンタ・アナ遺跡は、マニラ湾からパシグ川を約8kmほど遡ったパシグ川の蛇行点に位置する。ピナグバヤナン遺跡とパンギル遺跡は、このパシグ川をさらに遡り、パシグ川に水を注ぐバイ湖の南岸と東岸に位置する。換言すれば、ピナグバヤナン遺跡やパンギル遺跡にたどり着くためには、サンタ・アナ遺跡を経由しなければならないのである。また、サンタ・アナ遺跡が、パシグ川の大きな蛇行点にあり、近くに北方

から流れてきたサン・ファン(San Juan)川が合流する地点があることは，この地点がパシグ川流域の河川交通の要衝であることを示していると言える。

次に，出土した元青花の器種と数を3遺跡についてそれぞれで見た上で，遺跡相互の関連性を検討してみたい。サンタ・アナ遺跡から出土した元青花の器種は，9種類29点である。それらを出土数の多い順に見れば，球形双耳小罐が13点，有蓋小罐が4点，稜形双耳小罐と盒が各3点，瓢形水注が2点，卵形双耳小罐，方形小罐，長頸瓶，碗が各1点である。一方，ピナグバヤナン遺跡で出土した元青花の器種は，稜形双耳小罐1種3点である。また，パンギル遺跡で出土した元青花の器種は，稜形双耳小罐2点(完形1，破片1)，有蓋小罐1点(身のみ)，蓮池文盤1点(破片)である。これら元青花の器種と出土数及び元青花を出土した3遺跡相互の関係を考えてみると，まず，サンタ・アナ遺跡出土の元青花の器種は，9種類と最も多く，出土数も29点と最も多い。一方，内陸のバイ湖岸のピナグバヤナン遺跡とパンギル遺跡で出土した元青花の器種は，パンギル遺跡出土の蓮池文盤を除き[15]サンタ・アナ遺跡で出土する器種と共通し，しかも，それら元青花の器種は，サンタ・アナ遺跡で2番目に多く出土する器種(有蓋小罐)と3番目に多く出土する器種[16]の内の一つ(稜形双耳小罐)である。これらのことから考えるとバイ湖沿岸のピナグバヤナン遺跡とパンギル遺跡から出土した元青花は，サンタ・アナ遺跡の所在する地区に1度もたらされたものが，さらに内陸にまで運ばれたものと考えることが妥当であろう。さらに言えば，元青花がフィリピン諸島にもたらされた時代のマニラの海外貿易の窓口は，パシグ川河口地区ではなく，サンタ・アナ地区であった可能性が極めて高いといえる。このことを裏付ける点として，野上建紀らによるパシグ川河口のイントラムロス地区の出土品の調査(野上2007)によって，出土した中国陶磁器の中に元代の遺物が全くみない点があげられる。

では，なぜ，元青花は，内陸のバイ湖沿岸の地域にまでもたらされたのであろうか。この点を考える上で重要なのが同時代である元代の中国文献史料である。

④中国文献からみた元代のフィリピン諸島の地域，社会，産物，中国との貿易：中国の文献史料の中で，最も詳しい同時代の記録として現在まで残っているのが，江西，南昌の人である汪大淵が，実際に2度にわたって南海の諸地域

を訪問した後に記した『島夷誌略』(1349年撰)である。この本の中に現在のフィリピン諸島の一部にあたる地域[17]に比定される地域が少なくとも4箇所登場する。すなわち，三島，麻逸，麻里魯，蘇禄である。

　三島は，宋代の記録である『諸蕃志』に記された三嶼とされ(蘇1981: 24)，加麻延，巴姥酉，巴吉弄の総称が三嶼である(藤善1990: 223)とされている。ヒルトとロックヒル(Hirth and Rockhill)は，加麻延をカラミアン(Calamian)に，巴姥酉をパラワン(Palawan)に，巴吉弄をブスアンガ(Busuanga)に比定[18]している(Hirth and Rockhill 1970: 162)。一方，麻逸は，ミンドロ(Mindoro)島に比定され(蘇1981: 34-36)，麻里魯は，マニラ(Manila)に比定され(蘇1981: 90-91)，蘇禄は，スールー(Sulu)諸島に比定され(蘇1981: 179-180)ている。

　4箇所の地域のうち，三島と蘇禄については，「有酋長。」(蘇1981: 23, 178)という記述があり，社会が階層化し，酋長がいたことがわかる。さらに麻逸については，「酋豪之喪則殺奴婢二三十人以殉葬。」(蘇1981: 33)という記述があり，酋長が死んだ際に20〜30人の奴婢が殉葬させられていたことがわかり，かなり階層化の進んだ社会があったことがわかる。一方，麻里魯については，酋長がいたという記述はない。

　また，汪大淵は，取り上げた各地域の産物とその地域で貿易(物々交換)を行う際に用いる物品について次のように記している。

　三　島　産　物「黄蠟，木綿，花布」(蘇1981: 23)
　　　　　　貿易品「銅珠，<u>青白花碗</u>，小花印布，鐵塊之屬」(蘇1981: 23)
　麻　逸　産　物「木綿，黄蠟，玳瑁，檳榔，花布」(蘇1981: 33)
　　　　　　貿易品「鼎，鐵塊，五采紅布，紅絹，牙錠之屬」(蘇1981: 33-34)
　麻里魯　産　物「玳瑁，黄蠟，降香，竹布，木綿花」(蘇1981: 89)
　　　　　　貿易品「牙錠，青布，<u>磁器盤</u>，<u>處州磁</u>，水壜，<u>大甕</u>，鐵鼎之屬」
　　　　　　　　　　　　　　　　　　　　　　　　　　　(蘇1981: 89)
　蘇　禄　産　物「中等降真條，黄蠟，玳瑁，珍珠」(蘇1981: 178)
　　　　　　貿易品「赤金，花銀，八都剌布，青珠，處器，鐵條之屬」(蘇1981: 178)

これらの記述のうち，現地の産物の対価として陶磁器が使われたのは，三島の青白花碗と麻里魯の磁器盤・處州磁・大甕である(下線部)。青白花碗は，青白磁(輪)花形あるいは刻劃花文碗[19]と考えられ，磁器盤は，青磁盤[20]と考えら

れ，處州磁は，龍泉窯磁 21)と考えられる。

⑤ピナグバヤナン遺跡及びパンギル遺跡に元青花がもたらされた理由—中国文献から—：『島夷誌略』をもとにフィリピンの中の4つの地域に比定される三島・麻逸・麻里魯・蘇禄の地名比定，社会，産物，中国側が貿易を行う際に使う物品についてみてきた。4つの地域の中で本稿との関連で特に重要なのが，マニラに比定されている麻里魯である。すでに見たようにマニラにおける元代の海外貿易の窓口は，サンタ・アナ地区であったと考えられる。その産物として『島夷誌略』に挙げられているのが，玳瑁・黄蠟・降香・竹布・木綿花なのである。玳瑁は，海産のものであるが，黄蠟は蜜蜂の巣から得られるもので，森林の産物であり，降香 22)，竹布も森林やその周辺の産物と考えられる。また，木綿花は，バイ湖周辺で今でも見られる 23)産物である。これらのことから考えると，麻里魯，すなわちマニラの産物とされる5品目の内の4品目 24)は，バイ湖沿岸地区やその後背の丘陵地帯からサンタ・アナ地区にもたらされたものである可能性が高い。そして，これらの産物の対価として，バイ湖周辺地域に元青花を含む中国陶磁器がもたらされたと考えられよう。

⑥パンダナン島沖沈船遺跡出土元青花の評価：パンダナン島沖沈船は，フィリピン西部の南北に細長いパラワン島の北東海岸沖250 m，水深42mの海底で発見された沈没船である。船の発見地点から考えると，この船は，『島夷誌略』に登場する蘇禄，すなわちスールー諸島方面やさらに南の地域に向っていた可能性がある。しかし一方で，筆者は，この沈船からの出土遺物の中に，ルソン島中部バタンガス(Batangas)州，カラタガン(Calatagan)遺跡で出土した注口土器と酷似する形態の注口土器があることを指摘(田中 2005: 46)した上で，この船がバタンガス方面をすでに経由してパンダナン島沖に至った可能性があることを指摘した(田中 2005: 46-47)ことがある。もしこの経路が正しいならば，この船は，すでにバタンガス州南部や『島夷誌略』に麻逸として登場する対岸のミンドロ島でその積荷の一部をおろしていた可能性もあり，その中に元青花が入っていた可能性もある。

また，この船の沈没年代については，伴出した他の中国陶磁や永楽通寶から，15世紀中葉と考えられており，至正様式の元青花は，この時代まで運ばれていたのである。また，至正様式の元青花の運ばれ方の一つとして，この船にみ

られるように，明初の中国の青花や青磁，ベトナム北部の青花，ベトナム中部の青磁や褐釉壺，タイの黒褐釉壺などとともに運ばれたのである。

おわりに

　本稿では，フィリピン出土の元青花を遺跡ごとに紹介した上で，フィリピンで最も多く元青花が出土したサンタ・アナ遺跡の元青花の出土状況を分析した。そして，サンタ・アナ遺跡と内陸のバイ湖岸の遺跡の関係を検討し，バイ湖岸の遺跡に元青花がもたらされた理由を中国文献に基づき考察した。最後にパンダナン島沖沈船出土の元青花を船の沈没地点と船の航海ルートを検討することによって考察した。これらの考察の検討によって以下の諸点が明らかとなった。

　(1)　サンタ・アナ遺跡の成人墓8基における元青花の出土数は，全て1墓1点のみであり，元青花の副葬を1点に限定する規則・規制があった可能性がある。また，その器種は全て罐であること，罐の中での器形の違いをみると，球形双耳小罐が5点で最も多く，有蓋小罐が2点でそれに次ぎ，方形小罐が1点でそれに次ぐことがわかった。

　(2)　サンタ・アナ遺跡の子供墓9基における元青花の出土数を見ると，1点のものも4基あるが，2点のもの1基，3点のもの3基，5点のもの1基があった。こうした点から成人墓にみられるような1基1点というような規則はうかがえないといえる。また，複数の元青花を副葬した子供墓の副葬品には，必ず球形双耳小罐が含まれていることを指摘できる。

　(3)　サンタ・アナ遺跡のある地域は，その位置とサンタ・アナ遺跡からの元青花の出土数の多さから，元時代のフィリピンにおける海外貿易の窓口の一つであったと考えられる。

　(4)　ピナグバヤナン遺跡やパンギル遺跡は，パシグ川を通じてサンタ・アナ遺跡と結びついており，両遺跡出土の元青花は，サンタ・アナ遺跡出土の元青花と1種を除き器種が共通することから，サンタ・アナ地区を経由して運ばれたと考えられる。

　(5)　『島夷誌略』の麻里魯は，マニラに比定されているが，サンタ・アナ地区を指す可能性が高い。

(6) ピナグバヤナン遺跡とパンギル遺跡のような内陸のバイ湖沿岸の遺跡に元青花がもたらされたのは、バイ湖沿岸とその後背地で得られる黄蠟・降香・竹布・木綿花などの産物を得るための対価であった可能性が高い。

(7) パンダナン島沖沈船から出土した至正様式の元青花は、蘇禄方面あるいはさらに南方を目指して運ばれていた可能性がある。また、この沈船から出土した土器の中にバタンガス州カラタガン遺跡出土の土器と酷似する土器があることから、船がバタンガス州南部、あるいは麻逸に比定される対岸のミンドロ島をすでに経由していた可能性もある。

(8) パンダナン島沖沈船が15世紀中葉に位置づけられることから至正様式の元青花は、この時期にもフィリピンに運ばれていたことが明らかである。

(9) 亀井明徳らによる墓域の他、居住域を含むと考えられるパンギル遺跡の出土品の調査によってフィリピンで初めて発掘調査による出土品として元青花蓮池文盤があることが明らかにされた。これによってこれまでのように墓地遺跡から出土した元青花をもってフィリピン出土の元青花の特徴と考えることの危険性が明らかとなった。

今後の課題として、亀井明徳らの調査によって明らかになったように居住域及び居住遺跡の調査が不可欠であろう。また、フィリピン出土の元青花として墓地遺跡から出土した小型の罐類が多く見られる現状であるが、それは、今後の居住域及び居住遺跡の調査によって変わってくるであろう。

また、今後、元青花の出土が予想される地域として、マニラからバイ湖沿岸にかけた地域の他、『島夷誌略』に登場する地域がある。すなわち、三島と考えられるカラミアン諸島、パラワン島、ブスアンガ島、麻逸とされるミンドロ島、蘇禄とされるスールー諸島である。これらの地域における集中的な考古学調査が望まれよう。

注
1) 本稿で取り上げた資料は、正式な考古学調査が行われたものだけであるが、アルトゥーロ・デ・サントス・コレクション(Arturo de Santos Collection)の中のミンダナオ(Mindanao)島アグサン(Agusan)川発見広口壺、ミンダナオ島ブトゥアン(Butuan)発見大盤、サマール(Samar)島発見長頸瓶などの元青花がペラルタ(Peralta)氏によっ

て紹介されている(Peralta 1982: 117,119, 121)。
2) ロクシン夫妻の報告では，この地区を南部ラマヤン地区とフランシスコ所有地の 2 地区に細分している。
3) フォックスとレガスピの報告では，19 基となっている箇所(Fox and Legaspi 1977: 10)がある。
4) 筆者は，1980 年代半ばに調査中のこの遺跡を，青柳洋治，小川英文とともに訪れている。
5) ダルーパンは，その後オランダ人の外交官と結婚したため，海外在住となり，出土遺物は博物館に返却されている。
6) ロクシン夫妻の報告では，コバルトの斑点を持つものも青花に含めている。しかし，亀井明徳は，これを紋様とはみなさず，青花に含めてはいない(亀井 2009a:1)。ここでは，亀井の考えに従った。それ故，元青花の出土数がロクシン夫妻の報告の 29 点より 1 点少なくなる。一方，有蓋小罐は，身と蓋がセットになったものが 1 点，身だけが 2 点，蓋のみが 1 点出土している。ロクシン夫妻は，身と蓋が 2 セットあったと計算しているが，蓋 1 点は身とは別の墓から出土している。そのため，身のみのものとセットであるかどうか確実ではない。それ故，ここでは，別個体として計算し，29 点とした。
7) ロクシンの報告では，果物形双耳小罐とされるものである。形態がフィリピン等で見られるカタバミ科の果物，五稜子(Averrhoa carambola sp.)（タガログ名バリンビン balimbing)に似るためであろう。
8) 報告書掲載の写真は，反射していて菊花の花芯の紋様などは判別が困難である。
9) 身の部分のみ出土した墓が 3 基のうちのいずれであるかは特定されていない。
10) 報告書の墓葬分布図の墓葬番号は，全て手書きであるため，判読が難しいものがある。63 号墓もその一つで，古ラマヤン道路より南側の地区にも 63 と読める成人墓があるが，65 がないため，ここでは，この南側地区の墓を 65 号墓とみなした。
11) 前注と同様に 76 号墓も判読が難しいものである。6 が 8 に近い。ただし，78 号墓があるため，ここでは，これを 76 号墓とみなした。
12) 前注と同様に，68 号墓の 6 もつぶれて 8 に近く見える。ただし，ここでは，別に 88 号墓があるため，68 号墓とみなした。
13) 98 号墓は，18 号墓と読めるものであるが，別に 10 番台の墓が集中する中に 18 号墓があるため，ここでは，これを 98 号墓とみなした。
14) 成人墓における元青花の副葬が 1 墓 1 点であるのに対して，子供墓では，5 点もの元青花を副葬した墓があるのは，不思議に思われる点があるが，スペイン時代初期に幼きイエズスを表わしたサント・ニーニョ像への信仰が根づいた点を考えると，スペイン人到来以前に子供を尊崇する風習があったと考えられる。今後の研究課題の一つとしたい。

15) サンタ・アナ遺跡で大型の蓮池文盤が出土しないのは，墓域のみの発掘であったためと考えられる。
16) サンタ・アナ遺跡で最も多く出土する球形双耳小罐がバイ湖沿岸のピナグバヤナン遺跡とパンギル遺跡の発掘調査で出土していないのは，不思議に思われるが，筆者は，亀井明徳らとの踏査の折，テナザスが報告している稜形双耳小罐とは異なる元青花球形双耳小罐2点をピラ博物館の展示の中に確認している。このことから考えるとバイ湖沿岸の遺跡に球形双耳小罐ももたらされていたのは，確実であろう。
17) スペイン到来以前のフィリピン諸島には，10世紀頃より中国陶磁器がもたらされ，中国との貿易が行われていたが，フィリピンという名称が1543年当時のスペイン皇子フェリペ（後のフェリペ2世）にちなんで名づけかれた名称であることからわかるように，フィリピン諸島全体を統一するような政治的統合体は，スペイン人到来以前には無く，いくつかの地域が個別に中国と貿易を行っていたと考えられる。
18) 蘇1981: 24では，藤田豊八が加麻延をルソン島バタアン（Bataan）半島の南端のマリベレス（Mariveles）の旧名カマヤ（Camaya）に比定していることを紹介している。ただし，筆者は，藤田豊八の本を未見である。
19) この三島の貿易に用いられた青白花碗については，矢部良明は，青花碗と見ている（矢部1974: 126）が，亀井明徳は，『島夷誌略』の占城の項に「青磁花碗」の名称があり，それは青瓷（輪）花形ないし刻劃花文碗のことであることから，「青白花（磁）器（碗）も青白瓷（輪）花形ないし刻劃花文器（碗）とするのが無理のない解釈であり，この史料中には青花瓷は記載されていない」（亀井2009b : 53）とされている。ここでは亀井の考え方に従った。
20) 蘇1981: 90の校勘(六)にしたがった。
21) 蘇1981: 22の注釈⑨の説明にしたがった。
22) 降香は，『諸蕃志』にみられる降眞香（藤善1990: 282）のことである。
23) バイ湖沿岸地域における木綿花は，筆者自身が留学中の1989年12月27日，バイ湖東岸のカラヤアン（Kalayaan）において見ている。
24) 内陸の産物の4品目に入らない1品目である玳瑁は，海産のものであるが，パンギル遺跡などバイ湖東岸の地域においては，背後の丘陵を越えて太平洋岸からそれらを入手していた可能性も今後，検討せねばならない。

参考文献
青柳洋治1975「中国陶磁器のフィリピンへの渡来時期について」『上智史学』20: 58-82.
青柳洋治1985「フィリピン出土中国貿易陶磁の変遷—カラタガン遺跡とサンタ・アナ遺跡の年代について—」『三上次男博士喜寿記念論文集』陶磁編: 313-330.
亀井明徳2009a「元様式青花白瓷の研究」亀井明徳編著『元代青花白瓷研究』亜州古陶瓷学会: 1-35.
亀井明徳2009b「中国出土元青花瓷の研究」亀井明徳編著『元代青花白瓷研究』亜州古陶瓷学会：36-

60.

亀井明徳・山本文子・新島奈津子・田中和彦 2015「パンギル遺跡出土の陶瓷器」亀井明徳著『博多唐房の研究』亞州古陶瓷学会 : 111-122.

蘇繼廎　校釋(汪大淵 原著)　1981『島夷誌略校釋』中華書局　北京

田中和彦 2005「フィリピンの沈船遺跡と出土土器—15 世紀中葉から 16 世紀末の資料を中心に—」『水中考古学研究』創刊号 : 17-53.

野上建紀 2007「スペイン時代のマニラに持ち込まれた陶磁器」『地域の多様性と考古学—東南アジアとその周辺—（青柳洋治先生退職記念論文集）』丸井雅子監修 青柳洋治先生退職記念論文集編集委員会編：7-21.

長谷川祥子 1995「元(至正)樣式の青花磁器」中澤富士雄・長谷川祥子『元・明の青花』平凡社版　中国の陶磁 8: 94-106

藤善真澄　訳注 1990『諸蕃志』(関西大学東西学術研究所 訳注シリーズ 5)関西大学出版部

矢部良明 1974『元の染付』陶磁大系第 41 巻　平凡社

森村健一 1996「フィリピン・パンダナン島沖沈没船引き揚げ陶磁器」『貿易陶磁研究』16：111-125.

Beyer, H. O. 1947 Outline Review of Philippine Archaeology by Islands and Provinces. *Philippine Journal of Science* 77 (3-4) .

Diem, A. 1996 Relics of a Lost Kingdom -Ceramics from the Asian maritime trade-. in Loviny (ed.) *The Pearl Road- Tales of treasure ships*. 95-105.

Dizon, E. 1996 Anatomy of a Shipwreck -Archaeology of the 15th-Century Pandanan Shipwreck. in Loviny (ed.) *The Pearl Road -Tales of treasure ship.* : 62-73.

Fox, R. and Legaspi, A. 1977 *Excavations at Santa Ana.* National Museum of the Philippines.

Hirth, F. and Rockhill, W.W. 1970 *Chau Ju-kua: His work on the Chinese and Arab Trade in the twelfth and thirteenth Centuries. entitled Chu-fan-chi*. Cheng-wen Publishing Company, Taipei.

Locsin, L. and C. 1967 *Oriental Ceramics Discovered in the Philippines.* Charles E. Tuttle Company: Rutland, Vermont and Tokyo, Japan.

Loviny, C. (ed.) 1996 *The Pearl Road –Tales of treasure ships-*. Asiatype, Inc. Manila.

Peralta, J. 1982 *Kayamanan-Pottery and Ceramics from the Arturo de Santos Collection-*.Central Bank of the Philippines.

Pila Museum 2003 *Treasures of Pila.* Pila Museum: Pila.

Tenazas, R. 1968 *A Report on the Archaeology of the Locsin- University of San Carlos Excavations in Pila, Laguna, (September4, 1967-March 19, 1968).*

タイ出土の元青花

向井　亙

はじめに

　本稿では，タイ国内の遺跡から出土した元青花のうち，タイ中北部スコータイとピサヌロークの出土例を紹介し，元青花がどのような交易路を経てもたらされたかを考察する。

1. 研究史

　まずはタイ国内での遺跡出土中国陶磁器の研究状況について簡単に触れておきたい。タイ国内の遺跡出土中国陶磁器の研究書としては，タイ王国芸術局(以下タイ芸術局)チャンタウィット氏による業績が著名である(Chandavij 1994)。これは，タイ国内の遺跡出土資料や個人コレクター収蔵品が出土地情報を伴って紹介されており，これまでの出土地不明の収集陶磁器を年代順に並べた図録とは一線を画した内容である。この著書はタイ芸術局刊行の発掘報告書に頻繁に引用されており，タイにおける中国陶磁器研究の基本書という地位を得ている。しかし同書は，対象を中国陶磁器に限定しており，共伴出土する地元産陶磁器に関する情報には言及していない。また，生産地や年代観の根拠となる中国国内出土資料への言及も皆無である。したがって，同書の事例を利用参照する際には，中国陶磁器の年代や生産地について現在の研究成果と比較する必要がある。
　一方，タイ国内での発掘調査報告は，中国陶磁器と地元産陶磁器の組み合わせや，その器種の組み合わせを知る上で重要な資料となる。しかし，掲載実測図や写真は極少数で，出土数に関するデータは出土表でのみ提示され，出土資料の特徴について報告書からは不明な部分が多い。

第2部　元青花のアジア流通

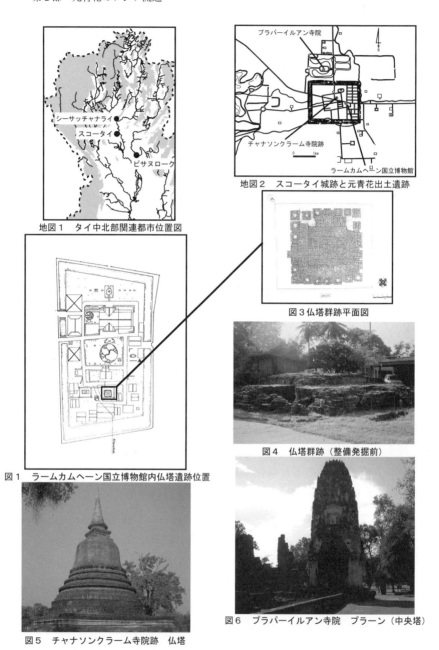

地図1　タイ中北部関連都市位置図

地図2　スコータイ城跡と元青花出土遺跡

図3　仏塔群跡平面図

図1　ラームカムヘーン国立博物館内仏塔遺跡位置

図4　仏塔群跡（整備発掘前）

図5　チャナソンクラーム寺院跡　仏塔

図6　プラパーイルアン寺院　プラーン（中央塔）

2. ラームカムヘーン国立博物館内寺院遺跡出土元青花

　タイ中北部の古城スコータイ(スコータイ県ムアンカオ郡)は，タイ族が初めて樹立した国家，スコータイ朝の首都である(地図1)。スコータイ朝史に関する研究は，碑文や寺院遺跡，仏像を分析対象とし，政治史，美術史や仏教史に関する成果が中心であった。一方タイ芸術局は，1960年代よりスコータイ内に分布する寺院遺跡の修復に伴う整備発掘[1]を行い，その調査成果がタイ語の発掘調査報告書として刊行されている。近年では，発掘調査での出土陶磁器の分析からスコータイの変遷を明らかにする試みも提示されている(サクチャイ2004)。

　タイ国内での元青花の出土例として注目されるのがスコータイ中心域ラームカムヘーン国立博物館敷地内に位置する寺院遺跡から出土した仏塔埋納事例である(地図2)。2001年にタイ芸術局により整備発掘が行われ，主仏塔とこれを囲む従仏塔24基から構成される仏塔群と講堂跡1基が検出された(図3,4)。発掘調査では従仏塔の一部から小型仏像などの埋納物を納めた陶磁器群が出土した。2008年，筆者は同国立博物館の協力を得て，所蔵される仏塔内出土陶磁器27点と整備発掘で出土した陶磁器破片約2,000点を調査した。

(1) 仏塔内に納められた陶磁器(図7〜8)

　仏塔内出土の陶磁器は，埋納品をおさめる壺類と，蓋として利用された小皿類，そして壺内部に埋納された小壺類から構成される。陶磁器の生産地に注目すると，中国産が20点と多く，地元タイ産は7点と少ない(表1)。

　仏塔内出土の元青花は，大壺の蓋1点と碗1点である。大壺の蓋(12)は宝珠型の摘みを持ち，口縁部内側には身受部分を有する。頂部に変形蓮弁文，その周囲を巻草文，口縁部には雷文が巡る。碗(27)は断面三角形の高台をもち，胴部は中位で屈曲し，口縁部は外反する。内底面中央に寿の字を配し，内面口縁部に渦巻文，外面胴部に菊花唐草文が巡る。

　龍泉青磁は広口壺1点が出土した(5)。外面胴部にはヘラ削りで鎬蓮弁文を刻む。底部は円盤状板を内部から貼り付けて底部とした後，施釉する。

　福建省甫田窯産の青釉陶磁器は6点が出土しているが，いずれも小型品(小

第 2 部　元青花のアジア流通

	東側第1従仏塔		西側第5従仏塔
1	甫田青釉小皿 口径12.3cm、高さ3.4cm、底径5.0cm	15	甫田青釉小皿 口径12.6cm、高さ3.1cm、底径6.4cm
2	華南産褐釉陶四耳壺 口径8.8cm、高さ16.4cm、底径10.1cm	16	黒釉双耳小壺 口径5.4cm、高さ9.0cm、底径4.4cm
3	シーサッチャナライ無釉長頸壺 口径11.6cm、高さ23.4cm、底径8,2cm	17	華南産褐釉四耳壺 口径10.0cm、高さ35.8cm、底径15.0cm
	東側第4従仏塔		南側第1従仏塔
4	甫田青釉小皿 口径11.9cm、高さ3.2cm、底径5.6cm	18	白磁小皿 口径11.2cm、高さ2.5cm、底径7.6cm 外面に漆喰付着
5	龍泉青磁広口壺 口径15.0cm、高さ14.0cm、底径10.6cm 肩部に漆喰付着	19	華南産褐釉四耳壺 口径10.5cm、高さ24.0cm 肩部に漆喰付着
	東側第5従仏塔	20	シーサッチャナライ無釉大壺 口径18.0cm、高さ30.0cm、底径13.0cm
6	甫田青釉小皿 口径11.4cm、高さ5.0cm、底径4.0cm		南側第2従仏塔
7	華南産褐釉四耳壺 口径10.0cm、高さ32.6cm	21	シーサッチャナライ無釉大壺 口径19.8cm、高さ35.0cm、底径13.2cm
	東側第6従仏塔	22	甫田青釉双耳小壺 口径3.0cm、高さ6.0cm、底径3.2cm
8	シーサッチャナライ初期粗製青磁蓋 口径16.0cm		南側第3従仏塔
9	華南産褐釉広口壺 口径14.4cm、高さ21.8cm、底径10.8cm	23	白磁小皿 口径15.8cm、高さ3.9cm、底径5.0cm
	北側第2従仏塔		南側第4従仏塔
10	在地産土器蓋 口径14.0cm、高さ4.5cm	24	甫田青釉筒型合子身 口径15.6cm、高さ13.6cm、底径8.4cm
	北側第4従仏塔		南側第6従仏塔
11	タイ北部ボスワック窯産白釉大壺 口径17.4cm、高さ30.8cm、底径15.6cm	25	シーサッチャナライ初期粗製青磁皿 口径18.6cm 外面に漆喰付着
	北側第7従仏塔		出土仏塔不明
12	元青花盤口型大壺蓋 蓋径12.8cm、高さ6.6cm	26	白磁小皿 口径11.0cm、高さ2.3cm、底径7.4cm
13	華南産褐釉四耳壺 口径11.5cm、高さ29.5cm、底径16.0cm	27	元青花碗 口径11.0cm、高さ2.3cm、底径3.8cm 従仏塔D.9出土
	西側第3従仏塔		
14	華南産褐釉四耳壺 口径8.8cm、高さ27.5cm、底径11.2cm		

表1　スコータイ、ラームカムヘーン国立博物館敷地内寺院遺跡　仏塔内出土陶磁器

タイ出土の元青花

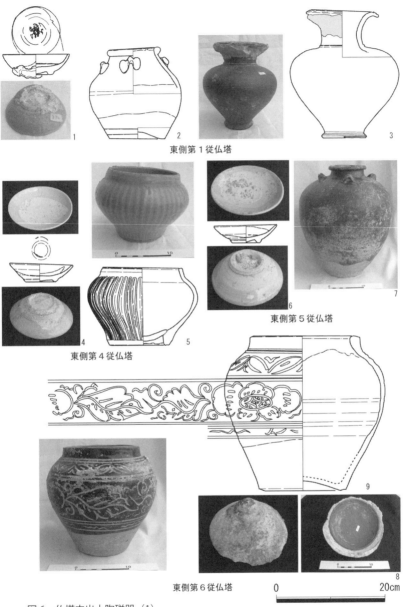

東側第1従仏塔

東側第4従仏塔   東側第5従仏塔

東側第6従仏塔

図6　仏塔内出土陶磁器（1）

第2部 元青花のアジア流通

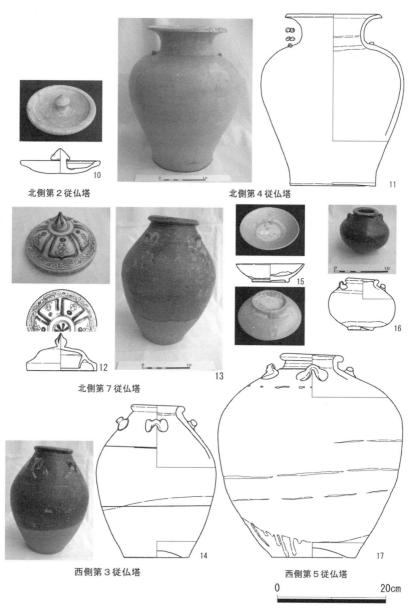

図7 仏塔内出土陶磁器（2）

皿4点，小壺1点，合子1点)で明るい灰色〜黄緑色の透明釉を掛ける。小皿はいずれも外面に漆喰が付着しており，小皿が埋納時に壺の蓋として利用されたことがわかる。小壺(22)は型造りで胴部上半と下半を別々に成形する。胴部上半には蓮池文，下半には蓮弁文をそれぞれ型押文で表す。肩部には2箇所に管状の耳部を貼付する。

　華南白磁は小皿が2点出土した。このうちの1点は型造りで，口縁部を釉剥ぎし，外面胴部に型押しで弁文を巡らせる(18)。外面が石膏で覆われ，蓋として利用されたと考えられる。残る1点も型造り成形の小皿で，円柱状の高台で施釉される口縁部は内彎して端部が薄くなる(23)。

　仏塔内出土陶磁器で最も出土数が多いのが華南産褐釉陶磁器であり，壺と小壺から構成される。壺類には，ビア樽型の無頸四耳壺(2,13,14,19)と胴部が大きく張る短頸四耳壺(7,17)のほか，外面に暗褐色の化粧土を掛け，牡丹唐草文を刻む広口壺1点(9)と双耳小壺(16)が出土する。出土した壺類の口縁部や肩部には石膏が付着する。これは埋納の際，蓋の外側より石膏で密封した痕跡である。

　タイ陶磁器は7点が出土し中国陶磁器よりも少ない。生産地に注目すると，3種類に区分でき，最も多いのがスコータイの北方約60kmに位置するスコータイ朝の副都シーサッチャナライの北部に分布するシーサッチャナライ窯で生産された陶磁器で，無釉長頸壺3点(3,20,21)の他，チェリエン陶磁器(欧米でMON陶磁器)と呼ばれる初期粗製青磁皿1点(25)，同蓋1点(8)が出土する。この他に，産地不明の土器蓋1点(10)と，北部タイのナーン県ボスワック窯白釉大型壺1点(11)が出土する。

(2) グリッド出土元青花(図9〜11)

　仏塔周辺の整備発掘で出土した陶磁器破片に残された痕跡の観察から，その一部が元来は仏塔内に埋納されていた陶磁器であることが明らかになった。その痕跡は完形資料にも見られた石膏の付着である。この他，器面に激しい被熱痕が残る破片があり，この一部に石膏の付着が認められる。被熱痕は仏塔内から出土した完形資料には全く見られないことから，埋納陶磁器の一部が何らかの理由で掘り出され，火災などで被熱を受けて破損したと思われる。

　上記2種類の痕跡が見られる陶磁器破片の中で元青花は大壺4個体，同蓋1

第 2 部　元青花のアジア流通

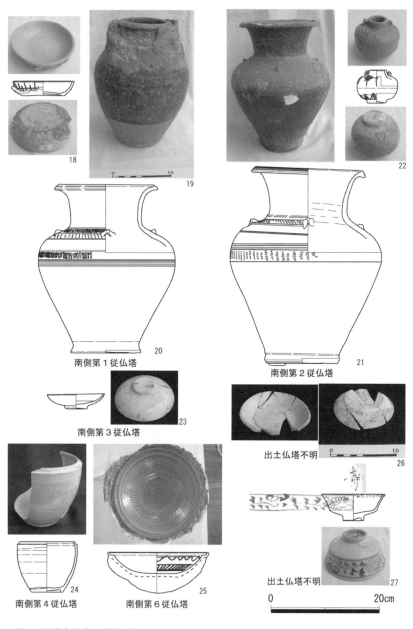

図 8　仏塔内出土陶磁器（3）

タイ出土の元青花

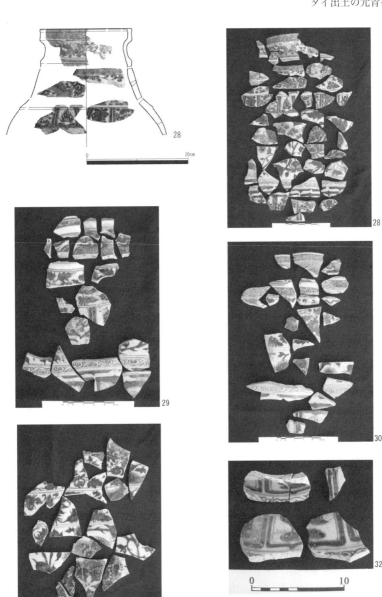

図9 グリッド出土元青花大壺（推定仏塔埋納容器）

203

個体，梅瓶6個体，長頸瓶2個体が確認できる。

大壺(28～31)　4個体が出土した大壺は，文様構成が異なるが，その器形的特徴は同一である。底部は幅の広い輪高台で，胴部は上位が最も膨らみ，肩部はあまり張らずに，頸部との境界に突帯部を有する。頸部は短くあまり窄まらず，口縁部は盤口状を呈する。肩部には縦方向に貼付される龍型の耳部破片が出土しているが，いずれの個体のものであるかは不明である。

　大壺は，多くの文様意匠から構成されているが，その主文様は，いずれも牡丹唐草文であり，その他の文様に個体間の差異が現れる。破片38点から構成される28は，外面口縁に銭繋ぎ文，頸部に菊唐草文，頸部と肩部の境界に巡る突帯の下部に菱形繋ぎ文が巡り，肩部には鳳凰文を配した宝相華唐草文が巡る。胴部上位には八宝を配した変形蓮弁文が巡る。主文様である牡丹唐草文の下位を巻草文で区画し，胴部下位には変形蓮弁文が配される。

　破片18点から構成される29は，外面口縁部に巻草文，頸部に波濤文，頸部と肩部の境界に巡る突帯の下部は空白帯とし，肩部には宝相華唐草文が巡る。胴部上位には八宝を配した変形蓮弁文，胴部中位の牡丹唐草文の下位を巻草文で区画し，胴部下位には変形蓮弁文を配する。

　破片22点から構成される30は，外面口縁部に銭繋ぎ文，頸部に波濤文，頸部と肩部の境界に巡る突帯の下部は菱形繋ぎ文を配し，肩部には宝相華唐草文が巡る。胴部中位の牡丹唐草文の下位を巻草文で区画し，胴部下位には変形蓮弁文を配する。破片16点から構成される31は，肩部に龍文を配した牡丹唐草文，胴部には牡丹唐草文が巡る。この他大壺蓋が1個体出土し，変形蓮弁文内部に配される如意頭文の意匠が完形例と異なる(32)。

梅瓶　大壺と共に多数の破片が確認できるのが梅瓶である。梅瓶は少なくとも6個体が出土している(33～38)。梅瓶と大壺の胴部破片の区別に際しては以下2項目に注目した。

(1)梅瓶は大壺に比べて器壁が薄く弯曲が強い。

(2)梅瓶の内面は無釉か釉薬が流下する。大壺は内面を施釉する。

　また，出土した梅瓶には蓋や本体の口縁破片はみられない。これは埋納の際に埋納品を器物内に納めるために口縁部を意図的に欠いたと思われる。

　大壺と同様に，梅瓶に描かれる主文様は34の鳳凰牡丹唐草文をのぞけば，

タイ出土の元青花

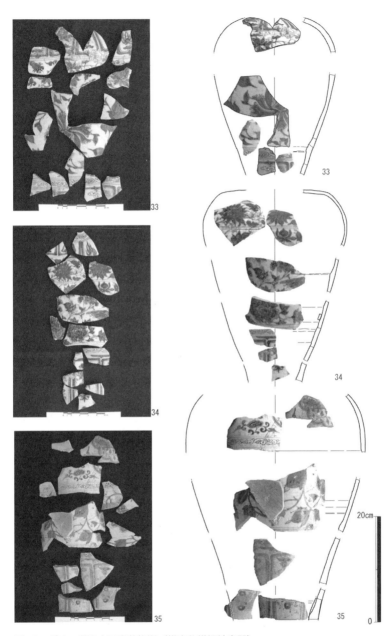

図10　グリッド出土元青花梅瓶（推定仏塔埋納容器）

205

いずれも牡丹唐草文である。破片14点から構成される33は，肩部に八宝を配した変形蓮弁文，胴部上位に宝相華唐草文，胴部中位には牡丹唐草文が巡る。巻草文が胴部下位との間を区画し，胴部下位には変形蓮弁文が配される。肩部には石膏が付着しており，封をした痕跡と考えられる。

破片13点から構成される34は，頸部と肩部の境界に巻草文を巡らせ，肩部に八宝を配した変形蓮弁文を配する。胴部上位には宝相華唐草文，胴部には鳳凰文を配した牡丹唐草文が巡る。巻草文が胴部下位を区画し，その下位には変形蓮弁文の上辺を倒置した形の太線が配され，胴部下位には海石石榴文の下端と円文を配した変形蓮弁文が巡る。胴部上位に少量の石膏が付着する。

破片13点から構成される35は，33や34に比べて青花の呉須の発色が淡い。肩部に配した如意頭文形の窓部内には菊唐草文と鳳凰文を表す。如意頭形窓部の他に肩部には折枝宝相華文を交互に配する。胴部との区画に巻草文を巡らせ，胴部には牡丹唐草文を配する。胴部下位との境界には巻草文が巡り，その下位には変形蓮弁文の上辺を倒置した形の太線が配され，胴部下位には如意頭文と丸文2つを配した変形蓮弁文が表される。胴部に同一個体の胴部破片が溶着しており，本資料は破砕されてから程なくして，あるいは破片がまとまった状況下で被熱し溶着したと考えられる。

破片17点から構成される36は，文様構成が35と類似するが，如意頭形窓部と交互に配される宝相華文の形状が異なり，呉須の色調も濃く，滲みが強い。

37は肩部破片4点から構成される。頸部周囲に巻草文を巡らせ，如意頭形の窓部を配し，内部は青海波文を充填する。肩部と胴部の境界に菱形繋文を巡らせる。38は胴部下半5点から構成される。変形蓮弁文内部には輪郭を持ち，内側をだみ塗りした太い巻草文を配する。

その他の器種　大壺や梅瓶以外にも，瓶類を中心として仏塔に埋納されたと推定できる元青花が出土している。40は稜花瓶で型押しで頸部と肩部で互い違いの八稜花を成形する。肩部の窓部内にはそれぞれ巻草文が確認できる。41は長頸瓶の肩部で変形蓮弁文が巡る。45は長頸瓶の底部で，型押しで八角に成形された高台部をもつ。46,47は無頸小壺。胴部形態不明。口縁部周囲には巻草文が巡り，肩部には八方を配した変形蓮弁文が巡る。

元青花以外の推定埋納陶磁器　龍泉青磁では，盤1点と大壺1個体が出土する。

タイ出土の元青花

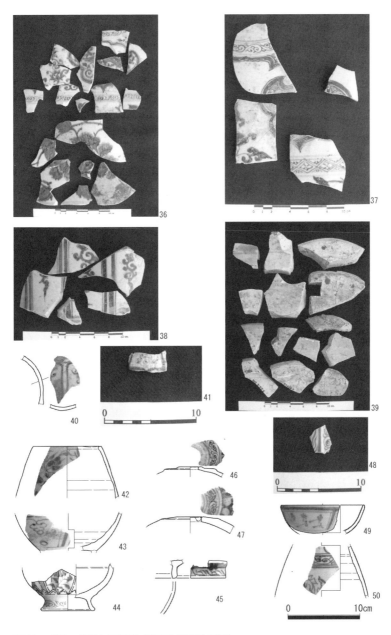

図11 グリッド出土元青花(推定仏塔埋納容器)

盤は内底面を円状に釉剥ぎ。外面全体に石膏が厚く付着する。一方，大壺は肩部や胴部など破片数で28点が出土している。内外器面の釉薬が被熱で激しく泡立ち，ここに元青花大壺あるいは梅瓶の胴部破片が溶着する。胴部には貼付文を表すが意匠不明。胴部下半には蓮弁文を巡らす。この他には磁州窯系鉄絵大壺1個体，シーサッチャナライ無釉脚杯1個体が出土する。

(3) その他の元青花・釉裏紅(図11)

　整備発掘では，埋納の痕跡が見られない元青花と釉裏紅も出土する。49は小皿の口縁部である。太線と細線の組み合わせにより外面胴部を四分割し窓部を形成し，窓部内に漢詩が配されるが，その内容は不明。42は長頸瓶の胴部上位の破片である。器壁は薄く，内面は無釉。胴部には蓮池文が確認できる。43も長頸瓶の胴部下半部破片である。高台部は欠損。外面胴部下半部には変形蓮弁文が巡る。44は長頸瓶の底部破片で，轆轤成形後に型押しにより胴部に縦方向の細かい稜花を形成する。高台は下端部が外側に開き，高台と胴部下位の境界には型押しにより鋸歯状の凸部を形成する。胴部下半部は細かい稜が縦方向に入る。高台外側面には巻草文が巡り，胴部下半部の稜線に沿って形成された窓部内部に折枝菊花文を配する。48は瓶の頸部あるいは水注の注口部と思われる。縦方向に面取りを行い，各面に火焔文と巻草文を配する。50は釉裏紅長頸瓶の肩部破片。胴部には葉文が見え，肩部との境界には巻草文が巡る。頸部には変形蓮弁文を表す。

(4) 埋納された陶磁器の生産地の組み合わせ

　仏塔に埋納されたと推定される48個体の陶磁器のうち中国陶磁器は40個体と大半を占める。また中国陶磁では元青花が18点と最も多く，埋納容器としての壺類10点と容器内に納められた小型容器8点に区分される。このうち元青花の大壺4個体とその蓋2個体，そして梅瓶6個体は，その主文様が梅瓶1点を除き牡丹唐草文であり，器形的特徴も各器種で共通することから，一括で購入された可能性が高い。

　一方，スコータイ近隣の窯場で生産された陶磁器は，シーサッチャナライ陶磁器6点と在地産土器蓋2点である。スコータイでの発掘調査では，地点によ

タイ出土の元青花

1. 元青花広口壺
2. 華南産白磁合子
3. 甫田青釉小皿
4. 甫田青釉小壺
5. 龍泉青磁小杯
6. クメール（ブリラム）黒褐釉小壺
7. クメール（ブリラム）黒褐釉壺
8. 龍泉青磁大壺

図12　スコータイ、プラパーイルアン寺院　伝仏塔内出土陶磁器（1-7）
　　　スコータイ、チャナソンクラーム寺院跡　伝仏塔出土陶磁器（8）

209

り変動があるものの,出土陶磁器の大部分はスコータイ近隣の窯場で生産された陶磁器で占められており,中国陶磁器をはじめとする輸入陶磁器の割合は低い。そのような傾向と比べると,仏塔埋納陶磁器における中国陶磁器の比率の高さは特殊な傾向を示している。

(5)埋納された時期

仏塔内に埋納された時期を考察する際に重要となるのは元青花である。近年,元青花の生産年代については,その下限を明代洪武期にまで引き下げる見解が提出されている(亀井2009)。共に埋納されるシーサッチャナライ陶磁器は無釉陶磁器と初期粗製青磁で構成され,15世紀以降に生産される青磁や青磁鉄絵陶磁器が見られない。以上を踏まえると,仏塔に陶磁器が埋納されたのは14世紀中葉～後葉と考えられる。埋納行為の回数については,出土状況の詳細が不明であり不明である。

(6)タイ国内で出土する元青花

スコータイではラームカムヘーン博物館内の事例の他にも,仏塔内に埋納された元青花が発見されている。スコータイ北方に隣接するプラパイルアン寺院(地図2)では,出土状況不明ながら仏塔内出土とされる元青花広口壺1点と同ミニチュア合子1点がある(図12-1)。このほかに龍泉青磁小杯1点,甫田青釉小皿1点,同小壺1点,白磁合子1点,クメール褐釉小壺1点,同褐釉壺1点,シーサッチャナライ初期粗製青磁壺1点が共に出土している。元青花広口壺(高さ21.3cm,口径16.5cm)は,低く幅の広い高台を有し,胴部下位は窄まり,胴部中位～上位にかけて大きく張る,頸部は短く極僅かに内傾して立ち上がる,口縁端部は肥厚して蓋の接地部が平坦となる。外面頸部には唐草文,肩部には宝相華唐草文,胴部には牡丹唐草文が巡る。胴部下位との境界には銭繋ぎ文を配し,胴部下位には変形蓮弁文を表す。また元青花ではないが,スコータイ中心域チャナソンクラム寺院跡(地図2)の仏塔からは元代龍泉青磁大壺が1点出土している(図12-8)。両寺院ともに出土状況や出土地が明らかではないが,スコータイの仏教寺院において元代青花を含む中国陶磁器が仏塔に埋納されていたことが分かる。

タイ出土の元青花

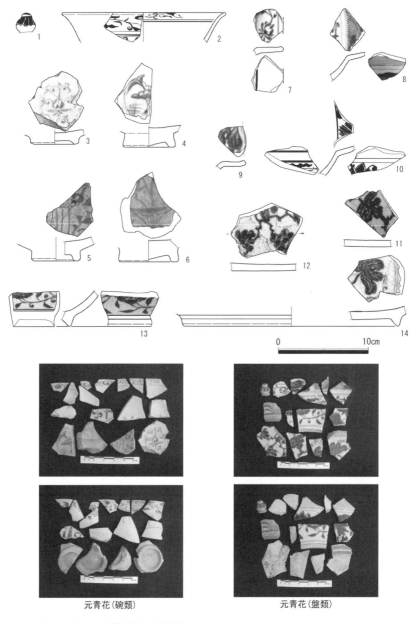

元青花（碗類）　　　　　　　元青花（盤類）

図13　チャン王宮跡出土元青花

スコータイ以外では，タイ中部アユタヤでの元青花の出土例が多い(Chandavij 1994)。アユタヤはプラマハータート寺院では龍泉青磁酒会壺(高さ 28cm)と元青花蓋付八角大壺(高さ 45cm)が出土する。同じくアユタヤのプラシーサンペート寺院では龍泉青磁酒会壺(高さ 17cm)が出土する。またタイ北部でもピン河沿いに立地するランプーンのプラタートハリプンチャイ寺院では出土状況不明ながら，元青花大壺 2 点が伝えられていた(1965 年盗難)。また，チェンマイ南郊のヴィエン・ターカンの中央部の寺院跡の仏塔から元青花大壺(高さ 21cm)が出土している(タイ芸術局 1989)。

仏塔埋納以外でもスコータイでは元代青花が出土している。例えば，ラームカムヘーン国立博物館の西側に隣接するヌーンプラサート遺跡では，出土層不明ながら元青花鉢と見られる破片 4 点が掲載されている(サーイシン 1982)。またスコータイ B 地区第一発掘区(T.P.1 ZONE.B)では，最下層第 7 層から元青花鉢胴部がシーサッチャナライ初期粗製青磁盤と共に出土している(サーイシン 2004)。

スコータイ以外における遺跡出土の元青花の情報は少ない。スコータイの東方約 60km に位置するタイ中北部最大の商業都市ピサヌローク(地図 1)のチャン王宮跡では少量の元青花が出土している。ピサヌロークは，タイを南北に貫くチャオプラヤ水系の一つ，ナーン河岸に立地し，古くから西方スコータイとは陸路で繋がる交通の要衝であった。スコータイ時代の碑文中にも，ムアン・サルアン・ソーンケーウ(ピサヌロークのスコータイ碑文中での呼称)という地名が度々現れ，その政治的重要性が指摘されてきた。

チャン王宮跡はタイ芸術局によって 2003 〜 2006 年の間，3 次にわたり整備発掘調査が行われた。このうち筆者は，2003 〜 2004 年度に行われた第 1 次調査で出土した 40,434 点の陶磁器片の調査を行った。そのうち元青花 41 点を確認できた(図 13)。出土した元青花の器種に注目すると，小碗や盤で占められ，元青花大壺や梅瓶といった大型器物は極少量で，大壺や梅瓶がまとまって出土するスコータイ事例とは異なる傾向である。

4. 元青花の搬入路

仏塔内から元青花が出土した事例は，スコータイを除きチャオプラヤ水系沿

いの都市で占められていることが分かる。石井米雄は，14世紀後半のスコータイ第11碑文に記載されるスコータイの高僧がスリランカへの仏教聖地巡礼を行った際の行程に注目し，スコータイと外域を結ぶルートとして，西方マルタバンを介したベンガル湾へのルート，南方チャオプラヤ水系を経て南シナ海へと通じるルートを提示した(石井1999)。タイ国内での仏塔内出土の元青花(特に大型器物)の分布がチャオプラヤ水系の諸都市であることを踏まえれば，スコータイ中心域の仏塔群に埋納された大量の元代青花は後者のルートを経由してスコータイにもたらされたと推定できる。

おわりに

　スコータイ中心域の仏塔に埋納された陶磁器群を分析すると，そこには多くの中国陶磁器が確認でき，その主体を占めるのが元青花であり，元青花の大壺や梅瓶といった大型器物が仏教儀礼の中で利用されていたことが明らかになった。一方で，ピサヌローク市チャン王宮跡にみられるように，仏教儀礼との関連性が薄い遺跡では，元青花は出土しても小碗や盤が中心で大壺や梅瓶は出土していない。

　インドネシア・トロラン遺跡で大量に出土した元青花についての亀井明徳の研究では，元青花では盤形に次いで罐(大壺)が多く確認され(推定個体数)，ヒンドゥー教を国家編成原理とするマジャパヒト王国では，これらの罐(大壺)が酒以外の液体貯蔵器に利用されたであろうとの見解を示している(亀井2010)。同時期の東南アジアにおいても元青花の機能は，地域毎の文化的背景により異なることがわかる。

注
1) 遺構上と周辺覆土の除去を目的とする発掘調査であり層位的発掘と異なる。

引用文献
Chandavij, Natthapatra 1994 Chinese Ceramics from the Archeological Sites in Thailand, Department of Fine Arts (タイ語 + 英語)
サーイシン, サクチャイ 1982『スコータイ県ムアン郡ムアンカオ地区ヌーンプラサート遺跡試掘調査出土陶磁器の研究』シラパコーン大学大学院考古学部提出修士論文(タイ語)
サーイシン, サクチャイ 2004 Sukhothai Art : A View from Archeological, Art and Epigraph Evidence, シラパ

第 2 部　元青花のアジア流通

　　コーン大学(タイ語)
タイ芸術局 1989『ヴィエン・ターカン 2　遺跡発掘調査及び整備報告』(タイ語)
石井米雄 1999『タイ近世史研究序説』岩波書店
亀井明徳 2010『インドネシア・トローラン遺跡発見陶瓷の研究　—シンガポール大学東南アジア研究
　　室保管資料—』亀井明徳, Miksic, J. 共編著, 専修大学アジア考古学チーム

トロウラン遺跡のベトナム産タイルと元青花の文様

坂井　隆

はじめに

　インドネシア，ジャワJava島東部のトロウランTrowulan遺跡は，13世紀末から16世紀初頭に栄えたヒンドゥ・ジャワ文化最大にして最後の王朝マジャパイトMajapahitの都跡である。この遺跡では大量の陶磁片が出土するが，1920年代の調査開始以来，膨大な元青花片が注目されてきた。同時にそれ以上に特異なものは，青花を主とする大量のベトナム陶磁片である。そしてそこには奇妙なタイルが数多く含まれていた。

　本論ではこのタイルのあり方を形状と描かれた図柄を中心に見て，それをいっしょに出土するベトナム陶磁や元青花との関係から考えみたい。

　主に青花で作られたベトナムタイルは，ほとんどがジャワ島でしか発見されていない。形には六角形や十字形など，中国的な陶磁器ではほとんど確認できないものが含まれ，また大部分は背面に高い突帯(幅1cm高さ2cm以上)を持っている。ジャワでの現存使用例は中部ジャワ北海岸のドゥマッ大モスクThe Great Mosque of Demak (Pl.1)などイスラーム教施設だが，遺跡ではトロウラン遺跡出土片(Pl.2)に限られている。

Pl.1　ドゥマッ大モスク

Pl.2　トロウラン遺跡博物館の陶磁片屋外収蔵所

第2部 元青花のアジア流通

1920年代のトロウランへの学術的な調査の開始より，すでに元青花片がベトナムタイルと共に発見されて一部がジャカルタ国立博物館に収蔵展示されている(Abu1981)。しかし本格的な両者への接近は，半世紀以上経った繭山康彦の研究が最初となった(繭山1977, 85)。また盗掘資料を中心としたものだが，ベトナムタイル自体の検討もジョン・ガイによって継続された(Guy1989ab)。

長年断片的ながら継続されている遺構復元や発掘調査の報告は残念ながら刊行されていない中で，ようやく2007年に発掘調査によって出土した陶磁片の概要図録が，マリー・F・デュポワザとナニッ・ハルカンティニンシによって公刊された(Duppoizat&Naniek2007)。そして近年盗掘資料だがシンガポール大学の一括コレクションになっている元青花とベトナム青花が，亀井明徳とジョン・ミクシックによってまとまって紹介された(亀井・ミクシック2010)[1]。それらによってトロウランは量・質共に東南アジアの元青花出土地で，群を抜いた遺跡として確認できる。

筆者はこれまでベトナムタイル自体のあり方を追求してきた(Sakai2008, 坂井2009, 2010, 2015b)。本稿では併せて近年トロウランで行った陶磁片調査成果の一部も含めて考えてみたい[2]。

1. トロウラン出土タイルの形状

トロウラン遺跡で発見されたタイルは，次のように大別できる。
　A　ベトナム青花・五彩・白釉タイル
　B　磁州窯鉄絵タイル・黒釉タイル(磁州窯?)
　C　砂質青花・淡緑釉・濃緑釉・青釉タイル
まず以上の各種について，ドゥマッ大モスクなどの完存使用例を参考にして述べたい。

圧倒的多数を占めるのがベトナム産タイルで，その大部分は青花タイルである。青花タイルは多彩な形状をとるが，基本的に次のように区分できる(坂井2015b)。

A1 カルトゥーシュ枠形 (Pl.3)：横長の楕円形枠を基本にした形で，両端が稜花形になるものと葵花形になるものに分かれる。全て青花で，蓮華唐草文など

トロウラン遺跡のベトナム産タイルと元青花の文様

Pl.3　カルトゥーシュ枠形

Pl.4　花弁形（葵花形）

Pl.5　花弁形（稜花形）

Pl.6　円形

植物文の他に麒麟のような霊獣を描いたものがある。この形状は金元代磁州窯鉄絵陶枕の主文に近似しており，また元青花の枠文との類似が想定できる。この形状と推定される破片に，トサカの大きな鳥を描いたものがある。他にも魚鱗状の破片なども見られ，全体的に絵画性が明らかな文様が多い。

　A2 花弁形（Pl.4, 5）：四弁の花形だが，稜花形のものと葵花形のものがある。枠形と同様に磁州窯鉄絵陶枕で多用された文様に似ている。稜花形は五彩を含み菊唐草文などの植物文が中心である。葵花形には段十字文の中に5羽の鳥を回転状に配したものを含む。

　A3 円形（Pl.6）：単純な円形である。これも全て青花だが，内反する四分割円弧で区画された変わった文様と唐草文の2種類がある。前者は輪繋文と関連があるかもしれない。また周囲を多数の小さな先の尖った花弁で囲ませた蓮弁形もある。ベトナム青花に多い変形蓮弁文を周辺に配置している。

第2部　元青花のアジア流通

Pl.7　変形十字形　　　　　　　　Pl.8　段十字形

　A4 変形十字形（Pl.7）：楕円形と剣先形を組み合わせた十字形で，トロウランとドゥマッ以外にクドゥス Kudus のミナレットモスク The Minaret Mosque にもある。全て青花で，牡丹唐草文などの植物文が描かれている。
　如意頭形あるいはロータス形を先端にする十字形からの発展と思われる。
　A5 段十字形（Pl.8）：十字形の間に1段から3段までの小さな段を持つもので，2段が最も多い。ほとんどが青花だが一部五彩のものがある。文様は段数によって異なり，2段は菱形内に鳳凰文や折枝鳥文が描かれているものが目立つが，牡丹文もある。また玉取獅子文も1例ドゥマッにある。
　一方，3段は中央の円内に螺旋唐草があり，十字先端部にはパルメット状の三葉文が描かれている。また3段の上下十字先端部をはずした特異な形で，中央に内反四分割円弧の円文を配したものが，ドゥマッのミフラブ内に1点ある。1段はいずれも牡丹唐草文が描かれている。トロウランでは，矢羽根状の先端を持つ破片も存在している。
　基本的に典型的なイスラーム文様に影響を受けた形状である。
　A6 剣先円形（Pl.9）：トロウランのみで確認できる特異な形状である。中央に両端を内側に巻いた三角形状の剣先形があり，両側にやはり先端を内側に巻いた大きな翼状の部分がある。そして周縁を段状にした大きな円盤が下位に接合される。渦状部分には簡単な唐草文が青花で描かれている。尖頭形内にワラビ手状渦巻き文が，左右対称に描かれたものが1点ある。如意頭形からの形状と考えられる。円形に接続する剣先形は4個かもしれない。
　A7 長方形：トロウランのみで確認できる白釉で，共に表面に陽刻レリーフがなされている。尖頭花弁形が描かれ，内部は唐草状である。この形状の裏面

トロウラン遺跡のベトナム産タイルと元青花の文様

Pl. 9　剣先円形　　　　Pl. 10　凸形

Pl. 11　六角形　　　　Pl. 12　長方形（黒釉）

は低い1cm以下の突帯しかない。

　A8 凸形(Pl.10)：トロウランのみで確認できる破片で、全体形状は不明だが段十字に似て片側のみが突出する凸形と考えられる。青花で花唐草文・如意頭文・葵花形枠などが描かれている。

　A9 六角形(Pl.11)：トロウランのみで確認できる正六角形をした破片で、青花で先端をパルメット状三葉文とする六角状楕円連続文などが描かれている。その他に二重線を絡ませた幾何学文がある。

　A10 剣先形状：トロウランのみで確認できる鋭角三角形形状のもので、淡緑釉がかけられる。裏面の低い突帯は次の磁州窯鉄絵の同形のものに似ており、ベトナム産ではない可能性もある。

　以上のように五彩は花弁形と段十字形のみに、白釉は長方形のみに見られ、その他は全て青花である。

　次に磁州窯タイルを見ると、基本的に次の2形状しかない。

第2部　元青花のアジア流通

Pl. 13　磁州窯鉄絵長方形

Pl. 14　磁州窯鉄絵三角形状

Pl. 15　砂質葵花形状

Pl. 16　砂質菱花形

　B1 長方形(Pl.12,13)：鉄絵はクドゥスとトロウランにあり，周縁の雷文帯の中に白抜きを基調とする花弁が描かれるものと，周縁が白抜き連続菱形文あるいは白抜き唐草文で内部は方形区画線内の唐草文になっているものがある。裏側端部に突帯がある。黒釉はトロウランのみで確認できる。表面に陽刻レリーフがなされている。この形状の裏面は平坦で突帯がない。

　B2 三角形状(Pl.14)：鋭角の破片がトロウランでのみ見られる。鉄釉白抜きで唐草文が周縁に巡っている。全体の形状は復元できないが，いずれも低い突帯が裏面端部に見える。

　砂質タイルは出土量が少なく，形状が判明できるのは次のものだけである。

　C1 六角形：濃緑釉のものがあり，ベトナム青花タイルと似た高さ1cm以上の突帯が裏に見られる。

　C2 三角形状：淡緑釉がかけられ，5mmほどの浅い突帯が裏にある。菱形の可能性もある。

C3 長方形:ペルシャンブルーに近い青釉のものがあり、5mmほどの浅い突帯が裏に見られる。

C4 葵花形状(Pl.15):線状唐草文と花唐草文が描かれる。高さ5mmほどの突帯が裏に貼り付けられている。透明釉はやや青みがかっている。

C5 稜花形(Pl.16):左右対称で渦巻く厚い唐草文を水平線の上に描いている。ベトナム青花の剣先円形に似た印象の文様である。高い突帯が裏面にある。

今後、さらに新しい形状が確認される可能性はある。インドネシア国外のトロウラン出土とされる資料には、全く異なった形状はほとんど見られない。

2. ベトナム青花タイルの文様

次にベトナム青花タイルの文様を、区分してみよう。

数が最も多いドゥマッ合計65点は、主文様を植物文38点、動物文22点、そして幾何学文5点と分けることができる。

植物文は、菊唐草文2、蓮華唐草文3、睡蓮唐草文2、牡丹・牡丹唐草文12、薔薇・薔薇唐草文3、花唐草文6、葉唐草文6、円文内花文4である。

最大をなすのが牡丹文と牡丹唐草文で、カルトゥーシュ枠形や変形十字形では主花と4から6の副花が結合された唐草文をなし、段十字形では主花のみとなっている。良く似ているのが薔薇文・薔薇唐草文で、変形十字形では唐草文、段十字形では単独の薔薇文となっている。牡丹は葉が4頂点を持つ三角形状で塗りつぶされる(唐草A-Pl.17)に対して、薔薇は頂点を持たずに葉脈が白抜きされている(唐草B-Pl.18)描き方で区別される。花唐草文はいずれも1450年紀年のトプカプコレクション青花天球瓶にも見られる唐草Aで、カルトゥーシュ枠形では牡丹風、変形十字形では蓮華風に描かれている。

Pl.17 唐草A

Pl.18 唐草B

Pl.19 唐草C

蓮華唐草文は枠形で唐草Bの葉を持つが、睡蓮唐草文は花弁形に唐草Aと細い葉が全て太線と細線の二重で描かれる唐草(唐草C-Pl.19)に分かれる。菊唐草文は、花弁形では唐草Cで描かれたものと、変形十字形(唐草種類不明)に現されたものがある。葉唐草文は横長の6花弁形に左右対称の葉のみの唐草を配したもので、唐草Aによるものが2点、唐草Cによるものが4点見られる。円内花文は8花弁形での正円内に、蕾を多く持つ花文を描いたものである。正円線の外側には如意頭状の渦文と両側に広がる雲文を、交互に4個配している。

動物文は菱形内鳥文11・円内鳥回転文6・霊獣文4・玉取獅子文1がある。全体に鳥文が大半を占めていることに注意したい。菱形内鳥文は絵画的な1羽だけだが、円内鳥回転文では図案化した5羽が描かれている。

幾何学文は、渦巻き円文3・輪繋文2がある。

一方トロウラン出土ベトナム産タイル片56片(青花55・白釉1)は、次のように文様を区分することができる。

 植物文20片：菊・菊唐草文3,牡丹唐草文6,花唐草文6,蓮・蓮弁文2,
  球根文2,渦巻き葉文1
 動物文2片：花喰い鳥文1,霊獣？文1
 幾何学文8片：輪繋文2,六角形文1,菱形文5
 副文のみ21片：葉唐草5文,唐草文12,雲文3,花弁文1
 不明5片

以上のベトナム産タイルの文様を整理すると、次のような特徴が見られる。

1 植物文が多いが、動物文や幾何学文が一定の割合で存在する。
2 植物文は花唐草文が中心で、主文の花は牡丹(牡丹・薔薇)そして蓮系(蓮華・睡蓮)が多い。
3 唐草文は3種に分かれ、同一タイルでは基本的に共存しない。
4 植物文には、8弁花形の円内花文など幾何学文要素を含むものがある。
5 動物文は段十字形の菱形内鳥文と枠形の霊獣文が中心で、いずれも絵画的な表現である。
6 鳥は鳳凰、霊獣は麒麟が本来の文様だが、個別には変化状態が大きい。
7 動物文の中には、4弁花形の円内鳥回転文など幾何学文要素を含むものがある。

8 幾何学文にも花唐草文や忍冬文のような植物系要素が含まれている。
9 トロウランのみで確認できる植物文は,蓮弁文・球根文・渦巻き葉文である。
10 トロウランのみで確認できる幾何学文は,六角形文である。

現存使用例がいずれもモスクなどのイスラーム教施設であるにも関わらず,動物文が多いことに大きな印象がある。またトロウラン出土破片を中心に,文様の要素としては幾何学的なものの多用が目立っている。

3. インドネシア発見ベトナム陶器の文様

トロウランでの2013年調査で判明したベトナム産陶器は,9–12世紀6,13世紀35,14世紀397(鉄絵63%),15世紀1,626(青花非タイル94%)の推定個体数(底部片の集計)を数える(坂井・大橋2014)。

この調査成果全体についてはまだ未整理だが,代表的な青花には次のようなものがあった。

> 略描唐草文碗,略描「福」字碗,花卉文碗,唐草文大皿,水草文大皿,魚水藻文大皿,唐花文大皿(Pl.20),樹鳥文大皿,捻花文器台,牡丹唐草文大壺,雲竜文大壺,窓絵梅竹文大壺,魚藻文大壺,竜文大壺,獅子文大壺,如意頭文壺,蓮葉文壺蓋,波涛文壺蓋,蟹形合子,亀形合子,柿蔕つまみ合子,麒麟鹿文窓絵蓋物蓋(Pl.21),如意頭文玉壺春形瓶,竜文水注,花唐草文クンディ水注

以上の限定された資料では,タイル図柄と似たものは多くない。しかし如意

Pl.20 唐花文大皿

Pl.21 麒麟鹿文窓絵蓋物蓋

頭文とも関係するような唐花文は剣先円形タイルに似た印象があり，蓋物蓋に描かれた麒麟鹿文はカルトゥーシュ枠型タイルに描かれた霊獣に酷似している。

デュポワザ・ナニッの図録(Duppoizat-Naniek2007)にトロウラン出土ベトナム陶器[3]として掲載された破片は，次のとおりである。

　　青磁4（鉄斑青磁含む），褐釉1，鉄絵5：略描草花文5・鳥文1

　　鉄釉白花3：花文

　　青花38：略描草花文3・略描菊唐草文1・花文18・略描蓮弁文2・菊花文
　　　　1・幾何学状花文1・花唐草文3・菊唐草文1・山水文1・蕉葉文1・蓮
　　　　華文2・葉文1・牡丹文1・鳥文1・不明1

　　五彩2：花文1・蓮弁区画文1

　　陶製置物15：青磁1・青花7・白釉1・白釉褐彩6

その他にジャカルタ国立博物館にはトロウラン出土陶磁片がタイル片と共に寄贈されている。文様がある破片では9片の青花が展示されている。

それらを見ると，タイルと似た文様は次のものがある。

　　牡丹文：大皿底部片，壺肩部片

　　宝相華唐草文：壺胴部片(唐草C)

　　如意頭文：合子蓋，皿底部片

またトロウラン発見とされるシンガポール大学コレクションのベトナム陶器は，亀井によると次のような文様に区分できる[4]。

　　植物文：牡丹唐草文14，宝相華唐草文11，菊唐草文3，花唐草文1，花卉
　　　　文3，菊花文1，宝相華文1，蓮華文1，蓮弁文9，水草文2

　　動物文：雲竜唐草文1，竜文2，蓮池魚藻文2，魚藻文1，鳳凰文3

　　幾何学文：如意頭文3，開光文6，輪繋文1

一方，全てインドネシア内で発見されたとされるジャカルタ国立博物館のデ・フリーネス De Flines コレクションにベトナム陶磁が含まれている。公刊図録(Abu 1981)に掲載された写真よりタイル文様と関連する文様を探すと，次のものを見ることができる(数字は図録掲載番号)。

　　植物文

　　牡丹唐草文：青花扁壺(49)，青花大皿(50)，青花壺(287)，五彩大皿(298)

　　蓮華唐草文：青花大皿(46)，五彩大皿(298)

宝相華唐草文：青花大壺(48)，青花瓶(285)，青花壺(286)，青花合子(301)
花唐草文：青花大壺(47)，青花大壺(48)，青花大皿(51)，青花大皿(93)，青花瓶(288)，青花クンディ (292)，青花碗(293)，青花大皿(295)，青花大皿(296)，青花杯(304)

動物文
鳳凰文：青花大壺(47)　　霊獣文：青花大壺(48)

幾何学文
如意頭文：青花大壺(47)，青花大皿(51)，青花壺(286)
亀甲繋文：青花大皿(51)

以上によりインドネシア発見のベトナム陶磁の文様には，牡丹・宝相華・花唐草文などタイルの文様と共通する植物文が多いことが分かる。また幾何学文では如意頭文・輪繋文の共通頻度が比較的高い。

4. トロウランの元青花

トロウランでは9世紀から舶載陶磁器が持ち込まれているが，元青花とそれに関連するものについて2012・13年調査による概要は次のとおりである(坂井・大橋2014)。

景徳鎮製品は14世紀前半代の推定個体数を見ると，青花178，釉裏紅6，白磁47，青白磁31を数え，後半では青花179，釉裏紅1，瑠璃釉2，白磁32，青白磁9となる。まず13世紀末から14世紀前半のビーズ繋ぎ線をもつ景徳鎮青白磁は，玉壺春や高足杯の破片などがある。

14世紀後半の青花では碗が56％と過半数だが，それは略描草花文が大多数で一部が蓮池水禽文である。残りの皿とその他の器種は至正様式で，主なもの

Pl.22　釉裏紅青花蓋付壺片

Pl.23　青花双耳大壺片

Pl.24　青花八角面取り瓶片

としては青花で白抜き鳳凰唐草文大皿，鳥文片口，蓮弁文八角壺蓋，麒麟文丸形壺蓋，葉脈文蓮葉形壺蓋，ビーズ線繋ぎ角形瓶，鯱状大壺耳，鳳凰柳文扁壺，八角大型瓶，釉裏紅では玉壺春形瓶，器台などがある。中でもビーズ繋ぎ透かし彫りの青花釉裏紅大壺片(Pl.22)，盤口形口縁の双耳大壺片(Pl.23)，八角面取り瓶(Pl.24)など優品も多く出土している[5]。

また以前に公刊された成果からは，次の点が指摘できる。

デュポワザ・ナニッの図録には41点の景徳鎮陶磁があるが，35点が文様のある青花または釉裏紅である。図録著者たちは，25点を元代としている。

それらは，次のような形態である。

　瓶4・蓋1・小壺1・鉢4・碗11・皿3・不明1

文様を分けると，次のようになる。

　植物文21（瓶4・蓋1・小壺1・鉢4・碗9・皿2）

　蕉葉文2，菊唐草文3，宝相華唐草文2（副文が白抜き牡丹唐草文1），変形蓮弁文2，蓮池文4（副文が白抜き牡丹唐草文1），略描草花文8

　動物文3（碗2・皿1）

　蓮池鴛鴦文1，宝珠文（竜文の一部？）2

　不明1（変形蓮弁文）

全体では植物文のものが圧倒的に多い。しかも至正様式とは異なる略描草花文の碗が3分の1程度で，それはデリーDelhiのフェローズ・シャーFeroz Shah宮殿跡出土のもの（Smart1978, 三杉1986）と同類である。それだけでなく明らかな至正様式である蓮池文・変形蓮弁文・蓮池鴛鴦文が存在する事実は重要である。掲載写真がどのくらい出土量全体を反映しているかは不明だが，略描様式と至正様式が混在する組み合わせは，上記2012年調査成果ならびにフェローズ・シャー宮殿跡と基本的に同じと言える。

ジャカルタ国立博物館には，7片のトロウラン出土大皿片(Pl.25)が展示されている。いずれも至正様式で，文様は次のように区分できる。

　植物文4：菊唐草文1，蓮池文3

　動物文2：竜文1，麒麟文1

　幾何学文1：如意頭植物文（白抜き）

また2012年調査成果では14世紀前半頃の釉裏紅如意頭文壺片(Pl.26)が確認

Pl.25 元青花片　　　　Pl.26 元釉裏紅壺片　　　　Pl.27 明釉裏紅玉壺春

でき，さらに時期的に下るほぼ完存の釉裏紅菊唐草文玉壺春形瓶がトロウラン遺跡博物館に展示されている(Pl.27)が，これは略描の文様である[6]。

なおシンガポール大学コレクションのトロウラン出土とされる破片は亀井らによって次のように区分されている[7]。

 植物文：牡丹唐草文 58, 宝相華唐草文 26, 菊唐草文 28, 葡萄蔓草文 1, 花唐草文 11, 花卉唐草文 10, 鉄線唐草文 2, 葡萄文 1, 巻草文 15, 花卉文 6, 菊花文 2, 牡丹文 11, 松竹梅文 2, 宝相華文 4, 蓮葉文 6, 菊蓮弁文 1, 蓮葉花卉文 1, 院苑花果文 9, 蓮弁文 3, 山水文 1, 略描花卉唐草文 1

 動物文：雲竜文 10, 騎馬人物文 1, 人物文 2, 蓮池文 11, 蓮池鴛鴦文 2, 蓮池鷺水鳥文 1, 蓮池水禽文 2, 孔雀文 3, 鳥文 1, 花鳥文 1, 魚藻文 4, 鳳凰文 5, 鳳凰唐草文 1, 霊獣文 1, 院苑霊獣文 1

 幾何学文：如意頭文 8, 開光文 4, 丸文 3, 輪繋文 2, その他幾何学文 7

他に 14-15 世紀にはマジャパイトの影響下にあったシンガポールでは，エムペレス・プレース Empress Place やフォート・キャニング Fort Canning などでの発掘で元青花片が出土している(Miksic&Low2004)。略描草花文碗もあるが，蓮池文玉壺春形瓶や変形蓮弁文壺蓋などが見られる。

以上のようにトロウラン出土元青花資料には，明らかに至正様式と略描様式の混在状態が存在する[8]。これはすでに繭山康彦が指摘しているように（繭山 1985），至正様式のみのタイのアユタヤや略描様式のみの大部分の東南アジアの遺跡とは極めて異なった状況である。1354～98 年に限定されるフェローズ・シャー宮殿との共通性は，トロウランへの元青花の搬入時期を指している可能性がある。2012・13 年調査成果では，14 世紀後半から 15 世紀初頭の陶磁

片に二次焼成痕が多く見られ，それは鄭和来航時に記録された内乱との関係も想定されている(坂井・大橋 2014, 39 頁)。

また至正様式の主文様に少なからず動物文や幾何学文があり，そこには霊獣文・鳳凰文・如意頭文・輪繋文などベトナム産タイルの文様と関連ある文様が見られることも注意する必要がある。

5. ジャワ発見ベトナム産タイルの特徴

青花・五彩ベトナムタイルの文様は，牡丹唐草文や唐草 C など多くがベトナム陶器に類例がある。それはクーラオ・チャム Cu Lao Cham 沖(ホイアン Hoi An 沖)沈没船引揚げ資料と似たものもあり，その年代が下限と考えられる。現在，ベトナム産タイルの形状及び文様の祖形を検討すると，次のようにまとめることができる。

　　A ベトナム陶器・磁州窯鉄絵・元青花に類似
　　　【形状】カルトゥーシュ枠型，花弁形，稜花形，剣先円形
　　　【文様】植物文の大部分，鳥文，霊獣文，玉取り獅子文，輪繋文
　　B イスラームタイルや建築装飾に類似
　　　【形状】段十字形，変形十字形，六角形
　　　【文様】六角形幾何学文，渦巻き文，四分割円文
　　C 不明
　　　【形状】凸形
　　　【文様】円内鳥回転文，円内花文，菱形内鳥文，渦巻き葉文，球根文

A と B では共通する形状や文様も存在しているため，現状ではどちらとも判別できないものが含まれる。植物系唐草文(牡丹・宝相華・蓮華)・飛鳥文(鳳凰・花喰鳥)・霊獣文・如意頭文は同時期のベトナム陶器に多くの類例があるが，その祖形は至正様式元青花から出発していると考えるのが自然である。

現在のトロウラン資料では，タイルと同時期のベトナム青花(唐草 A と C 共伴)がある。またトロウランの外港とも言えるトゥバン Tuban 沖引揚げ陶磁器では，14 世紀前半の略描草花文のベトナム鉄絵が発見され(三杉 1986)，それはトロウランへも運ばれている。しかしジャカルタ国立博物館収蔵品には，元青花模倣

様式ベトナム青花（唐草Aのみ）も存在する。それらはマジャパイトの影響下で運ばれたと考えられ，同様の資料は将来トロウランでも確認される可能性は高い。

　トロウランには，10世紀と考えられる鉄釉碗や白濁釉皿以降，13世紀までに白磁や青磁を含む多彩なベトナム陶器がすでに搬入されている（坂井・大橋2014）。そのような中で各種タイルも運ばれた。

　全体の特徴から，トロウランのタイルは次のような時期区分が想定できる。

　嵌め込み用の突帯を持たない中国産（磁州窯）の方形鉄釉が最も古く，14世紀代にはもたらされていただろう。これは，特定建物の床を飾ったと思われる。そして次にペルシャンブルーの方形や淡緑釉の三角形（菱形？）などの低い突帯タイル，そして高い突帯のある稜花形などの高い突帯タイルが西方イスラーム地域より輸入される。後者は形状から壁の装飾と思われる。その発注には，14世紀後半にはトロウランに居住していたムスリムが関与した可能性が考えられる。

　この壁用の高い突帯タイルをモデルにして，まず磁州窯に注文がなされて方形鉄絵タイルが運ばれている。次にトロウランから特注されたのが，北部ベトナムの青花（後に五彩）タイルである。このタイルは文様及び形状が単体で収束することが大きな特徴であり，そこにはイラン北西部で顕著な非連続文様タイル装飾[9]の影響を何らかの形で受けたと思われる。この使用法の年代から見ても，製作年代は15世紀前半から中葉と考えるのが妥当である。略描文様表現のものはクーラオ・チャム沖沈没船との類似性が高いため，15世紀後半頃がより的確な製作時期であろう。

6. ベトナム産タイルと元青花の関係

　ドゥマッ大モスクには動物文タイルが数多く見られ，全体の3分の1に達する。現在インドネシアのムスリムの主流スンニー派はもちろんシーア派の場合でも，モスクを飾るタイルに動物を用いることは避けられている。なぜドゥマッの場合それが見られるのか。

　イスラーム伝来初期の現象として，教義理解が不十分であったことがまず考

えられる。しかしそれだけでなく，トロウランではイスラーム系タイル輸入時期前後に元青花の搬入が併行していたことが重要だろう。

元青花は，西方イスラーム社会との緊密な関係の中で中国景徳鎮において誕生した。しかしその分布状況を見ると，大皿を中心とする典型的な至正様式の大型製品は西方イスラーム社会への供給を大きな目的としている。そしてトプカプ宮殿，アルダビールのサフィー Safi 廟，デリーのフェローズ・シャー宮殿という強大なイスラーム王朝中枢と密接な関係のあるコレクション・出土品には，かなり高い割合で鳳凰文や霊獣文などの動物文が存在している。

鳳凰類似の飛鳥や麒麟類似の霊獣は，すでに 13 世紀後半のイル・ハーン朝(当時のハーンは非ムスリム)離宮タフテ・ソレイマーン Takht-e Soleiman の例からも，西方イスラーム社会に中国陶磁の重要な文様として少なくとも世俗支配者の宮殿では歓迎されていた。そしてベトナム産タイルは，まずヒンドゥのマジャパイト王宮に輸入されたものだった。

トロウランから遠くない 14-15 世紀代に建立された東部ジャワ・ブリタール Blitar のパナタラン Panataran ヒンドゥ寺院本殿には，霊獣文とかなり似た動物文レリーフが少なからず見られる。その中にはベトナムタイルの霊獣文に大部近いものがある(Pl.28)。これは唐草文 C に似た唐草が描かれていることからも，タイルの時期に極めて近いことが分かる。このようなヒンドゥ寺院を飾った意匠が，ほとんどそ

Pl.28 パナタラン寺院レリーフ

のままドゥマッ大モスクにも使用されることになった。この疾駆する動物唐草文の祖形はヒンドゥ教芸術とは結びつけにくく，むしろトプカプなどに残る元青花の麒麟文であると考えるのは決して突飛な発想ではないだろう。上述のようにトロウラン出土と推定されるシンガポール大学コレクションには，院苑霊獣文の破片が確認されている。

教義未熟とマジャパイト王宮からの転用が，ジャワのモスクにおける動物文装飾の使用を可能にした。この点について，王国自体はヒンドゥ教を中心原理としたものの，トロウランにはすでに 14 世紀後半に一定度のムスリムが居住していたこと，そしてドゥマッなど 15 世紀に新しく勃興したイスラーム港市国家もマジャパイト王家との関連性を強調していたことは無視できない 10)。

14・15世紀のトロウランはヒンドゥ社会からイスラーム社会への移行の過渡的様相を示しており，ムスリムである鄭和の毎回の「爪哇」寄港理由もそこにあった可能性が想定できる。それに引き続く1430-42年にかけての琉球船の5回の来航も，また関係しているかもしれない[11]。

また同時に元青花の持つ特別な役割にも注意を払う必要がある。元青花，特に輸出された至正様式の大型製品の文様の多くは，イスラーム社会の好みに応じて生産輸出されていた。それは如意頭文などの個別幾何学文の使用に限らず，表面全体を文様で覆いつくすような美観自体が中国の伝統とは大きく異なっていたことは明らかである。元青花はモンゴル帝国とその影響下にあるアジア各地域で，標準的な高級陶磁器として利用されることになった。

そのため北部ベトナムは至正様式以後もそのコピーもしくは大きく影響を受けた青花の生産に励み，アルダビールやトプカプに少量見られるベトナム青花は，恐らく元青花の類品として混入したはずである。実際にフィリピンのパンダナン Pandanan 沖沈没船やほとんどの遺跡での出土状態のように，15世紀にはベトナム青花は元青花と共に運ばれていた。そのような中で，動物文タイルのジャワ初期モスクでの使用も起きえたと言える。

おわりに

ベトナム青花陶器と深い関係のある元の青花磁器はトロウランでは至正様式と略描様式の両種類が大量に出土しており，デリーのフェローズ・シャー宮殿跡と共通している。フェローズ・シャー宮殿出土の元青花の搬入ルートは，南インドのタミール Tamil 地方海岸部ペリヤパッティナム Periyapattinam での出土 (Karashima2004) より海上ルートと考えるのが妥当である。また西アジアの遺跡出土のベトナム陶磁片には，元青花と似た文様のものと，独自の発達を遂げたものの2種類があることにも注意を要する (矢島 1999・2001)。

それらを踏まえれば至正様式の元青花磁器の流通ルートは，トロウランとフェローズ・シャー宮殿跡での出土資料から次のように考えられる。

　　　元→マジャパイト朝 (トロウラン)→トゥグルク Tughlaq 朝 (デリー)

マジャパイトの成立は，1293年の元軍のジャワ攻撃と関係している。初代

第 2 部　元青花のアジア流通

王クルタラジャサ Kertarajasa が元軍来寇を契機に建国したとされるが，元軍と敵対したのはクルタラジャサのライバルのクディリ Kediri 王だった。そしてマジャパイトは元とは友好関係を持っており 1332 年まで 4 年弱に 1 回の使節を派遣している (青山 2001)。14 世紀前半にたびたび行われた元とイル・ハーン朝との交流は，この地域を必ず通ったはずである。そしてインドのトゥグルク朝も，その交流線上に位置している。

至正様式元青花以外にも 14 世紀前半の青白磁があり，また 14 世紀代の龍泉窯青磁の優品が大量にトロウランには運ばれている。それは何よりもモンゴル帝国の世界戦略にマジャパイトが入っていたことを意味しているだろう。

亀井明徳は，至正様式青花は永楽期前半まで生産されていたが，最初のマジャパイト到着が 1430 (宣徳 5) 年である琉球船が運んだ可能性を否定している。そして鄭和の到来こそが，至正様式元青花が運ばれた機会だったと考えている (亀井・ミクシック 2010)[12]。

トロウランでは，ベトナム陶磁の発見はかなり多い。前述のようにベトナム陶磁は中国陶磁と同様にマジャパイト成立のはるか以前からもたらされているが，特に 14 世紀代には急増し後半には全体の 3 割を占めるまでになる。それこそが 15 世紀代のタイルを含む青花の膨大な搬入になった最大の理由であると考えると，鉄絵などのベトナム陶磁は元青花と共にもたらされ，鄭和以後の明の外交政策転換によってベトナム青花におきかわったと見える。つまりモンゴル帝国により達成された陶磁貿易の急拡大の中で，元青花とベトナム青花はトロウランを経ることで同じ役割を果たしたのではないか。

そのためチャンパにいたムスリム[13]の情報を得ながら，北部ベトナムの陶工たちは元青花磁器の伝統を基本にして動物文などを組み込む状態でタイルの特別注文に応じたと思われる。そこでは元青花磁器自体が持つイスラーム的な感覚と，ジャワ初期ムスリムの注文への答えが重なって製作された。

つまりトロウラン出土やドゥマッなどジャワに残るベトナム産タイルは，元青花の流通に象徴されるモンゴル帝国以降のイスラームを軸とする海上交流の活発化によって生み出されたと言うことができるだろう。

(本稿は坂井 2010 を大きく改変加筆したものである。)

注
1) これは量的にまとまっており，また全点カラー写真が掲載されているため極めて価値が高い。しかし残念ながら出土状況の確認が不可能な盗掘資料であるため，トロウラン遺跡自体を語るためには限界を持っている。報告点数が限られているが，その点で確実なトロウラン出土陶磁片の報告である Duppoizat & Naniek2007 は有意義である。
2) 2012・13年に1,731種類(7,557推定個体)を対象として実施した。約15％の重要陶磁片について概要報告した(坂井・大橋2014)。
3) これはインドネシア国立考古学研究センターの調査成果に基づいている。
4) 個別の主文様を亀井らの分類より区分した数値(亀井・ミクシック2010，424-511頁)。
5) 2012年のトロウラン遺跡博物館収蔵破片の調査による(坂井・大橋2014)。この調査での14世紀の中国陶磁片は総数2,504推定個体で，景徳鎮製品以外は龍泉窯青磁332，福建その他青白磁92，福建その他白磁1,425，磁州窯鉄絵70，同翡翠釉8，徳化窯白磁2となる(除く褐釉陶器)。
6) 亀井は British Museum の類品を提示しながら，洪武期以降と考えている(亀井・ミクシック2010，25頁)。
7) 前掲注4)と同様に個別の主文様を亀井らの分類により区分した数値(亀井・ミクシック2010，30-423頁)。
8) 残念ながら亀井・ミクシック2010で紹介されたシンガポール大学所蔵の膨大な破片は，ほとんど至正様式のものばかりである。これが推定されるようなトロウラン出土のものなら，亀井も指摘しているように意図的に選ばれたコレクションと言える。なお2012・13年の陶磁片調査では179推定個体数の14世紀後半の青花を確認したが，うち100個体は前述のように略描様式を中心とする碗類だった(坂井・大橋2014, 42頁)。実際の出土量は略描様式が半数以上を占めている。
9) 無地のレンガ壁面に一定の文様単位ごとに施釉タイルを配置した方法。タブリーズ Tabriz のブルーモスク The Blue Mosque などに見られる(坂井2011)。
10) トロウラン南部のトロロヨ Troloyo には1368年の紀年銘を持つムスリム墓地があり，また中心部のスガラン Segaran 池の北東には1448年の銘が記された「チャンパ王女の墓」と伝えられるイスラーム墓がある。
11) 『歴代宝案』によれば，琉球船の東南アジア群島部での渡航地は，ジャワ(マジャパイトの港であるグレシッ Gresik またはトゥバン)の他は，マラッカ・旧港(パレンバン Palembang)・スマトラ(サムデラ・パサイ Samdera Pasai)とパッタニー Pattani である(高良1998)。いずれもイスラーム君主を頂くかムスリムが多い港市である。
12) 亀井は至正様式の実際の生産年代を至正年代に限らず広く考えており，考古資料のあり方を見ると魅力的な発想と言える。ただ確実に14世紀後半に限定されるフェローズ・シャー宮殿については言及していない。

13) チャンパはヒンドゥ王国だが，すでに11世紀にはムスリムが居住しており，鄭和の毎回の航海では常に最初の寄港地だった。ジャワには，初期イスラーム布教者はチャンパに居住していた北西インドのグジャラート人だったとの伝承が残っている。

参考文献

青山　亨 2001「シンガサリ・マジャパイト王国」『岩波講座　東南アジア史2　東南アジア古代国家の成立と展開』
亀井明徳，ジョン・ミクシック 2010『インドネシア・トロウラン遺跡発見陶瓷の研究―シンガポール大学東南アジア研究室保管資料―』専修大学アジア考古学チーム
坂井　隆 2009「インドネシア，トロウラン遺跡とベトナムタイル」『金沢大学考古学紀要』30
坂井　隆 2010「ジャワ発見のベトナム産タイルの図柄について―イスラーム文化との交流をめぐって―」『東洋史研究』69-3
坂井　隆 2011「スポット式施釉タイル壁面装飾」『佐々木達夫教授退官記念論文集　考古学と陶磁史学』金沢大学考古学研究室
坂井　隆 2015「討論：14・15世紀のベトナム陶磁の輸出」『昭和女子大学国際文化研究所紀要 Vol.21　14・15世紀海域アジアにおけるベトナム陶磁の動き―ベトナム・琉球・マジャパヒト―』
坂井　隆 2015b「インドネシア，トロウラン遺跡出土のタイル」『東洋陶磁』44
坂井　隆・大橋康二 2014『インドネシア，トロウラン遺跡出土の陶磁器』上智大学アジア文化研究所
佐々木達夫 2006「ジュルファール出土陶磁器の重量」『金沢大学文学論集，史学・考古学・地理学編』
高良倉吉 1998『アジアのなかの琉球王国』吉川弘文館
繭山康彦 1977「デマク回教寺院の安南青花陶磚について」『東洋陶磁』4
繭山康彦 1985「マジャパヒト王都址出土の元代青花磁片」『元の染付展―14世紀の景徳鎮窯―』大阪市立東洋陶磁美術館
三杉隆敏 1986『世界の染付6 陶磁片』同朋舎出版
矢島律子 1999「ベトナム青花の変遷―文様を中心に―」『東洋陶磁』28
矢島律子 2001「ベトナム青花について」『ベトナム青花―大越の至上の華―』町田市立博物館
Abu Ridho 1981 The National Museum, Jakarta. *The Oriental Ceramics vol.3*. Kodansha: Tokyo.
Duppoizat, Marie-France & Naniek Harkantiningsih 2007 *Catalogue of the Chinese Style Ceramics of Majapahit, Tentative Inventory*. Cahier d'Archiple 36 Association Archipel: Paris
Guy, John 1989a The Vietnamese Wall Tiles of Majapahit'. *Transactions of the Oriental Ceramics Society*. 53(1988-89)
Guy, John 1989b *Ceramic Tradition of South-East Asia*. Oxford University Press: Singapore.
Karashima N. ed. 2004 *In Search of Chinese Ceramic-shards in South India and Sri Lanka*. Taisho University Press
Miksic, J.M. & Low mei Gek, Cheryi-Ann ed.2004 *Early Singapore 1300s-1989*. Singapore History Museum
Sakai, Takashi 2008 Preliminary Study of Vietnamese Decorated Tiles Found in Java, Indonesia (1). *Taida Journal of Art History* 25
Smart, Ellen S. 1978 Fourteenth Century Chinese porcelain from a Tughlaq Palace in Delhi. *Transaction of the Oriental Ceramic Society* 41 (1975-77)

写真ソース
Pl.6: 繭山1977　Pl.19, 28: Duppoizat&Naniek2007　Pl.23, 24: アジア文化財協力協会　以上の他は筆者が撮影

西アジアに流通した元青花

佐々木花江・佐々木達夫

はじめに

トプカプとアルダビールから至正タイプが分類されたことで，西アジアが大型品の主要な販路と誤解され，元青花はイスラーム世界・西アジアの注文で作られた，さらに生産技術さえ影響したとも言われた。景徳鎮で生産が始まり各地から注文があったとしても，それは青花誕生後のことである。元青花は西アジアにも輸出されたが，東北アジア，東南アジアや中央アジアなど各地に大量流通したことも知られる。

本稿は，他の地域と同様に西アジアにも大型品ばかりでなく小型品も流通し，王宮や宮廷ばかりでなく各地の町でも使用され，数例のコレクションで地域全体の傾向を述べる説，そこから飛躍して派生した説は修正が必要なことを指摘する。

1. 西アジア地域の元青花に対する一般的な説

1929年にホブソンが至正銘大瓶を紹介し，シラエとコックスが1949年，ポープが1952年と1956年にトプカプ宮殿とアルデビル廟の同様の特徴がある中国青花群を至正タイプ・14世紀と紹介して以来，類似する文様の青花は至正様式として規格的な文様の分かり易さから元青花の代表例となった。大型の元青花がトルコやイランにあるため，元青花大型品はイスラーム世界へ輸出用に生産したという説が生まれ，大型品は中国内にないという誤った認識から，元青花はイスラーム世界へ向けた注文品と言われ，その影響と注文で元青花が生まれたとさえ言われた。

例えばメドレーは元青花がイスラーム世界の富裕な購買層のために生産さ

れたと述べ(メドレー1981)，トゥグルク宮殿(1354年建設，1398年にティムール朝に滅ぼされた)庭園出土の至正様式青花69点もこの説を補強するとした。ただし，庭園出土品に小型の簡略文の元青花もあるのを1973年発掘現場で見た。

トプカプ宮殿は元青花生産が終了していた1478年に完成し，三上次男もトプカプの元・明初陶磁器は戦利品か貢納品と推定していた。中国陶磁器だけでも13世紀から19世紀の10,700点余が収蔵されている。国家財産として保管され，宮廷内で使用された品，トルコの領域拡大に伴う戦利品や宮殿に贈られた品，随時購入された品が含まれる。アルダビール廟は1334年建設のサファヴィー教団教祖を祀る廟で，サファヴィー朝時代に廟建築が増築され，シャーやハレムの人，戦争の犠牲者も埋葬され，元青花の大型品も寄進され，なかには17世紀に寄進された元青花もある。

これらを貿易品ではなく元宮廷からの贈答品とする説もある。所蔵された時期が生産年代よりかなり遅れるし，竜は三爪が多く民間窯の製品であり，浮梁磁局管轄の珠山御器廠で造った宮廷用五爪はない。中国内に多い注文品の人物文はなく，文様種類は限定的である。現存するのは宮廷用品でなく民間窯の貿易品で，後に収集された戦利品や寄進品も含まれる。宮廷用品と民間窯製品は貿易ルートや扱う商人が違うと言われるが，それをここに当てはめるのは難しい。

常に2か所の著名な大型品コレクションが取り上げられ，その後デリーのトゥグラク宮殿庭園発掘品が追加された。西アジアの遺跡から出土し採集された元青花はかなり多いが壊れて破片となり，鑑賞陶磁器研究では遺跡出土品を評価することが少ない。発掘成果を取り入れ他地域と同様に，西アジア地域の元青花を位置づけることが必要である。

2. 遺跡出土品からみる西アジアの評価

カイロのフスタート遺跡も多くの元青花が残る遺跡で，1912年以来発掘され，元青花を含め大量の陶磁器が発見されたが，その種類や割合を記す報告書は少ない。出土した陶磁器は長年倉庫に山積され，小山冨士夫，三上次男が分類整理を試み，1978年から1985年に三上，桜井清彦，川床睦夫が中心となっ

て発掘し(桜井, 川床編1992)，出土した中国陶磁器は筆者が報告した(佐々木1992)。しかし，元青花が出土する時代は遺跡がカイロのゴミ捨て場となり，14世紀の出土品は層位で分けられず，同時代の組み合わせも出土状態から復元することができない。全体の出土量が莫大だから大型品の破片も含まれるが，日本隊発掘地点での元青花はトプカプ所蔵品よりもアラブ首長国連邦のジュルファールやハレイラ，コールファッカン出土品に近いもので，出土した陶磁器全体の割合からは特殊とも言えない。また，コレクションには後世の諸要素が加わり，発掘品と単純に比較するのは難しい。

　アラビア湾の港町ジュルファール遺跡で元青花が出土する状態はすでに紹介したが(佐々木1998)，他の産地・種類の陶磁器との割合が層位的に分かることがこの遺跡の重要な点である。近隣のハレイラ遺跡，コールファッカン遺跡などでも元青花が出土したので併せて紹介する。また，インド洋でつながる東アフリカ沿岸も類似品が出土することを指摘する。

3．ジュルファール出土陶磁器概要と割合

　ジュルファール遺跡は14世紀中頃から16世紀初にかけて海上貿易で栄えたアラビア湾の港市である(佐々木2005)。中国やベトナム，タイ，ミャンマー，さらにイランや中央アジア，アラビア半島各地から運ばれた日常生活用の陶磁器が出土する。層位ごとの陶磁器種類・器種別の出土比率が判明している(佐々木2006)。基本的な層位は7層あり，元青花は主に第7層と第6層から出土し，第7層は砂州が形成されつつある時期のナツメヤシ枝葉を使用した簡単な家が建つ漁村で，第6層は泥レンガ利用の家が建つ都市に発展している。元青花の出土状態を下層の第7層と第6層で概観するために表1～3を2006年論文の表から作成した。

　出土した陶磁器はアラビア半島産，イラン産，中国産，東南アジア産などが混じる。中国陶磁器は青磁，白磁，青花，黒褐釉陶器で，釉裏紅は1点，色絵は下層から出土しない。東南アジア陶磁器はミャンマー，タイ，ベトナム産が見られる。イランの施釉陶器や土器が，現地産の大量に出土する土器鍋・瓶・壺と併せて使用され，そうした組み合わせのなかで生活用品の一部として青花

第2部　元青花のアジア流通

表1　ジュルファール遺跡下層出土陶磁器の比率と産地

陶磁器 層位	中国	東南アジア	イラン及び 周辺地域施釉 (粘土素地)	イラン及び 中央アジア施釉 (石英素地)	アラビア半島 及びイラン土器	計 (g)
第6層 (g)	5652.2	1018	32980.9	1011.5	667815.4	708478
	0.80%	0.14%	4.66%	0.14%	94.26%	
第7層 (g)	2125.9	1301	25234.9	919.4	719803.9	749385
	0.28%	0.17%	3.37%	0.12%	96.05%	

表2　ジュルファール遺跡下層の中国と東南アジアの陶磁器

種類 層位	中国陶磁器					東南アジア陶磁器			
	青花	釉裏紅	白磁	青磁	褐釉	ミャンマー	ベトナム	タイ	褐釉
第6層 (g)	93.4	19-	160.9	5114.9	283	2	45	249	722
比率	1.39%	0.28%	2.41%	76.69%	4.24%	0.03%	0.67%	3.73%	10.82%
第7層 (g)	394.5	0	211.4	843	677	228	4	269	800
比率	11.53%	0%	6.16%	24.60%	19.75%	6.65%	0.12%	7.85%	23.34%

があった。

　居住区全体の出土陶磁器は3,192kgで，土器が3,031kgで95％を占める。イスラーム施釉陶器は115kgで3.60％，石英素地が6kgで0.19％，中国陶磁器は24kgで0.77％，東南アジア陶磁器は15kgで0.48％である。

　中国陶磁器の内訳は青磁18,039g，青花2,820g，白磁1,632g，褐釉陶器2,045g，この他に色絵37gと釉裏紅19gがある。中国陶磁器のなかでの種類の比率は青磁72.94％，青花11.4％，白磁7.16％，褐釉陶器8.27％，色絵0.15％，釉裏紅0.08％である。東南アジア陶磁器はタイ8,268g，ミャンマー3,749g，ベトナム536gであるが，東南アジア産とした陶磁器2,629gの多くはタイ陶器壺に追加されると思われる。タイは黒褐釉壺が大部分で，ミャンマー陶磁器はほとんどが青磁で個体数では碗と盤が同じで，上層から多く出土するが下層にもある。中国と東南アジアの陶磁器の合計出土量は39,912gで，出土比率は中国陶磁器61.96％，東南アジア陶磁器38.04％である。

　イスラーム施釉陶器は白濁釉陶器85,696gで，白濁釉のみの破片70％，釉下に黒褐色文のある破片24％，合わせて94％である。他に白濁釉陶器には青彩文，緑彩文，緑彩と青彩文，緑彩と黒彩文が少量ある。白濁釉陶器を素地で分類すると，クリーム黄色46.4％，粗クリーム黄色11.6％，緑黄色19.3％，ピンク黄色8.9％，黄ピンク10.4％，ピンク1.4％，赤色1.9％で，素地の違いは産地の違いを示し，主産地はケルマン地方と推測される。

西アジアに流通した元青花

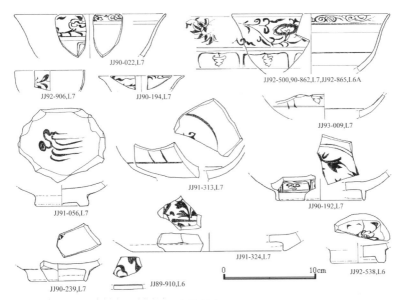

図1　ジュルファール遺跡出土の元青花実測図

　白濁釉陶器に次ぐ緑釉陶器は 19,871g である。同じ産地の紫黒釉陶器は 1,594g である。褐釉陶器は 7,726g で，上層で増加し，瓶と碗が主となり，オマーン産が主である。石英素地 3,306g は粘土の割合で 6 種類に分類でき，産地に対応しており，中央アジアとイランが産地で，無文の石英素地の透明釉陶器と緑釉陶器がある。透明釉は装飾の色彩で青彩文，青彩と紫彩文，黒彩と青彩文，黒彩文，黒彩と緑彩文，緑彩文，白彩と緑彩文，白彩文の種類に分かれ，多くは碗で他に盤と瓶がある。

　土器は現地産を主とし，東南アジアやインド・パキスタンの土器は僅かで数値に現れない。現地土器は 82％以上で，イラン土器 7％，その他の地域の土器 5.5％である。現地土器としたものはジュルファール郊外山麓部ワディ・ハキールを中心に広がる窯跡製品で，粗い赤土を用いた鍋・瓶・壺が多い。現地産土器の装飾は赤色彩文が施され，白化粧土を施す彩文土器が化粧土無し土器彩文よりも多い。イランの硬質薄手土器は瓶・壺が主で，表面に薄い白化粧土と細かな押印や刻印が施され，素地は黄色 0.5kg，ピンク 193kg，白色 28.9kg で，これもケルマン地方が主産地と推定される。

239

第2部　元青花のアジア流通

表3　ジュルファール遺跡の青花出土状態

中国青花	碗	盤	壺	大鉢	小碗	皿	小壺	瓶
第1層から第7層まで（g）	1731	589	4	110	3	151	75.4	157.2
第1層から第7層まで（%）	61.4	20.9	0.1	3.9	0.1	5.3	2.7	5.6
中国陶磁器内の青花割合（%）	7	2.38	0	0.04	0	0.61	0.3	0.63
第1層から第7層の青花出土量 2821g, 中国陶磁器内の青花割合 11.4%								
元青花　第6層（g）	70.1	10.6						12.2
元青花　第6層破片数8片	口縁1, 胴部3, 底部1	胴部1, 底部1						胴部1
元青花　第7層（g）	324	27.2		38.8	3.1	1.8		
元青花　第7層破片数19片	口縁5, 胴部6, 底部3	底部1		底部1	底部2	胴部1		

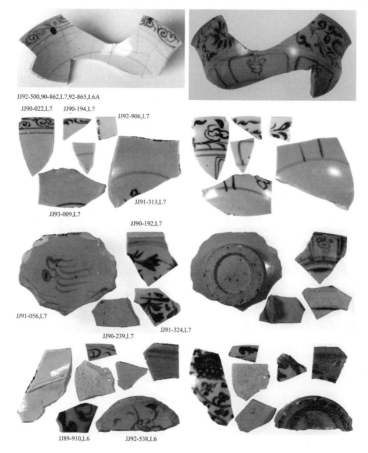

図2　ジュルファール遺跡出土の元青花写真

4. 元青花の出土状態

　各地の各種の陶磁器とともに，青花は最下層の第7層から表土までいずれの層からも出土し，上層ほど多くなる。大部分は中国産で，僅かにベトナム青花が出土している(Sasaki 1994)。第7層と第6層出土の青花は同タイプの元青花のみで，第6層の2片は第7層出土品と接合し，第6層には補修孔のある破片が2片ある。遺跡内での使用を示している。

　青花は飲食器が主で，碗が6割，盤が2割を占め，他に瓶，皿，小壺，壺，小碗が少しあり，第2層で増加し第1層で碗盤ともに最多となる。第7層の元青花は碗が27片で，接合しないが同一個体の可能性があるものを一つとすると14片13個体323.6g，小碗が2片2個体3.1g，鉢片が1片1個体38.8g，盤が1片1個体27.2g，小壺が1片1個体1.8gで，計32片，18個体394.5gである。個体数で3/4を占め，壊れやすかったであろう碗の入手点数が多く，他の種類の製品も同時に使用されていた。補修孔のある破片はない。第6層の元青花は碗5片67.2g，盤2片10.6g，瓶1片12.2g，計8片90.0gである。

　破片には個別番号を付した。元青花の出土状態を口縁部から胴部にかけての小片が出土した第7層の碗 JJ92-500 で説明する。JJ92-500 と同一個体と推定できる破片数は15片で，そのうち11片が接合した。他の4片は11片群と直接に接合しないが，第6層AのHouse 14 壁内出土の2片は接合した。接合後は11片，2片，1片，1片の4グループになった。文様や器形の類似から，これら4グループの破片は，同一個体の碗の破片と推定できる。破片の出土地は，1992年に出土したものは7片。そのうち，C12:41区の第7層の海抜139cm地点の砂内から3片，C12:50区の第6B層から2片，第6層AのHouse 14, Room 1 と Room 4 の間の壁内から2片である。1993年に出土したのは8片で，いずれも第7層の出土品であり，C12:41区の Pit 424 から1片，C12:41区の Pit 429 から6片，C12:41区の砂内から1片である。

　JJ92-500 は JJ90-862 及び JJ92-865 と接合する。口径17.2cm，口縁部が外反し，腰部に張りがある形で，器壁は薄い。内外面に早い動きの筆で文様が太線と細線を組み合わせて描かれ，呉須の発色は淡い青色となる。内面に4本の圏線が

離れてめぐり，最上部圏線上の口縁部に茎が螺旋状円形に巻く連続唐草文が描かれ，葉は簡略化した短い線状である。外面の口縁端部に1本，胴部に2本，腰部に1本の圏線がめぐり，胴部2本の圏線で分けた上下の二段全体にそれぞれ別の文様が描かれる。口縁部から胴部にかけての上段に連続した牡丹唐草文が描かれ，葉は細く簡単に，花は簡略化して描かれる。下段の腰部に連続した蓮弁文が描かれ，幅広い蓮弁文の枠取り線は1本で簡略化しており，蓮弁文内部の蔓唐草も簡略化し，唐草の下には丸印も描かれていない。内面の口縁部に近い部分に長さ1.5cmほどの引っ掻き傷が見え，使用した痕跡を残している。

　JJ92-500は第7層から11片が出土し，この層で使用され廃棄された。第6A層の2片は家壁を作る日干レンガ内に混じり，この層で家を作る時に近くの第7層砂を壁材料として利用した。第6B層の2片はこの層に住む人々がピットを掘ったときに第7層砂内から掘り上げた。四分の三の破片が使用し廃棄した同じ層位の第7層から出土している。直上の第6層からは残りの四分の一が出土し，第5層及びそれより上層から同じ個体は発見されない。上層で多く発見された中国明代染付片が下層の第7・6層に混じることもない。

　その他の破片の出土状態は略すが，引っ掻き傷がかなり見られ，元青花はここで使用され廃棄されたもので，使用期間は生産型式内であろう。

5．西アジアの町跡から出土した元青花の特徴

　ジュルファール近隣遺跡のハレイラ島，コールファッカン港町でも元青花は見られる。14世紀竜泉窯青磁は試掘や踏査で，どこからでも容易に採集されるが，それと比較すると元青花の量は少ない。ジュルファール遺跡では重さで第7層の竜泉窯青磁が元青花の2.1倍，第6層で54.7倍であった。

　ハレイラではC区ゴミ堆積マウンド1の第1層から15〜16世紀中国青花やミャンマー白濁釉陶器盤，イラン陶磁器などとともに出土した(佐々木1996)。コールファッカンでは町跡第3層から15世紀から16世紀の青花や青磁，イラン施釉陶器・土器やアラビア半島土器とともに出土した(佐々木2008)。大型の元青花の出土で知られるフスタートでは，8年間の日本隊発掘で大量の陶磁器が出土したが，そのうち筆者が報告した中国陶磁器破片数は白磁151点，青

西アジアに流通した元青花

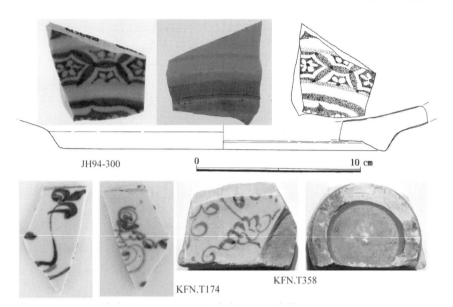

図3　ハレイラ遺跡・コールファッカン遺跡出土の元青花

白磁37点，青磁664点，褐釉8点，青花8点の計868点であった（佐々木1992）。景徳鎮の元青花は鉢3点，碗2点で，フスタートでも比率的には青花がいかに少ないかを示している。なお，フスタート中国青花413・458・472は第1層出土，553・595は第2層出土であり，第2層は元より古い時代のため出土状態から情報は得られない。アラビア半島と季節風航路で一体の貿易圏にあった東アフリカの例を貿易港ゲジ採集品で示す（上海博物館2012）。ゲジはケニアの12～17世紀の港町で，発掘採集された陶磁片を北京大学が整理し，24片の元青花を再発見している。層位や他の陶磁器との組み合わせは不明である。

こうした出土品を見れば，町や都市生活で他の種類の陶磁器と組み合わせて少量の青花が飲食容器として使用されたことが分かる。器種が限定され，高足碗や小壺などはない。

元青花は生産年代に近い遺跡からの出土例が少ない。ジュルファールは生産時期に近い廃棄が推定できたが，ハレイラ，コールファッカン，フスタートはそうではない。日本でも15世紀から16世紀の城館跡などから僅かな量の元青花が後代の陶磁器とともに廃棄され，14世紀遺跡からの出土例は少ない（佐々木1998）。インドの有名な元青花は造園作業中に遺構との関連無しに発見され，

第 2 部　元青花のアジア流通

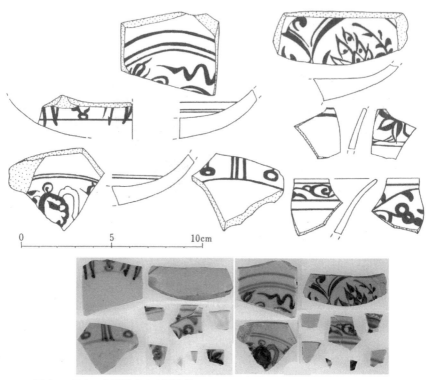

図4　フスタート遺跡出土の元青花

図5　ゲジ出土元青花（上海博物館編 2012『幽藍神采』上海書画出版社、237-240 頁写真を改変）

西アジアに流通した元青花

東南アジアも採集地が推定できる程度の資料が大部分を占めている。中国で元青花が副葬された墓年代は明時代であり，元大都出土品は層位や他の陶磁器との組み合わせの報告がなく，出土状態や層位，組み合わせが分かる14世紀遺跡から元青花が考古学的記録を伴って発見されるのは稀なことである(佐々木1985)。

各地の遺跡を踏査しても類似の状況が推測され，以上に述べたことは西アジア地域へ一般化できる。出土量はイラン陶磁器や当該地域産土器と比べれば数値に現れないほど僅かであるが，それでも各町跡からたびたび発見される。器種は碗と盤，鉢，皿，壺，瓶などで，巻草文，折枝唐草花卉文の碗や鉢が多く，文様は大型品文様の一部と同じである。西アジアには規則的で密度の濃い文様を描いた輸出用青花の大壺や大盤があるとアルダビールやトプカプ収蔵品から言われたが(メドレー1981，佐藤1981)，西アジアの遺跡からは碗や鉢など小型品が多く(佐々木1989・1993・1994)，それは東南アジアへ輸出された種類と同じ飲食容器である。東南アジアから至正様式の精品とともに小型品も数多く出土すると指摘されたが(三上1983)，西アジアも同傾向であり，西アジア向け青花の特殊性を強調するのは，特殊なコレクションを普遍化した偏向的な説である。

おわりに

大型コレクションや骨董市場の特殊事情が普遍的歴史として広がり，鑑賞陶磁研究者と遺跡を調査する研究者の間で認識に違いが生じた。器の大きさや精粗は都市内の需要者層で違い，流通制度と地域内需要者の文化経済的な生活態度に関わっていた。大型品と小型品，宮廷用と民間用があり，注文者や流通経路，運ぶ商人が異なるとも言われるが，遺跡からそのような事実を見出すことは難しい。元時代は民窯青花が西アジアに流通し，明時代よりも生産・流通量がきわめて少ないが，それでも特定の人々にのみ使用されたのではなく，各地の都市で富裕人が購入し使用していた。

文献(刊行年代順)
佐藤雅彦 1981「元の白磁と青花」『世界陶磁全集13 遼・金・元』小学館, 199-226.
マーガレット・メドレー(Medley,M.) 1981「インドおよび中近東向けの元代青花磁器」『世界陶磁全集

245

第 2 部　元青花のアジア流通

13 遼・金・元』小学館, 270-278.
三上次男 1983「元染付研究の歩み」『貿易陶磁研究』3:i- ⅲ .
佐々達夫 1985『元明時代窯業史研究』吉川弘文館 .
佐々木達夫 1986「フスタート遺跡出土の中国陶磁器－ 1985 年－」『貿易陶磁研究』6, 99-103.
佐々木達夫 1989「エジプトで中国陶磁器が出土する意味」『考古学と民族誌』六興出版, 227-250.
佐々木達夫 1991「初期イスラーム陶器の年代」『東洋陶磁学会会報』15, 1-3.
桜井清彦・川床睦夫編 1992『エジプトイスラーム都市 アル＝フスタート遺跡』（第 1 分冊本文編, 第 2 分冊図版・写真版編）早稲田大学出版部
佐々木達夫 1992「中国陶磁器」（桜井 , 川床睦夫編 , 1992『エジプトイスラーム都市 アル＝フスタート遺跡』早稲田大学出版部 , 第 1 分冊 ,280-285, 第 2 分冊 , 435-487,500-509.
佐々木達夫 1993「インド洋の中世陶磁貿易が語る生活」『上智アジア学』11:87-117.
Sasaki, H., 1994, South-East Asian Ceramic Trade to the West, International Association of Historians of Asia, 13th conference; Abstracts, 102-103.
Sasaki, T., 1994, Trade Patterns of Zhejiang Ware found in West Asia, "New light on Chinese yue and longquan wares", Centre of Asian Studies, The University of Hong Kong, 322-332.
佐々木達夫 , 大瀧敏夫 , 松崎亜沙子 , 波頭桂 , 中本寛 ,1994「（訳）サーレ著サマラの陶器(1)」『金沢大学考古学紀要』21: 173-192.
佐々木達夫 1995,「1911-1913 年発掘のサマラ出土陶磁器分類」『金沢大学考古学紀要』22:75-165.
佐々木達夫 , 大瀧敏夫 , 波頭桂 , 松崎亜砂子 ,1995「サーレ著サマラの陶器(2)」『金沢大学考古学紀要』22:201-236.
佐々木達夫 , 大瀧敏夫 , 波頭桂 ,1996「サマラの陶器(3)」『金沢大学考古学紀要』23:223-247.
Sasaki,T. and Sasaki,H., 1996, 1995 Excavations at Jazirat Al-Hulaylam Ras al-Khaimah, Bulletin of Archaeology, The University of Kanazawa, 23:37-178.
佐々木達夫 1998「14 世紀の染付と釉裏紅はどのように出土するか」『楢崎彰一先生古希記念論文集』467-477, 真陽社
佐々木達夫 , 大瀧敏夫 , 波頭桂 ,1998「サーレ著サマラの陶器(4)」『金沢大学考古学紀要』24:224-242.
佐々木達夫 1998「かりそめの都サーマッラー」『文化遺産』6:18-21.
佐々木達夫 2005「ペルシア湾岸遺跡出土の陶磁器」『東洋陶磁』34:13-30.
佐々木達夫 , 佐々木花江 2005「発掘資料解釈と景観復元によるジュルファルの都市的性格検証」『オリエント』48-1:26-48.
佐々木達夫 2006「ジュルファール出土陶磁器の重量」『金沢大学文学部論集史学・考古学・地理学篇』26:51-202.
佐々木達夫 , 佐々木花江 2008「コールファッカンの砦と町跡の発掘調査概要」『金沢大学考古学紀要』29:60-175.
Tatsuo Sasaki, Hanae Sasaki, 2011, Excavations at A'Ali Islamic site, " Bulletin of Archaeology, The University of Kanazawa" Vol.32, 18-46.
上海博物館編 2012『幽藍神采』上海書画出版社

第 3 部

東北アジアの染付・青花誕生

朝鮮半島の初期青花

吉良 文男

はじめに

　朝鮮半島における磁器の成立に関しては，中国の影響によるところが大であったことは大方の認めるところである。ことに最初期の青磁を生産したと考えられる朝鮮半島中西部のいくつかの窯では，窯構，窯具，焼成技術，製品の各面にわたって越州窯との類似が著しく，中国人関係者の渡来による直接的な影響があったものと考えられる。

　その後の青磁，白磁の展開過程にも中国製品との類似は多く指摘できるが，初期青磁におけるような全面的な受容ではなく，部分的な選択的受容に留まり，青磁製作によって確立された技術を基盤に，中国の焼成技術や様式を消化吸収していった事例が多いようにみえる。

　青花もまた，現存作品でみる限り，中国の影響が顕著にみられるが，元青花に直結する高麗時代の青花は発見されておらず，元青花自体，朝鮮半島での確実な伝世品・出土品は知られていない。高麗と元との間には，密接な政治的関係があり，文物の交流もあったことを考えると，ひとつの謎ともいえるであろうが，これについては今後の研究に待ちたい。

　本稿では，先学の研究（鄭良謨 1980 ①，金英媛 1995，姜敬淑 2000 ①ほか）を参考にしつつ，朝鮮半島の初期青花成立の経緯を文献，残存作品，窯址資料の 3 方向から考えてみる。

1. 文献資料からみた青花磁器の国産化

　『朝鮮王朝実録』「孝宗実録」6 年（1655）7 月条（『朝鮮王朝実録』の記述は国史編纂委員会 1956 による。以下同様）に「太宗大王が前朝（高麗時代）で国子博士に在職の

とき，館中で酒を飲むのに青花盞をもっていた。太宗が即位して，本館宮に之を蔵して飾り，多くの士が集まって飲むとき，学者たちにはその盃を使うことを許した。その後，成宗のときにこれが壊れたので，命じて造り直させたが，壬辰乱のときになくなった」という記事がある。これについて，鄭良謨は，太宗が国子博士に任じたのは1383年であり，高麗時代の当時，「すでに青花白磁が伝来していたことがわかる」と述べた（鄭良謨1980①）。これが元青花であるか明青花であるかは不明であるが，太宗在位時代（1401～1418）に青花が大いに珍しいものであったことが，この記述から推定される。

同「世宗実録」5年（1423）1月条には「日本国前九州捴管源道鎮が硫黄五千斛，丹木五百斛，甘草五十斛，犀角二本，花磁酒器二などを献じた」とある。ここでいう「花磁」は青花白磁の可能性が高く，日本経由で中国青花が朝鮮王朝にもたらされていたことが推定され，世宗代（1419～50）の初めに花磁が日本から献ずるに値する貴重品だったことがわかる。

次いで同「世宗実録」7年（1425）2月条に「左副代言の職にあった金赭が（中国）使臣の尹鳳のいう紙と沙器を進献せよとの（中国皇帝の）聖旨を聞き，赭が沙器の数を尋ねたところ，鳳が数については聖旨がないが，自分が思うに十卓分として，卓ごとに大中小椀の各一，大中小の皿各五，及び大中小の獐本（太鼓に口をつけたような形の酒器）が十あればいいだろう。……金赭は此の旨を全羅監司に伝えて全州の紙匠に上させ，広州牧使に大中小の白磁獐本十を精細に燔造して進献させた」とある。このときすでに京畿道広州で精細な白磁を焼くことができたことがわかるが，青花についての記述はない。朝鮮朝において未だ青花が製作されていなかったことを示唆していると思われる。

世宗10年（1428）7月条には「世宗が王世子及び百官を従えて中国の勅使を慕華楼に迎え，景福宮で儀礼を行ったが，中国皇帝の勅に，『今，王に白素磁器十卓，白磁青花大盤五箇，小盤五箇を下賜する』とあった」とある。中国より無文の白磁十卓分，青花大盤を5個，小盤5個が贈られているのである。

次いで世宗12年（1430）7月乙卯条に，上述の世宗10年の記事と同じく，王が慕華楼で中国の勅使を迎えるため景福宮に行幸した際，「青花獅子，白磁卓器三卓分，青花雲龍白磁酒海三箇」を下賜された記事がある。この記事中にある青花雲龍白磁酒海は，同じ「世宗実録」付録中の「五礼儀，嘉礼序例（尊爵）」

に「白磁青花酒海」と題する雲龍文壺の図（図1）と同種のものではないかと思われる。後者については，中国製であるか朝鮮国産であるかについての問題があるが，不明である。

中国青花で，この図に近似するものとして，出光美術館蔵「青花龍文壺」（図2）を挙げることができる。これは，「宣徳年製」銘を有するもので，胴中央にほぼ横向きに三爪の龍を大きく描き，肩に鬼面，間地に十字形の雲を含む雲文を，胴裾には蓮弁文を配する。「世宗実録」付録中の図と比べると，出光壺は胴部が丸く，雲文の精粗，蓮文の形と構成などの細部が異なるが，「白磁青花酒海」図と基本的な文様構成は同じで，龍が三爪であることも共通する。出光美術館蔵品はかつてタイにあったもので，明と朝貢関係にあった暹羅国への回賜品であった可能性があり，類似するニューヨーク・メトロポリタン蔵品と一対をなしていた可能性もあるという（出光美術館 2011）。世宗 12 年は宣徳 5 年にあたり，上記の白磁青花酒海は，器形に差があるものの出光美術館蔵品に近い作風のものであった蓋然性は高い。一方，「五礼儀」の酒海図がいつの時点のものを描いたのかを厳密に特定することはできないが，中国からの下賜品を

図1 「白磁青花酒海」図（「世宗実録」付録「五礼儀、嘉礼序例（尊爵）」より）

図2 青花龍文壺 「宣徳年製」銘 出光美術館蔵（出光美術館 2011 より）

儀礼に用いていた可能性が高いのではなかろうか。ただ当初，中国からの下賜品を儀礼に用いたとしても，数には当然限りがあり，破損することもあっただろうから，明への新たな要請，さらには国産化への動きへとつながっていったものと思われる。なお，景徳鎮窯址では，胴裾の蓮弁文は趣を異にしつつも出光美術館蔵品に類似する「空白期青花雲龍紋大缸瓷片」が発見されている。こ

の空白期は宣徳後の 1436 〜 1464 年とされ，龍は双角五爪である(香港大学馮平山博物館1992)。十字形の雲文に関しては，同書に永楽期(1403 〜 1424)の褐黄彩，釉裏紅，成化期(1465 〜 1487)の青花が掲載されている。

ちなみに，17 〜 18 世紀に製作された朝鮮青花雲龍文壺がかなり残存しているが，管見の限りでは五爪がかなりある。また，陶磁器ではないが，1720 年(景宗1)に肅宗明陵の造成を記録した儀軌書の壁面装飾画の龍も五爪である(国立中央博物館 2011)。

世宗 30 年(1448) 3 月戊子条には「中国の朝廷では青花磁器を外国使臣に売ることを禁じ，(犯すと)死罪になる場合もあるというので，今後，北京及び遼東に赴いても磁器を貿易することは一切禁断する」とある。実際に青花を購入して死罪になった者がいたかどうかはこの文言では不明で，伝聞の形をとった記事であるから，中国側からのなんらかの示唆に起因する予防的措置ではないかと推察するが，朝鮮朝使臣の青花購入が中国側の目に余るものであったのであろう。この段階でも，朝鮮では未だ青花が焼成されていず，中国青花への渇望があったことを窺わせる。

「世祖実録」の世祖元年(1455)閏6月癸亥条に「工曹の請願により，中宮の酒房での金盞を画磁器に代えるよう下命し，東宮もまた磁器を用いる」という記事がある。金盞に代えた画磁器が朝鮮国産品であることは間違いないが，青花であるか，あるいは鉄絵のようなものであるのかはわからない。上記の世宗30 年条にあるように，中国青花の輸入が難しくなり，金盞を磁器に代替するにせよ，中国青花を望むことはできず，国産磁器を充てる必要があったのであろう。

よく引かれるところだが，成倪『慵斎叢話』(民族文化推進委員会1982)に「世宗朝の御器は専ら白磁を用いた。世祖朝に至り，彩磁を交ぜて用いるようになった。回回青は中国で求め，(それで作った)画樽，罍，盃觴は中国と異ならなかった。ところが，回青は貴重で中国に求めても多くは得られないので，朝廷で議していうには，中国では窮乏した村や茅ぶきの店でも同じく画器を使っている。どうして全部が回青によって画いたものであろうか，他にも画料があるに違いないというので，中国で訊いたところ，皆がそれは土青だという。だから，いわゆる土青というものがあるのだが，わが国ではまだ得られないので，画磁

器がはなはだ少ないのだ」とあって，世宗代までは御器にもっぱら白磁を用いたが，世祖朝になって彩磁をまじえるようになったという。この彩磁は，後段の記述から判断して，青花を指している。『慵斎叢話』は1504年以前の成書で，世祖初年から約半世紀を経ているが，かなり信憑性の高い記録と思われる。それは，後半のコバルト入手が困難であることを述べた部分が以下の正史の記事と符合することからも推測できるであろう。

世祖9年(1463)5月壬子条に「全羅道の敬差官である丘致峒が回回青を康津で得て進上した」という記事がある。さらに同年閏7月庚申条には「慶尚道の敬差官である柳緩来が復命して，諸邑の産物を進上したが，咸陽郡金真宝県の深重青，密陽府の回回青相似石，長鬐の松鉄相似石，丁粉，清道郡の緑礬石及び鉛鉄相似石，盈徳県の深重青相似石，義城県の回回青相似石，大丘郡の白鉄，雑黄白石，蔚山郡の雑黄石，慶州の石鉄，金海府の雑黄青石，聞慶県の石鉄，機張県の銅鉄相似石，昌寧県の雑黄沙石及び石鉄，霊山県の鉛鉄相似石，寧海府の緑石，熊川県の有光白土などの物があった」とあって，全羅道康津以外でも全国的に回回青に似た鉱物を捜していたことがわかる。

翌世祖10年(1464)8月戊子条には「全羅道の敬差官である丘致峒が順天府の回回青相似石を採って沙器に描いて燔造し，并せて康津県青鉄を採り進上した」とある。国産コバルトないし類似鉱物でどの程度のものができるか，試焼してみたのである。翌9月癸亥条にも「慶尚道の観察使が蔚山郡所産の深重青，土青，三青を採って進める」とあり，慶尚道蔚山でも国産コバルトが採掘されている。

先の『慵斎叢話』の記事とこれら世祖朝の記録とを併せると，世祖代に先立って中国から輸入したコバルトによる国産青花の焼造がなかったとはいいきれないが，本格的な国産化の動きは世祖代，15世紀後半からのことであったと考えられる。

2. 現存作品からみた初期青花

まず挙げられるのが，「景泰七年」銘青花墓誌(高麗大学校博物館蔵)である(姜敬淑2005)。景泰7年は1456年(世祖2)に当たり，墓主は世祖の義母である興寧

第3部　東北アジアの染付・青花誕生

図3　青花梅竹文壺（「辛丑」銘）　大阪市立東洋陶磁美術館蔵（大阪市立東洋陶磁美術館 2002 より）

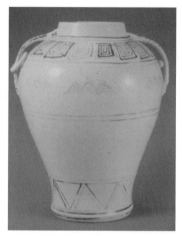

図5　青花鉄絵三山文双耳壺　湖巌美術館・LEEUM 蔵（三星文化財団 1996 より）

図4　「山罍」図（「世宗実録」付録「五礼儀、嘉礼序例（山罍）」より）

図6　青花梅竹文壺破片　韓国国立中央博物館蔵

府大夫人・仁川李氏である。筆者は実見していないが，写真でみるかぎり青料の発色はよく，輸入回青による青花である可能性が高い。

　鄭良謨によれば「鄭軾」銘青花梅枝文碗があって，この鄭軾は 1467 年（世祖 13）に没した人のことで，「世祖年間の製造」とする（鄭良謨 1980 ①）。鄭軾は慶尚全羅道軍籍使などを勤めた文官である。筆者はこの碗を実見していないが，広州樊川里 9 号窯址で類似の破片が出土しているという。これについては後述する。

254

自銘器としては「弘治二年」銘青花松竹文壺がある(東国大学校博物館蔵)。弘治2年は1489年に該当し，墓誌を除くと最も早い現存自銘紀年器である。残念なことに盗難にあって口部が破損し，現在は「二年」の部分が欠けている(姜敬淑2000②ほか)。

　なお，大阪市立東洋陶磁美術館に「辛丑」銘をもつ青花梅竹文壺があり，この辛丑は1481年または1541年と解されている(大阪市立東洋陶磁美術館2002)。前者の年とすれば，「弘治二年」銘壺に先行する作例となる。ただ，絵付の作風はかなり異なっており，むしろ後述の樊川里窯址出土破片に近いところから，後者の製作年を当てるべきではないかと考える(図3)。

　「世宗実録」付録中の「五礼儀，嘉礼序例(山罍)」図(図4)に似た器が湖巖美術館・LEEUMにある(図5)。ただしこれは鉄絵が主で，胴上部の文様のみに青料が使われ，発色はきわめて淡い。青料不足の状況のなかで作られたものではないかと考えられる作例である。ちなみに，これに類似した双耳壺形白磁鉄絵山罍が明智大学校博物館によって京畿道龍仁市陽智で収集，所蔵されている(明智大学校博物館2010)。これも青料不足を鉄絵で補った例といえるかもしれない。

　ほかにも初期青花とされる作品があるが，確実に世祖朝より前にさかのぼることのできるものは今のところ管見にない。また，精緻な絵付けの青花破片が韓国国立中央博物館にあり(図6)，その作風に類似する青花梅竹文壺(湖巖美術館・LEEUM蔵)が知られていて，初期青花の作例と考えられるが，やはり年代的な明証を欠いている。

3. 窯址資料の検討

　これまでの発掘調査によると，初期青花を焼いた窯は京畿道広州近辺に集中している。そのうち牛山里，樊川里は広州諸窯でも「もっとも古式の窯」があるとされる(鄭良謨1980②)ところである。

　牛山里9号窯址では3基の窯が確認され，無文の白磁が主流であるが，一部に青花白磁が含まれていた。青花の器種は花形盞，盞，瓶，盤，壺などで，文様は雲龍，竹，松，梅花，蟹，唐草，宝相華などである。なかでも注目され

第3部　東北アジアの染付・青花誕生

図7　青花雲龍文破片　牛山里9号窯址出土　梨花女子大学校博物館蔵（梨花女子大学校博物館 1993 より）

図9　青花天馬文蓋　樊川里9号窯址出土　梨花女子大学校博物館蔵（梨花女子大学校博物館 1993 より）

図8　青花雲龍文瓶　湖巖美術館・LEEUM 蔵（三星文化財団 1996 より）

るのは，3号窯焼土層から出土した青花雲龍文の破片（図7）である。これは，湖巖美術館・LEEUM 蔵の青花白磁雲龍文瓶（図8，三星文化財団 1996）によく似た雲・龍体（足指の一部と尾部を含む）が描かれたもので，図2の出光美術館蔵「宣徳年製」銘龍文壺に近い様式の図柄である。この窯址の南東部堆積層からは「司果」の文字を含む青花墓誌片が出土し，報告書によると，司果は 1466 年（世祖 12）制定の武官職であるという。また3号窯攪乱層からは「壬寅七月」銘の白磁陰刻墓誌片が出土し，1482 年または 1542 年の可能性がある。青花雲龍文破片は，作風とこれら年代推定資料から 15 世紀後半の製作時期を想定することが可能であろう（梨花女子大学校博物館 1993）。

樊川里においては樊川里5号窯址および9号窯址から初期的青花が発掘されている（梨花女子大学校博物館 1993）。

樊川里9号窯址では2基の窯と工房址その他が調査されたが、堆積層から10点余の青花白磁片が出土した。そのなかに十字形の雲文が描かれた蓋、梅竹文の蓋が含まれており、前者は牛山里9号窯址出土品に通じ、後者は図3、5や湖巌美術館・LEEUM蔵の青花梅竹文壺の図柄に通じるものがある。ただし、絵付けの筆致はやや弱く、細部の描写に粗さがみられる。また、波涛や雲の上を駆ける馬(報告書は「天馬」としている)を描いた蓋片(図9)が出土している。その上下には亀甲を重層に連ねた幅広の文様帯が廻らされている。このような密集した亀甲繋ぎ文は景徳鎮から出土した「永楽肆年」銘釉裏紅瓶片(香港大学馮平山博物館1992、鴻禧芸術文教基金会1996)にみられるが、樊川里9号窯址出土品のものはより略化した表現になっている。実見していないが、報告書の写真でみる限り、青料の純度が低いようで鉄絵に近い発色の部分がある。さらに、先に触れたように、「鄭軾」銘青花梅枝文碗に類似するという破片が出土していることも注目される。ジグザグに鋭く屈曲する枝の表現が特徴である。同窯址からは白磁陰刻「嘉靖壬子歳」銘(1552)墓誌片が出土していて、16世紀中葉に稼働していたことは明らかである。報告書では、共伴する白磁資料等からも16世紀中盤前後に位置付けている。

樊川里5号窯址では樹枝文盤(口縁に連続円文を有する)や花唐草文片とともに「嘉靖三十三年」(1554)銘白磁陰刻墓誌片が出土している。上記の9号窯とほぼ同時期と考えられる窯である。

初期青花を焼いた窯として比較的古くから知られているのは広州道馬里で、第二次世界大戦前に日本人研究者がここで青花片を収集している。その後、1964年の韓国中央博物館の調査結果などを踏まえて報告書が刊行された(国立中央博物館1995)。これによれば、青花白磁は縁皿、盞、色見が出土している。文様は詩文、松文＋星宿文、梅竹文、魚文、梅鳥文、七宝文、梅花文、松文などである。共伴出土品に「乙丑八月」と陰刻された素焼きの四角棒があり、1445年または1505年と推測されている。また、この窯址からは中国青花の皿・盞片が出土しており、北京故宮博物院の李輝炳の見解によれば、正徳年間(1506〜1521)と推定されるという。同報告書の総合考察では、「道馬里窯の相対的編年は牛山里9号と樊川里5号の間に置くことができ……道馬里1号窯は道馬里一帯に現存する6基の窯の中で最も良質の白磁を生産したところで、そ

の運営時期は16世紀初盤，すなわち1505年を前後する時期と推定してみることができる」としている。

　以上のような窯址出土品からは，15世紀半ばより前に青花が焼成された痕跡は窺えない。ただ，広州とその周辺における窯址調査は現時点でも活発に行われており，初期青花に関するさらなる資料が発見される可能性は高い。今後の発掘調査に注目したい。

おわりに

　研究会のテーマ「元代青花瓷―出現と継承―」の趣旨からいえば，朝鮮半島の青花焼成は15世紀中頃以前に遡る根拠は未だ見出すことができず，世祖代に明代前期，おそらくは宣徳期の青花の直接的影響のもとに青花生産が出発したのではないかと思われる。この点で尹龍二が「朝鮮青画白瓷の発生は世祖年間とみるのが妥当である」とするのは，まさに妥当であろう（尹龍二1993）。『慵斎叢話』の説くところは正史の記述や現存作品および窯址調査の結果と矛盾しない。ただし，世祖元年の，中宮の金盞に代えた画磁器が青花を意味している可能性は残り，この段階ですでに金盞に代えうる青花磁器を焼成できる状況にあったとすれば，これより少し前に青花焼成の条件は整っていたかもしれない。

　本稿は，2011年2月27日に金沢大学で行われた研究会での発表を基にしたもので，これまで目に触れた朝鮮初期青花に関する主な論説と論拠を整理した報告であって，結論としてとくに目新しい説を主張しうるものではない。その後，韓国のおいてはこのテーマに関連する論文（崔健2013など）が発表され，また国立中央博物館における「朝鮮青画」展（2014年9月～11月）の開催やそれに伴う図録（国立中央博物館2014）が刊行されているが，本稿には反映していない。

参考・引用文献
出光美術館2011『明・清陶磁の名品　官窯の洗練，民窯の創造』展図録
尹龍二1993「朝鮮初期陶瓷の様相」梨花女子大学校博物館『朝鮮白磁窯址発掘調査報告展－附　広州牛山里9号窯址発掘調査報告書－』梨花女子大学校博物館特別展図録21【韓文】
大阪市立東洋陶磁美術館2002『心のやきもの李朝―朝鮮時代の陶磁―』
姜敬淑2000①「青画白磁開始の問題」『韓国白磁史の研究』時空社【韓文】
姜敬淑2000②「朝鮮初期白磁の文様と朝鮮初・中期絵画上の関係―〈白磁青画松竹文弘治二年銘壺〉と梨花女子大学校所蔵〈白磁青画松竹人物文壺〉を中心に」『韓国陶磁史の研究』時空社【韓文】

姜敬淑 2005『韓国陶磁器窯址研究』SIGONART【韓文】
金英媛 1995『朝鮮前期陶磁の研究―分院の設置を中心に―』学研文化社【韓文】
金巴望 1991「『李朝染付』考」高麗美術館収蔵品図録 1, 高麗美術館
京畿陶磁博物館・陶磁振興財団 2009『分院白磁展Ⅰ　朝鮮後期青花白磁』【韓文】
鴻禧芸術文教基金会 1996『景徳鎮出土明初官窯瓷器』【中文】
国史編纂委員会 1956（檀紀 4289）『朝鮮王朝実録』
国立中央博物館(鄭良謨・具一會) 1995『広州郡道馬里白磁窯址発掘調査報告書―道馬里 1 号窯址』【韓文】
国立中央博物館 2011『145 年目の帰還，外奎章閣儀軌』【韓文】
国立中央博物館 2014『朝鮮青画　青に染まる』【韓文】
崔健 2013「青画白磁龍樽の性格と展開」『東垣学術論文集』第 14 輯, 国立中央博物館・韓国考古美術研究所【韓文】
三星文化財団 1996『湖巌美術館名品図録Ⅰ　古美術 1』
鄭良謨 1980 ①「李朝陶磁の編年」『世界陶磁全集』第 19 巻，小学館
鄭良謨 1980 ②「李朝陶磁の窯跡と出土品」『世界陶磁全集』19 巻，小学館
林屋晴三・鄭良謨編 1980『世界陶磁全集』第 19 巻，小学館
香港大学馮平山博物館 1992『景徳鎮出土陶瓷』【中文】
民族文化推進委員会 1982『大東野乗』巻 2（古典国訳叢書 49）【韓文】
明智大学校博物館 2010『白磁祭器，礼と芸が出あう』展図録【韓文】
吉田宏志他編 1999『世界美術大全集　東洋編　11』小学館
梨花女子大学校博物館 1993『朝鮮白磁窯址発掘調査報告展―附　広州牛山里 9 号窯址発掘調査報告書―』梨花女子大学校博物館特別展図録 21【韓文】

日本染付磁器誕生
―― 有田における磁器生産専業の道程 ――

髙島 裕之

はじめに

　日本における染付磁器誕生の背景を考える時に，他国の事情と異なるのは，国内で中国産の青花瓷器[1]が既に広く流通していたという点である。言い換えるとわが国には染付（青花）というスタイルの見本が，その誕生以前に豊富にあったのである。それは中国の中で生産品の主体が青瓷から青花瓷へと変化した後の段階であり，国内に流通する青花瓷器の品質も，良質な傾向の景徳鎮窯製品や大量生産品も含めた中国南部の窯の製品など様々であった。そのような中で当時のわが国には，染付（青花）＝中国のスタイルという既定概念があったと考えられる。白地に青色顔料で文様を描く染付磁器の完成形として，日本では当初から中国の青花瓷器を意識していたのである[2]。

　日本の染付磁器は，17世紀初めに九州の有田で始まった（図1）。有田では1965年の天狗谷窯跡の調査以来，考古学的方法での検証も深化し，現在は大枠として，染付磁器誕生の背景が捉えられるようになっている。今回は既存の研究をふりかえり，未解明の点を整理したうえで，今後の課題をまとめていきたい。

1．通説からの脱皮

　磁器の創始に関する最も通有な説は，『国史大辞典』の「李参平」の項目に次の通り解説されている。「李参平　？～1655　肥前有田磁器の開祖とされている朝鮮の工人。16世紀末，豊臣秀吉の命で朝鮮に出兵した鍋島直茂の臣多久長門守安順に連れられて来た。当時日本では陶器しか作られていなかったため，磁土を探すことから始めなければならなかった。慶長年間（1596～1615）

第3部　東北アジアの染付・青花誕生

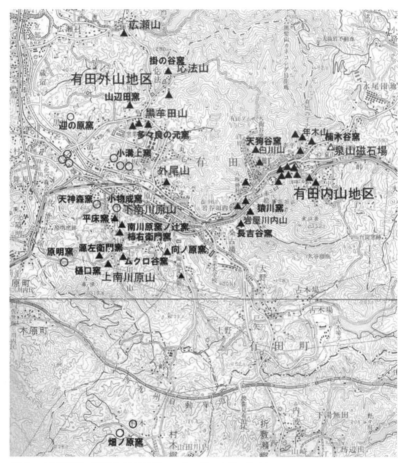

図1　有田周辺の窯跡（国土地理院5万分1地図を基に作成）

に有田泉山で磁土(石(せき))を見つけだし，有田白川の天狗谷に窯を築き，元和2年(1616)に焼成を始めたという。文書によれば朝鮮忠清道金江の出身であり，日本に来て金ヶ江三兵衛を名のったらしい。李参平の名では，文献に出ていない。李朝系の染付・青磁を主に焼いていたことから李姓で有田に伝えられてきたのであろう。没年は，通説によれば明暦元年(1655)とされている。天狗谷窯は昭和40年(1965)〜45年発掘調査された。出土した資料からみると，白磁・呉須染付・青磁・天目を焼成している。時期については熱残留磁気による年代測定に従えば，元和年間より古くなる可能性があり，有田磁器編年の秩序

図2　泉山磁石場跡(左)と天狗谷窯跡(右)

からみると20年ぐらい新しい可能性もある。」[3] 他に磁器の創始や泉山の発見に関わる記録に残る人物として，家永正右衛門，高原五郎七などが知られている。磁器創始の通説は，『金ヶ江家文書』，『皿山代官旧記覚書』などの記録に基づいて作られた。しかしこの文献記録の中で，大きな比重が置かれているのは，有田における磁器原料の発見，すなわち「泉山」の発見であるということが認識されたのは，最近のことであった(村上1997)。

過去の日本磁器創始関係の研究は，提示した通説をふまえ，陶磁資料を解釈してきたといえる。そしてこの通説を基に，天狗谷窯跡が磁器創始の窯と位置づけられた段階もあった(図2)。

しかし20世紀末に，考古学的研究による発掘調査が進む中で資料が蓄積され，現在では磁器の焼成は，1610年代頃有田の西部地区で始まったと考えられるようになった。西部地区の窯場では1637年の有田・伊万里の窯場の整理・統合(『山本神右衛門重澄年譜』)を境に，初期の染付磁器と共に作られた砂目積み溝縁陶器皿がみられなくなる(大橋1983)。有田では小溝原とよばれる平地周辺に広がっていた窯場が廃止され，磁器の原料採集地である泉山を中心に有田磁器生産の核である「内山地区」が形成された。

そして磁器創始の窯と考えられてきた天狗谷窯は，その他の窯の発掘資料の蓄積と，1999～2001年の整備事業に伴う再調査の中で，日本の考古学史の中でもあまり類例のない遺跡調査の再検討が行われた。さらに過去には発見された窯をE・A・D窯とB・C窯と2つにグループ分けして考えられてきた陶磁器の年代観は，物原の層位からも数十年の短い期間に連続して操業していること

とが解った。窯も4基に整理され、現在の肥前磁器の編年観では1630～1660年代に操業した窯であることが明らかとなった(野上2010)。

ここで重言するが、天狗谷窯は「泉山の発見」の後、操業された窯として文献に記録されている。有田にとって「泉山の発見」は、かけがえのないできごとであり、「世界商品」となった磁器の産地として発展したきっかけを作った。窯跡資料が現在のように蓄積される以前は、「泉山の発見」＝「磁器の創始」と考えられてきたが、現在では「泉山の発見」は内山地区の成立に繋がり、天狗谷窯は磁器専業体制の礎となった窯であると考えた方が、自然な解釈ができることが解ってきた。

このように考古学的研究が進展するにつれて、以前の通説の解釈にとらわれる必要性はなくなった。磁器の創始についての研究は、文献の再検討、窯詰めなど窯に関わる技術、中国・朝鮮半島との技術の関係、共に作られた陶器との関係、現在の日本における陶器・磁器の概念による先入観の問題など、様々な視点から分析が行われてきた。特に技術交流については、製品の類似性の比較に終始した従来の方法から離れた視点の研究も進められた。その中で村上伸之は、「近世的な窯業」という言葉を用いて肥前地域の窯業が日本全体に与えた影響について、4項目を挙げている。すなわち、(1)施釉の多様化及びその普及・一般化、(2)筆による施文の成立・普及、(3)登り窯の成立・普及、(4)磁器の成立・普及、である[4](村上2008)。これらは、有田における磁器生産専業の道程をたどるうえでも、必須の項目であると私は考えている。あらすじが見えてきた今、さらに細かい視点で検証を進めていくべきであろう。

2. 原料の入手

染付磁器が誕生していく中で、その原料をどのように入手したかは大きな問題である。過去の通説が解体された今、まずその原点に戻り、考察を加えることは有効である。次に染付製品を作る上での原料、顔料について述べる。

(1)陶石(磁石・磁土)

有田では整理・統合以前の初期の窯場の段階から、素地の原料として泉山陶

石を使用したかどうかについては現在明らかではない。整理統合以前と以後の製品の分析を行っても，初期の窯場と原料地泉山は実際に5kmと離れていない範囲にあり，素地の違いが確認できないという。過去には原明窯跡の報告書で蛍光Ｘ線による科学分析の結果として，泉山陶石ではなく竜門陶石を使用した可能性も指摘されている(森・東中川・竹山他 1981.p.44)。

これまで有田では通説に従う形で，磁器誕生の時の原料は「泉山」であるという概念にとらわれてきた。しかし有田における「泉山の発見」の大きな意義は，継続的に素地原料が得られるようになったことである。そしてその発見は，天狗谷窯跡物原の発掘調査の成果からも，1637年の有田の窯場整理・統合，内山地区成立の大きなきっかけとなったことが明らかとなった。

泉山の発見については次のような見解がある。村上伸之は従来の説の根拠である文献史料の解釈の検討を行い，「有田では，まず，李朝の白磁と類似する灰釉陶器5)が生産され，それに中国の技術が加わって磁器が完成したことを説いてきた。しかもその原料は，従来考えられているような陶石ではなく，陶土の可能性が高く，しかも泉山発見以前から，すでに磁器生産は始まっていた可能性が高い…」としている(村上1997.p.274)。野上建紀は，「磁器創始の段階においても泉山の原料が使用されていたのか。―すなわち，有田の西部地区，あるいはその周辺に磁器生産が可能な原料が存在した可能性と，泉山の原料が持ち込まれて初めて磁器生産が可能になった可能性を考えなければならない。現在のところ，有田の西部地区，あるいはその周辺で確実に磁器生産が可能な原料は確認されていないが，古文献資料にはその存在を示唆する内容が見られる。」としている(野上1997.pp.2-3)。

このように初期の窯場の近隣に原料を採取した場所を想定することができるが，原料を当初から石から土に加工したのか，また最初から土であった原料を利用したのかも含め不明な点があり，多くの課題を残している。

(2) **青色顔料**(呉須)

青色顔料，日本では「呉須：ゴス」とよばれる顔料は，中国から輸入されていたことが指摘されている(『有田町史商業編Ⅰ』p.135)。その入手について，波佐見焼について述べた例で，窯業圏の中で安定して供給を行うことのできる商人

の介在が指摘されている(野上1999.p.42)。事実,『酒井田柿右衛門家文書』に残る「赤絵始まり」の記録には,東嶋徳左衛門という商人の活動を背景にみることができる。染付磁器という新しい製品の開発にも,同じく必要な要件であったように思う6)。

　顔料が染付磁器の成立当初,中国のどこから運ばれてきたのか,記録としては明らかでないが,永積洋子編『唐船輸出品数量一覧1637〜1833年』の「唐船輸入目録－唐船貨物改帳－」では,1650年から「陶器用絵具」の語が確認できる。「陶器用絵具」の全てが,染付の絵具に該当するわけではないと考えられ,「青絵具」と表記された箇所も確認できる。この記録では1650年以前は,「茶碗」など陶磁器そのものが輸入されているが,交替するように「絵具」がみられ,17世紀後半のわが国の陶磁器生産の成長の様子を窺うことができる。船の出航先は,中国(南京,浙江省〔舟山〕,福建省〔漳州・福州・安海・沙埕〕,広東)が主であり,広南,安南,暹羅などの東南アジアの地名も混在する。1650年〜1682年の輸出時代の記録の中では,福建省の安海を出た船が31回と最も多い。実際に染付磁器の成立当初は,どこから運ばれてきたのかは検討の課題であるが,参考とすることができるであろう。特に福建省の港は,当時日本に流通した景徳鎮窯の製品,漳州窯の製品などの集積地であり,顔料と共に窯業技術伝播の窓口となった可能性が高い。

3. 初期の製品の様相

　述べてきたように日本における磁器の焼成は,1610年代頃,有田の西部地区で始まったと考えられている。この初期の窯場について触れた研究では,佐々木達夫の見解を進めた野上建紀の考察がある。「これらの磁器と共伴する溝縁陶器皿が佐賀藩・大村藩・平戸藩の三藩の境界地域に位置していることを指摘し,三藩の間の陶工の移動が頻繁に行なわれていたと推測している。有田の西部地区と波佐見の村木地区の初期の磁器製品を比較した場合,陶工の頻繁な交流を裏付ける技術的な深い関わりを指摘することができる。」とし,後の藩境を越えた技術交流の可能性が指摘されている(野上1997.p.3)。

　次に初期の窯場の製品の様相について触れていく。まず2011年に概要報告

図3　有田西部地区・小溝原(左)と小溝上窯跡(右)

書が発刊され(村上2011)、新たな検討資料が加わった小溝上窯の製品について整理し、さらに初期の窯場の製品全体についてまとめながら、その製品生産の実像に迫っていきたい。

小溝上窯は、泉山の発見者、金ヶ江三兵衛、家永正右衛門ゆかりの窯である(図3)。調査は過去6回行われ、生産品が陶器から染付磁器へと変遷していく流れも明らかになってきた。まず陶器の生産があり、やがて製品の中に磁器と陶器の混在がみられ、徐々に陶器生産が減少(器種数も減少)していく。そして原料を安定して供給できる泉山の発見があり、それによって本格的な磁器生産を行う窯場として再編が有田の中にあり、小溝窯跡群はその政策の中で整理され、廃窯を向かえたのである。概要報告書では、次の点が指摘されている[7]。

・有田の窯業の源流：伊万里の窯場の陶工の移動

小溝窯の年代の古い製品は、伊万里の藤の川内山の初期の陶器窯(茅ノ谷窯跡、阿房谷上下窯跡、勝久窯跡)の製品と類似している。これは有田の窯業が、藤の川内山の陶工の移動によって成立したという文献(『葉隠聞書・三』[8])の内容と一致すると指摘されている。

またその他の伊万里の窯場では大川地区の神谷窯跡、一若窯跡の製品と類似する大皿が確認されている。中には他ではあまりみられない二重高台の大皿も確認できる。大皿製作の技術は染付磁器にも受け継がれているようであり、小溝上窯では大皿が様々みられる(図4)。

第3部　東北アジアの染付・青花誕生

①陶器大皿

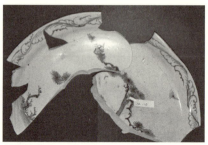
②染付大皿

図4　小溝上窯跡出土陶磁器(大皿)（有田町教委所蔵）

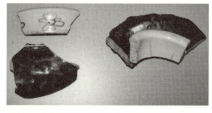
（図は写真左側破片から作成）

図5　小溝上窯跡出土染付・鉄釉壺（有田町教委所蔵）

・小溝窯での他の窯場にはない製品の特徴

　染付製品では型打ち成形の製品の他に，型押し成形による変形高台の例がみられる。また有田では1640年代に一般的になる蛇の目高台が確認できる。香炉では緻密な施文の例がみられ，それらはボシ（匣鉢）での焼成が確認されている。良質な製品に用いられるボシ（匣鉢）の使い方は，朝鮮半島の技術を踏襲している。有田では結果的に陶器には使わないため，磁器専用の道具となったという(村上2011.p.21)。他に特徴的な製品として，頸部までを白磁胎にし，体部から下は鉄釉をかけた陶胎とする染付・鉄釉壺が出土している。これについて，「口縁部と体部を別々に作り，焼成時に釉薬が溶けることにより，溶着するように工夫されている。」と説明されている。そして「見た目はまったく異なる陶器と磁器が，同じ製造者によって作られていることを示しており，また，陶器と磁器が原則的に同じ技術で生産されていることを証明する」としている[9]。(村上2011.p.23)。これと類似し口縁の歪みが少なく，別個の部品に分かれている破片を確認できたので，実測図を作成した(図5)。D-10区3a層出土で，推

定口径10.1cm，頸部が磁製であり，青色顔料で6弁の花びらを持つ花文を描く。外面下0.4cmの範囲には釉面に調整の痕跡を残し，下端部には鉄釉の製品と接着した痕が残る。肩部から下は鉄釉陶製であり，内面は肩部より下が無釉となり，屈曲部分より下にタタキ成形の際の宛て具痕が，顕著にみられる。屈曲は焼き歪みであり，本来は滑らかな曲線を描く形である。この製品からは，中国のスタイルが染付製品の基本である中で，それを超越する例が製作されていたことが解る。他に辰砂と染付を合わせた製品も確認されている [10]。染付と合わせた形で用いられるこれらの意匠は，この段階にみられるのみで後世に継続しない例であり，新商品の開発の中で，様々試された製品の一群に位置付けられるであろう。

・目積みをする染付製品の特徴

　この窯では砂目積みした磁器の数は数十種類と多く，かつその種類も極めて多彩であることが指摘されている。目積みの一番上に重ねる専用の種類の製品が存在しているという [11]（村上 2011.p.21）。目積みの染付磁器は，具体的にはつけたての筆で，線描きのみで施文する例が多い。

　以上のような小溝上窯の例も含め，確認できる窯跡出土資料を概観すると，染付製品の器種の数と質幅は，窯場によって異なっていることが解る。

　有田の西部地区の中で染付製品が種類・量ともに豊富である窯場は，小溝上窯と天神森窯である。この2つの窯は，有田川が中央を流れ，小溝原，南川原の農地に利用された平地が広がる南北の斜面に築かれている。磁器の生産以前に行われていた陶器生産の様相からみても，この地域の中で早い段階から成立していることが解る [12]。

　2つの窯では染付製品の器種も豊富ながら，文様の描き方にも多様な例がみられる。基本的には線描きのみで構成する例と，線描きと濃み（だ）を組み合わせる例がある。さらに目積みを行う製品とボシ（匣鉢）に入れる製品，焼台に単体で置く製品など窯詰め法の違いによっても，施文内容が異なっている。大量生産品では筆の運筆に任せた線描きの例が多く，匣鉢や重ね積みをしない製品では，線描きのみで緻密に書き込む例や，明瞭な線描きと濃みを組み合わせた例などが確認できる [13]。

第3部　東北アジアの染付・青花誕生

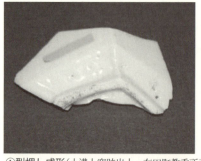

①型押し成形（小溝上窯跡出土・有田町教委所蔵）

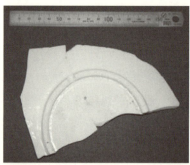

②高台内無釉（向ノ原窯跡出土・有田町教委所蔵）

③高台内圏線・銘（天神森窯跡出土・有田町教委所蔵）

図6　中国青花瓷器のスタイルを基本とした技法や模倣

　そして染付製品の誕生と共に，既存の陶器製作にはない型打ち成形，型押し成形など中国から直接入ってきた可能性のある成形技術がみられる。型打ち成形の製品には，その型に合わせ，文様を描き込んだ良質の製品もみられるが，同時に施文内容が単純な量産品にもみられ，製品の質幅問わずに広く用いられ

日本染付磁器誕生

①向ノ原窯跡出土　　　　　　　　②畑ノ原窯跡出土

図7　砂目積み陶磁器(右・磁器：有田町教委所蔵　左・陶器：波佐見町教委所蔵)

た。型打ち成形は皿に多く用いられ，陶器の製作にも応用された。また中国のスタイルを模倣すべく，文様の内容として『八種画譜』などの画集を部分的に使ったことは知られているが，中国瓷器の外観を意識して高台内を無釉にする例や，高台内銘を伴う例もみられる(図6)。

　いっぽうで1610年代から泉山発見後の1637年の有田の窯場整理・統合までの中での，染付製品の変遷については明らかになっていない。この時期の製品は，国内に大量に流通していた訳ではなく，現状では消費地での出土例も少ないことが解っている。それは同時に，製品の細かい編年をすることも，困難であることを示している。

　2000年にまとめられた『九州陶磁の編年』の中で，窯跡の物原の出土状況から比較的早い段階の資料として位置付けられているのが，向ノ原1号窯物原9層の染付である[14](図7-①)(野上 2000.p.80・106)。その描かれた文様をみると，つけたての筆で線描を行う砂目積みの碗・皿などの製品である。それらは透明釉をかけた陶器と共に出土している。透明釉の使用は，染付製品には必要不可欠な要素であるが，有田西部地区周辺の窯では，陶器の主力は灰釉および透明釉を用いる砂目積みの大量生産品であった。広くこの窯業圏に分布した溝縁陶器皿も，それに該当する(図7-②)。そしてこの砂目積み陶器と共に，つけたての筆で施描を行う砂目積みの染付製品が，初期の窯場の広い範囲で確認されている。目積みの皿は，内底を使用して目積みを行うため，内側面が施文箇所として利用された。重ね焼きの製品には中国のスタイルを模倣し，内底を蛇ノ目

271

第3部　東北アジアの染付・青花誕生

図8　型打ち成形の菊花形陶磁器皿(左：陶器・右：磁器)（向ノ原窯跡・有田町教委所蔵）

釉剝ぎした例がある。釉剝ぎ自体が重ね焼き焼成のための技法であるが，有田では例外なく砂目を併用している。

他に初期の窯場で広く共通して製作されていた染付製品は，15cm以下の菊花形の型打ち成形皿である（図8）。施文は単純であり，文様を輪郭線のみで描くか，つけたての筆で描く例が多い。これらは染付製品の中でも，大量生産品とも位置付けられる。

染付製品の分布傾向をみると，窯業圏の中心である小溝原，南川原から距離的に離れた窯場に行くにつれて，その種類(器種，質幅)が少なくなり，広く共通して製作された製品に限定されてくる傾向がある。例として畑ノ原窯跡の染付製品の中心は，つけたての筆で施描した菊花形の型打ち成形皿であり，広く共通にみられる製品が中心となっている。この菊花形の型打ち皿の分布には，偏りがあることも指摘されている(野上2000.p.107)。また分布状況をたどる中で製品の類似性が，窯業圏内での陶工の移動も伴う技術伝播を現すのか，大量生産品として簡易な技術が中心の窯場から周辺に広がったとみるのか，その位置付けについては今後の課題といえる。後者の場合，時間差を考える必要があり，この菊花形型打ち皿は1610年代〜30年代の中でも後半の製品群と考えることもできる。

日本の染付製品は，成立から数十年の中で，種類(器種，質幅)も豊富な陣容が整ったといえる。そして泉山の発見以後，磁器専業に向けた有田の窯場の整理・統合が行われる。これをきっかけとして，姿を消す製品もある。大量生産を目的とした染付製品の中では，数量を多く作ることのできる朝鮮半島のスタイルの目積みの製品は淘汰され，同形の製品を効率的に多く作ることのできる中国のスタイルの型打ち成形の製品は，継続して製作された。これも日本の染

付磁器が，当初から中国の青花瓷器を意識していた所以である．

おわりに

　現在の研究をふりかえり，過去の概説書に書かれている通説は，既によりどころはなく，新たな分析が必須であることをまとめてきた．特に初期の窯跡は，考古学的研究の中で当初から調査対象であったため，各々の窯跡資料は異なった調査法の中で収集された例がある．今後はそれをふまえた詳細な分析も必要であろう．さらによりいっそう資料を蓄積し，改めてこの課題に取り組んでいきたいと考えている．今回述べてきたことは，次のようにまとめられる．

①日本の染付磁器誕生を考えるうえで，背景として既に中国陶瓷の生産品の主体が青花製品であり，わが国に深く浸透していた点が他の国での青花の意匠の成立と異なっている．当時，わが国では青花製品＝中国のスタイルという既定概念が当たり前の中で，日本の染付磁器は，中国の製品の外観を模倣する形で生まれた．

②陶器生産の中での既存の技術と，磁器生産の開始に伴う新たな技術を整理すると，確実に中国から直接移入された技術がある．それは基礎となっている朝鮮半島の窯業技術の主流にない，型を用いた器形の成形（型打ち成形・型押し成形）と，わが国では入手できなかった青色顔料（呉須）である．これらはその使用法も含め，技術を持つ者との接触がなければ，不可能である．肥前磁器の海外輸出時代の記録では中国福建省を中心とした港から運ばれる「陶器用絵具」の輸入が多い．そして「染付磁器」という新商品の開発にはコーディネーターが必要であり，青色顔料の入手も含め，記録には残らない商人の介在があったと考えられる．例として『酒井田柿右衛門家文書』「赤絵始まり」の記録に残る伊万里の商人，東嶋徳左衛門のような人物の存在が推測される．

③1637年の有田の窯場整理・統合と「泉山の発見」は深く結びついている．窯場整理・統合以前の窯業圏の中心は，小溝原，南川原周辺の窯場にあり，小溝窯跡群と天神森窯跡群が製品の種類（器種，質幅）が多様である．初期の

それぞれの窯場では，同じ主題であっても，様々な施描法を用いた製品が作られる。しかしいっぽうで，広く共通してどの窯場でも製作されている大量生産品とも位置づけられる製品がある。分布の傾向として，初期の窯業圏の中心である小溝原，南川原から離れた周縁の窯場では，製品の種類が少なくなり，広く共通して製作されている製品の占める割合が高い。そして窯場の整理・統合以降も量産の方法として選択されたのは，朝鮮半島の技術の目積みによる窯詰めではなかった。同形の製品を多く作ることが可能な，中国から導入されたと考えられる型打ち成形の技術であった。

注
1) 「磁器」と「瓷器」は，中国の「瓷」と日本の「磁」の概念をふまえ，区別して表記した。
2) 矢部良明は，早くから天狗谷窯・猿川窯から出土した染付磁器の文様に，景徳鎮窯の染付磁器の文様を手本としている例がかなり認められていることに気付き，比較している(矢部1978)。また著書の中で「16世紀の室町後期になると，中国製の粗製の染付磁器が全国を潤し，一部は北海道にまで達したのであるから，いまや染付でなくては購買層の関心を引きつけることはできなくなっていったのである」と述べている(矢部2000.p.14)。
3) この項目は，1965〜1970年の天狗谷窯跡発掘調査の調査主任，倉田芳郎が記述している。1993年に発行された辞典であり，現在の研究では細かい点で修正が必要であるが，通説を適切に説明されており，そのまま引用した。
4) 占地できる箇所の少ない有田において，本格的な磁器生産が行われるのに必須であった窯の形が，連房式登り窯である。
5) 村上伸之は，現在は「灰釉」の表現を緑色系の仕上がりの製品に用い，白色系の仕上がりの製品には，「透明釉」の語を使用している。透明釉の使用は，染付製品には必要不可欠な要素であり，本文中の「灰釉」は「透明釉」の製品が該当すると考えられる。
6) 矢部良明は，染付磁器(伊万里焼)の成立について，その基礎は朝鮮半島からの陶工が中心的役割を担い，中国人が技術者として，日本の商人が製品の流通業者としてそれぞれ組み合う関係をつくり，その製陶活動全体を鍋島藩が総括したという図式を想定している(矢部2000.p.15)。
7) 小溝上窯の1994年の調査に，私自身も参加させていただいた。この遺跡で確認できた5つの窯の中で，確実に陶器だけ生産した時期があるのは1号窯のみであり，5基の窯体ではいずれも陶器と磁器が併焼されていた(村上2011.p.20)。そして調査区のBからG区は1号窯ないし2号窯のものと推定でき，I区以北は3号〜5

号窯の製品と推定されている。本文中の報告書の内容および，ご教示いただいた点をまとめた。解釈に関する誤認はすべて筆者の責である。
8) 『葉隠』の著者，山本常朝の父の年譜，『山本神右衛門重澄年譜』の内容にも同じ記載がある。
9) 有田の同じ窯場の中で，朝鮮半島において陶器を作っていた陶工集団と磁器を作っていた陶工集団を区別し，各々が並存して存在したと考える向きもある。しかし仮に両方に違いを求めた場合，この製品は2つの陶工集団が別々の工程を経て，最後に合わせた合作となるが不自然な解釈である。この点はご教示いただいた。
10) 辰砂と染付については，どちらが先か，年代の前後関係は不明である。辰砂は初期の窯では，清六ノ辻窯跡群，向ノ原窯跡などでも確認されているという。
11) 目積みの製品の特徴としては，概して鉄分の多い素地か軟質磁器で，黄ばんだ感じの呉須のものが多く，簡素で独特の絵柄であるとしている。そしてこの特徴は，他の窯跡でも同じであるという(村上2011.p.21)。
12) 小溝上窯と天神森窯の窯場の染付製品の大きな特徴として，小溝上窯では他の窯に比べ大型品が多く，碗・瓶などの器種が多い。天神森窯では丁寧に緻密に文様を描いた製品が，多く存在することが挙げられる。三川内焼の『今村氏文書』「国々焼物皿山元祖並年数其外高麗ヨリ来ル人書留今村如猿記之」の中に「小溝山」と「南川原山」としてこの2つの窯場が挙げられているのは，当時窯業圏の中心であったと考えると自然である。
13) 小溝上窯では，ボシ(匣鉢)に入れて焼成される香炉類にこの施文法が確認できる。
14) 野上建紀は，当該期にあたるⅡ-1期について前半と後半に分けて推定している。前半期の資料として，向ノ原1号窯物原9層の資料の他に，天神森3・4号窯・Ⅰトレンチa窯築窯以前の土層から出土した製品を相対的に古い製品としている。また後半の資料として，小樽2号窯や岩中窯，猿川窯などと共通する意匠の製品が登場する天神森7・4・3号窯，小溝上3〜5号窯，小溝下窯，迎の原上窯などを指標として挙げている(野上2000.p.76)。また初期の製品の出土する向ノ原1号窯物原9層には，ボシ(匣鉢)がみられず，その上層から出土していることが報告されている(村上・野上1991.p.34)。

参考文献
・発掘調査報告書
佐々木達夫 1988『畑ノ原窯跡』波佐見町教委
中野雄二 1995『古皿屋窯跡・鳥越窯跡』波佐見町教委
野上建紀 2010『国史跡天狗谷窯跡―史跡肥前磁器窯跡(天狗谷窯跡)保存整備事業報告書―』有田町教委
三上次男・倉田芳郎他 1972『有田天狗谷古窯』有田町教委
村上伸之 1988『小溝中窯・小溝下窯・清六ノ辻1号窯・清六ノ辻大師堂横窯』有田町教委
村上伸之・野上建紀 1991『向ノ原窯・天神山窯・ムクロ谷窯・黒牟田新窯』有田町教委
村上伸之・野上建紀 1993『小物成窯・平床窯・掛の谷窯』有田町教委

第 3 部　東北アジアの染付・青花誕生

村上伸之・野上建紀 1994『小溝上窯・年木谷 3 号窯』有田町教委
村上伸之・野上建紀 1995『小溝上窯・向ノ原窯』有田町教委
村上伸之・野上建紀 1996『天神森窯・小物成窯』有田町教委
村上伸之 2011『町道三代橋～宮ノ元線道路建設に伴う小溝上窯跡発掘調査概要報告書』有田町教委
森醇一朗・東中川忠美・竹山尚賢他 1981『原明古窯跡』西有田町教委
・論文・その他
大橋康二 1983「伊万里磁器創成期における唐津焼との関連について－窯詰技法よりみた－」『佐久間重男教授退休記念中国・陶磁史論集』遼源.pp.519-532
大橋康二・尾﨑葉子 1988『有田町史古窯編』有田町史編纂委員会
大橋康二 1988『西有田の古窯　西有田町史別編』西有田町史編纂委員会
佐々木達夫 1984「磁器生産の開始」『講座日本技術の社会史 4 窯業』日本評論社.pp.153-177
永積洋子編 1987『唐船輸出入品数量一覧 1637 ～ 1833 年―復元唐船唐物改帳・帰帆荷物買渡帳―』創文社
野上建紀 1997「肥前における磁器産業について―生産施設及び環境を中心に―」『有田町歴史民俗資料館・有田焼参考館研究紀要第 5 号』有田町歴史民俗資料館・有田焼参考館.pp.2-53
野上建紀 1999「波佐見焼の成立について」『波佐見焼 400 年の歩み』長崎県波佐見町.pp.40-46
野上建紀 2000「磁器の編年（色絵以外）1. 碗・小坏・皿・紅皿・紅猪口」『九州陶磁の編年』九州近世陶磁学会.pp.76-157
野上建紀 2002『近世肥前窯業生産機構論―現代地場産業の基盤形成に関する研究―』金沢大学博士論文
村上伸之 1997「日本の磁器創始を再考する」『倉田芳郎先生古希記念論文集生産の考古学』同成社.pp.267-274
村上伸之 1998「日本磁器の創始を考察する一つの視点」『肥前陶磁シリーズⅡ初期伊万里―小皿編―』古伊万里刊行会.pp.62-78
村上伸之 2002「肥前陶磁の源流―今，生産技術の視点からどこまで追えるのか―」『国立歴史民俗博物館研究報告第 94 集』国立歴史民俗博物館.pp.441-468
村上伸之 2008「肥前の近世窯業―日本の窯業の近世化に及ぼした影響について―」『生産の考古学Ⅱ』同成社.pp.411-425
矢部良明 1978「初期伊万里染付の起源と展開―中国陶磁との関連から―」『世界陶磁全集 8　江戸（三）』小学館.pp.149-183
矢部良明 2000『世界をときめかした伊万里焼』角川書店

有田皿山における藩窯の成立背景

野上 建紀

はじめに

　佐賀藩による保護と管理が最も徹底した窯場が藩窯であったと言ってよいだろう。もちろん，時代によってその徹底の程度は変化したと思われるが，他の窯場に比べて相対的に最も厳しく，かつ最も手厚い措置が施された窯場であったことは確かであろう。政治自体が経済状況と関わりをもつものであるから，巨視的には経済状況が背景として存在するが，直接的には市場の原理よりも佐賀藩の政治的事情が優先される窯場が藩窯であった。

　本論では佐賀藩による有田皿山への本格的介入である寛永14年(1637)の窯場の整理統合，そして，それ以後の窯業圏の変遷を見ながら，藩窯の成立背景を考えたいと思う。

1. 寛永14年(1637)の窯場の整理統合

　有田皿山に対する佐賀藩による本格的介入は，寛永14年(1637)の窯場の整理統合である。これは山を伐り荒らすからという理由で，窯場と陶工の数を制限する施策であった。燃料となる薪の供給が限られた結果，より付加価値の高い磁器を中心にした生産に移行することになる。その背景にあるのは，泉山磁石場の発見である。良質で豊富な磁器原料の発見によって，磁器の専業化が可能になったのである。磁器の専業化が佐賀藩の政治的理由のみによるものではないことは，隣藩の大村藩の波佐見でも同様に，磁器専業化に向かうことからも明らかであり，経済的な必然性もまたあったのであろう。

　それでは窯業圏がどのように変化したか。それまで有田西部地区を中心に三藩境界域(佐賀藩・大村藩・平戸藩)に成立していた窯業圏(図2・3)は，窯場の整理

第3部　東北アジアの染付・青花誕生

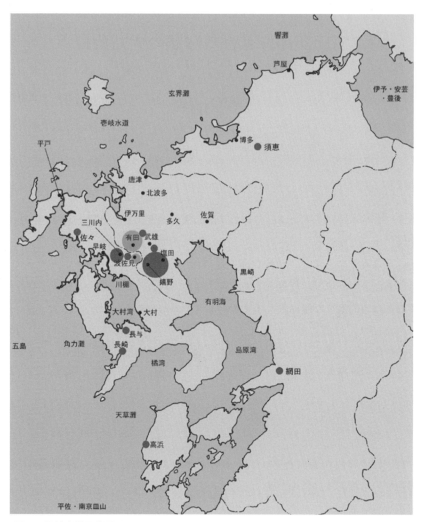

図1　肥前窯業圏位置図

統合でその求心力となっていた中核の有田西部を失うことになった。佐賀藩の有田皿山が窯場の整理統合によって，原料産地の泉山に近い東部地区(後の内山地区)に窯業圏が形成される時期と相前後して，波佐見でも三股陶石が発見され，有田西部に近い村木地区から原料産地に近い三股地区・中尾地区へと窯場の中心が移動する(図4)。同様に平戸藩でも木原地区から三川内地区へと中心が移動する。

有田皿山における藩窯の成立背景

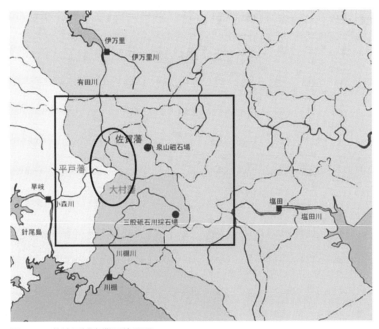

図2　三藩境界域窯業圏位置図

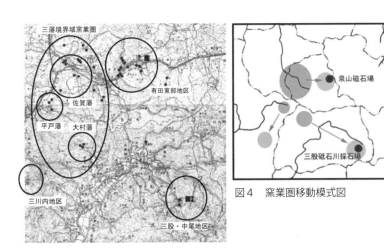

図3　1580～1640年代の古窯跡分布図

図4　窯業圏移動模式図

第3部　東北アジアの染付・青花誕生

三藩の境界域で技術や情報を共有していた段階から，それぞれの藩で自己完結するような窯業圏が形成されていったのである。藩窯の前提となる藩の窯業が確立したのであり，いわば有田焼・波佐見焼・平戸焼の産地の成立と言ってよい。

2. 窯場の再編成

窯場の整理統合以後，江戸時代を通して東部地区（後の内山地区）が有田の窯業圏の中心となるが，その基盤は17世紀後半の間に形成される。ここではその形成過程をみていく。

図5～7は，それぞれ1650年代頃，1650年代後半～1660年代頃，1670年代頃の有田東部地区（内山地区）の窯場の分布状況を示したものである（野上1994，p24-28）。

1650年代頃，窯場は中樽川や白川，年木谷などの川や谷の上流域に立地している。窯の立地条件として自然環境や地理的環境を重視したものと思われる。初代金ヶ江三兵衛が泉山磁石場を発見して，最初に築いたとその子孫が書き記

図5　1650年代頃の有田内山地区の窯場と川

有田皿山における藩窯の成立背景

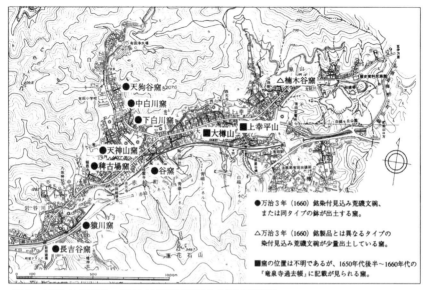

図6　1650年代後半～1660年代頃の有田内山地区の窯場

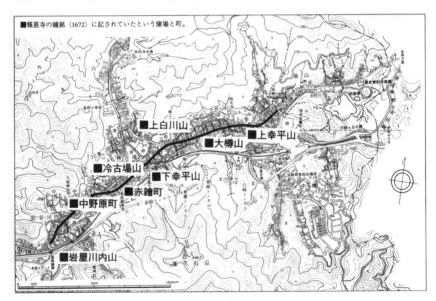

図7　1670年代頃の有田内山地区の窯場と幹線

す天狗谷の開窯について，「第一水木宜故，最初は白川天狗谷ニ釜を立，」(『金ヶ江家文書』)とあるが，まさにその立地条件を端的に表現している。

続いて海外貿易が本格化していく1650年代後半〜1660年代頃になると，まず赤絵屋が密集化し，これが後の赤絵町となる。そして，有田の最東部の窯場が姿を消している。最東部は原料産地である泉山磁石場に最も近い場所であるため，早い段階からいくつかの窯が築かれていた。原料入手の点では最も至便であるが，その他の点では不便で辺鄙な土地であることから廃窯となったと推測する。『金ヶ江家文書』の文化4年(1807)には「上幸平山中樽奥江も百軒程之釜相立候処，余り片付候場故相止，其後は村々所々江釜を移し」とあり，その記述は考古資料等から推測される当時の窯場の興廃状況と矛盾しない。

1670年代になると，窯場はかなり集約されている。それ以前は一つの窯場に複数の窯が存在したが，およそ一つの窯場に一つの窯のみが存在するようになっている。しかもそれらは有田内山を東西に走る幹線沿いに分布している。自然条件を重視して，窯が築かれていたが，内山地区内のインフラ整備が進み，むしろ社会的条件が優先されるようになったと考えられる。それぞれの窯というよりも内山地区全体が一つの窯場として，効率的に機能するような配置となっている。特に赤絵町は，内山地区の色絵製品を効率的に生産するために機能的な位置にあり，そのことをよく表している。

3. 窯業圏の再拡大

次に有田皿山全体についてみてみる。大きな流れとしては，整理統合によって一度は東部地区(内山地区)に集約された窯業圏が需要の拡大によって，再び窯業圏の範囲が再拡大する傾向がある(図8)。これは先に述べた東部地区の窯場の再編成と連動するものである。大橋康二はこの再拡大の傾向について，「輸出などが盛んになると輸送距離の短縮のため，製品の搬出港伊万里や海外輸出港長崎に，地理的に近い西部に移動したのであろうと推測される」とする(大橋1988, p209)。

窯業圏の再拡大については二つの段階があり，まず窯場の整理統合後まもなく国内市場を獲得していく過程の段階(1640年代)，続いて海外貿易が本格化し

有田皿山における藩窯の成立背景

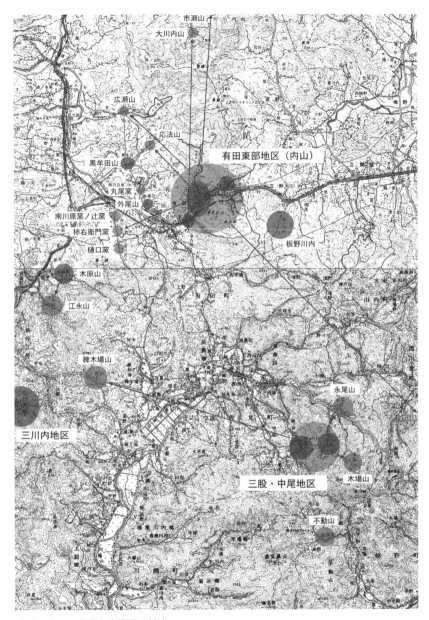

図8　陶工の移動と窯業圏の拡大

ていく過程の段階(1650〜1660年代)である。前者の段階で新たに興った窯場は広瀬山などである。本格的に拡大するのは後者の段階であり，柿右衛門窯，窯の谷窯，掛の谷窯，丸尾窯，大川内山など有田・伊万里地区の窯場の他，吉田山，不動山など現在の嬉野市の窯場も興っている。そして，新興の窯場に参画する陶工は，東部地区から流出した陶工ばかりではなく，東部地区以外の旧来の窯場の陶工も関わっている。例えば応法山の成立には旧来の黒牟田山の陶工が関わっていると推測される(野上1994)。また，丸尾窯も黒牟田山や外尾山などの陶工が関わっている可能性が高い。

そして，大量貿易時代が到来すると，佐賀藩だけでなく，他藩でも新たに窯場が興り，窯業圏が拡大している。例えば波佐見地区などは1660年代に，永尾山，木場山，稗木場山が新たに興り，江戸時代を通した生産体制がほぼ確立する。

4. 大川内山の成立と御道具山の変遷

寛永14年(1637)の窯場の整理統合の際に統合された範囲の中に大川内地区は含まれていない。また，承応2年(1653)の『万御小物成方算用帳』の窯場の内訳の中にも大川内地区の窯場は認められない。これまで1640年代以前の磁器製品の出土はみないので，1653年の時点でもまだ窯場として再興していなかった可能性が高い。また，有田町内の竜泉寺の過去帳の中の大川内山の記載の初見は延宝7年(1679)であり，1683年までの間に4件の記載が集中している(表1)。1679年以前に有田方面から陶工集団が移ってきていることが推測される。よって，文献資料等から推測される大川内地区の窯場の成立は，1653〜1679年の間である。このことは考古資料においても矛盾するものではない。

続いて御道具山の位置や変遷を記した文献として，よく紹介される『有田皿山創業調子』掲載の『源姓副田氏系圖』をみてみる。それによると「御道具山」について初代喜左衛門日清の項に「附承應萬治年中迄御道具山岩谷川内ニアリ」，二代喜左衛門清貞の項に「寛文年中御道具山南川原へ移」，三代藤次郎清長の項に「延宝年中御道具山大川内へ移」とある。承応・万治年間の岩谷川内にある御道具山については，他に史料が残されていないが，南川原について

有田皿山における藩窯の成立背景

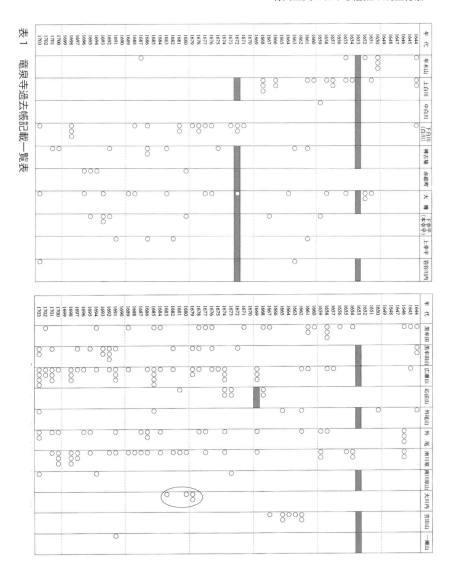

表1 竜泉寺過去帳記載一覧表

は、『柿右衛門家文書』に、柿右衛門家に御注文品があったこと、御道具屋や赤絵釜が下されたことが記されており、ある時期に南川原に御道具山があったことは確かであろうし、それが寛文年間である可能性も高い。

　これを考古資料で検証してみる。先の『源姓副田氏系圖』を見ると、御道具山は岩谷川内山から南川原山へ、そして、さらに大川内山へ移転したとある。

285

御道具生産に関わった陶工もまたそのように移転したのであれば，岩谷川内山と南川原山の製品には共通点が見られ，南川原山と大川内山の製品の間にも共通点が見られる可能性が考えられるが，実際にはそうではない。各窯場でそれぞれ御道具山に該当すると推定される窯は，岩谷川内山が猿川窯，南川原山が柿右衛門窯，大川内山が日峰社下窯・鍋島藩窯である。これらの出土資料を比較すると，猿川窯と日峰社下窯の共通点は多いが，柿右衛門窯と他二者の共通点は少ない(野上 1996)。つまり，岩谷川内山と共通点が見られるのは，南川原山ではなく，むしろ大川内山であり，陶工は岩谷川内山から大川内山へ直接移動したことを示唆している(野上 2002)。一方，柿右衛門窯は有田東部地区の楠木谷窯との共通点が多く(大橋 1987)，楠木谷窯があった年木山から南川原山へ陶工が移った可能性を示している。

後に大川内山が藩窯として成立するのは確かである。南川原の酒井田柿右衛門家が御道具の注文を受けていたことも文献史料から伺えるが，酒井田柿右衛門自身は，岩谷川内ではなく，年木山から南川原山へ移っているようである。これについてはどのように解釈すればよいか。

大川内山に藩窯が成立する以前，すなわち，承応・万治年間の岩谷川内山，寛文年間の南川原山に御道具山があったとされる時期は，まだ御道具山が他の窯場と明確に区別されたものではなく，それぞれの時期の御道具山の中心的存在という位置づけではなかったかと考える。

南川原山に御道具山が置かれた理由は，酒井田柿右衛門家らが持っていた付加価値の高い技術であろうと考えられる。1640 年代に開発された赤絵技法や 1650 年代後半に開発された金銀焼付技法は，いずれも喜三右衛門(初代柿右衛門)が開発に関わったと『酒井田柿右衛門文書』に記されている。最も付加価値の高い製品が「御道具」として選ばれるのはむしろ当然である。一方で柿右衛門窯の場合，器種において非常に偏りがある。小皿・中皿が中心で碗・瓶・壺類の出土品は極めて少ないのである。そのため，柿右衛門窯だけで全ての器種を網羅することは難しく，単独では御道具の全てを生産することはできない。この段階では「御道具」を生産する陶工が専門業者化しておらず，社会的分業化されていないのではないかと思われる。

次に大川内山への「御道具山」の移転について考えてみる。南川原山に御道

有田皿山における藩窯の成立背景

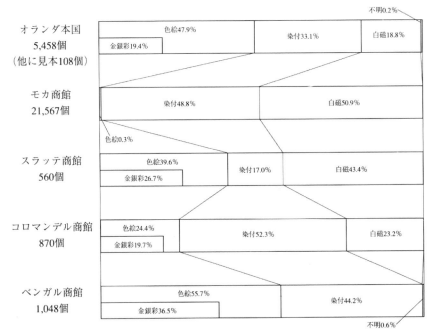

表2　オランダ連合東インド会社による肥前陶磁送り先

具山があった頃,すでに大川内山は成立しており,岩谷川内の陶工が移動していた可能性についてはすでに述べたとおりである。また,御道具の生産が南川原山だけではまかなえないことも述べた。そのため,大川内山もその一端を担っていた可能性は高いと思う。

そして,色絵技術が普及すると,色絵というだけで付加価値を維持できるものではなくなる。表2でわかるようにオランダからの大量注文の中で色絵磁器が占める割合は高い。遠隔地に輸出するにあたって,付加価値の高い製品が選ばれることは当然であろうと思う。それに応えるように海外貿易の本格化に伴い,良質な色絵製品の量産を行うために赤絵町が形成されたわけであるが,量産化は色絵そのものの付加価値を下げる結果にもつながるのである。さらには赤絵創始や金銀焼付に関わったとされる喜三右衛門が寛文6年(1666)に没している。

海外貿易の本格化で色絵製品が量産されたことで,色絵そのものの付加価値が低下したことに加え,功績ある喜三右衛門も亡くなったことで,南川原の相

対的地位が低下し，御道具山を南川原に置く意味が薄れたのではないかと思われる。

5. 窯場の再編成と藩窯の成立

　窯場の再編成により，有田の東部地区においては旧来の生産技術が淘汰されていった。17世紀中頃以降，いわゆる「初期伊万里」的な製品は姿を消していった。そして，窯業圏の再拡大の過程で，品質的な地域的分業が行われ，東部地区では良質な製品を量産する体制が整うことになる。そして，窯場が再編成される過程の中で，多くのことが制度化されていった。すでに述べた赤絵町の成立もその一つである。少なくとも内山地区で生産する色絵磁器の上絵付けはほぼ独占的に赤絵町で行われることになる。正確な時期は明らかではないが，泉山陶石の供給の制度化も含まれるだろうと思う。

　そして，藩窯の成立もそうした制度化の延長にあると思う。元禄6年(1693)に二代藩主光茂が有田皿山代官に宛てた『元禄六年光茂様有田皿山代官江相渡手頭写』(佐賀県立図書館保管)には「一，献上陶器の品，脇山にて焼立，商売物に出し候ては以ての外宜しからざる事に候，脇山の諸細工人大河内本細工所へ濫に出入致さざる様申付け置く可き事。」とある。「脇山」の中で最も警戒すべきは，良質な製品を量産する体制を整えた有田東部地区(内山地区)であることは言うまでもない。そのため，東部地区とは一定の距離を置く必要が生じたと考えられるが，一方でその産業の中心地から離れた大川内山で最高水準の製品を生産し続けるためには，それなりの制度が必要となる。良質な原料の安定的な供給を行う制度や継続的に優秀な技術者を確保する制度，そして，技術が他に洩れないための制度など，藩窯の制度上の成立のためには，多くの体制整備が必要とされる。その時期がいつであるか正確にはわからないが，『竜泉寺過去帳』の記載が大川内山の窯場としての成立時期である1650～1660年代には全く記載が見られず，1680年前後に集中していることに注目したい。1670年代頃に新たな陶工集団が大川内山に合流した結果ではないかと思うのである。すなわち，御道具山が大川内山に移り，藩窯として制度化するにあたり，改めて有田の優秀な陶工を集めた可能性を示している。

おわりに

　17世紀後半の窯場の再編成，そして，窯業圏の拡大に伴って，有田の窯業圏は分業化が進んでいった。これは赤絵町のような生産工程上の分業化だけでなく，地域的な機能分化が進んでいった。そして，それに合わせて制度化も進んでいったと考えられる。藩窯もまた目的に応じて機能を分化させた地域的分業化の流れの中に位置づけられると思われる。

引用文献・参考文献
大橋康二 1987『楠木谷窯・小溝上窯－肥前地区古窯跡調査報告書第4集－』佐賀県立九州陶磁文化館
野上建紀 1994「応法地区における窯業について－肥前有田における窯業生産体制についての一考察－」『有田町歴史民俗資料館・有田焼参考館　研究紀要』第3号 p1-54
野上建紀 1996「有田皿山における大川内山の位置づけ」『初期鍋島－初期鍋島の謎を探る－』古伊万里刊行会編 p47-62
野上建紀 2002『近世肥前窯業生産機構論－現代地場産業の基盤形成に関する研究－』博士論文（金沢大学）

唐青花研究の再思考

劉　朝　暉

はじめに

　中国陶磁の発展史において，唐青花の出現は，時代を画する意義をそなえていることは疑いない。1975 年，南京博物院・揚州博物館・揚州師範学院で組織された発掘グループによって，揚州師範学院唐城遺跡の発掘現場で初めて唐青花陶枕の残片が発見された（南京博物院ほか 1977）。続いて 1983 年には，揚州培訓中心 " 中国古陶瓷鑑定学習班 " の学生と揚州博物館の研究員により，市街地にある文昌閣付近三元路基礎建設現場において，唐青花の壺，碗，盤など大きく 3 種に分類される残片がさらに 10 片採集され（文化部文物局揚州培訓中心 1985，揚州博物館 1985，顧ほか 1985，馬 1985），陶磁器の研究界において大きな議論を引き起こし，唐青花研究の第 1 次ブームを形成した。

　1990 年 6 月〜 1991 年 4 月，中国社会科学院考古所・南京博物院・揚州文化局で組織された揚州城考古チームは，揚州工人文化宮唐代建築基礎跡の発掘中に，碗や盤，壺，枕などの唐青花の陶片 14 片を発見した（中国社会科学院考古研究所等 1994，中国社会科学院考古研究所ほか 2010）。2002 年〜 2007 年，揚州文物考古所はまた市街地の汶河南路・唐宋城東門遺跡・文昌広場の第 2 期発掘などにおいて唐青花の盤や碗，枕などを発見している。

　1998 年 9 月〜 1999 年 6 月，インドネシアのブリトゥン島付近の海域で発見された黒石号沈船の中から 3 件の唐青花の完形品が引き揚げられ，再度研究界において唐青花への関心と注目が高まった（謝 2002・2005）。

　2002 年，河南省文物考古研究所が鞏義市黄冶窯の窯跡発掘中に唐青花の残片を発見し，馮先銘に代表される先達の推論を裏付けるように，唐青花の生産地問題を解明するための実物証拠が提供された（郭等 2003）。2007 年には鞏義市白河窯跡においても唐青花の合子などの残片が出土し，唐青花の産地問題はま

すます明らかにされつつある(趙ほか2008, 河南文物考古研究所ほか2009)。

　2008年11月中国古陶瓷学会と揚州文化局が共同で、揚州において唐代青花をテーマとしたシンポジウムを行い、揚州市文物考古所など関係機関から揚州出土の唐青花を集めて展示し、参加者に見学の機会が与えられたが、筆者もまた見学する幸運を得た。2009年10月鄭州で行われた中国早期白瓷と白釉彩瓷についてのシンポジウムでは、河南考古所が鞏義市黄冶窯と白河窯の窯跡出土の唐青花の陶片を出展しており、実見した。本研究では、このような唐青花に関係する考古学的発見に対して整理し、さらに研究者の間で高い関心が寄せられている唐青花の菱形花葉文や唐青花の絵付け技法およびその技術の由来、唐青花の消費市場などの問題についても併せて検討を加えたい。大方の御批正を仰ぎ、本研究が深まることを期待する。

1. 唐青花の考古学的発見と出土状況

(1)国内遺跡
①揚州
A. 唐城遺跡

　1975年、南京博物院・揚州博物館・揚州師範学院で組織された発掘グループによって、揚州師範学院唐城遺跡の発掘現場T2地点において、初めて唐青花の陶枕の残片が発見された(図1)。長8.5、幅7.6、厚0.6cm。胎土は灰白色で、表面には細かな貫入がある。青花は藍色を呈し、文様は葉散らし文と菱形文である。陶片が出土したのは深さ4.34mの攪乱を受けていない文化層であり、褐釉瓷の罐と"開元通宝"の銅銭を共伴している。報告によると出土遺物はすべて晩唐のものであるといい、発掘報告の中でこの陶片に特別な関心が払われた(南京博物院ほか1977)。

B. 市街地文昌閣付近三元路基礎建設現場、および唐代羅城に属す範囲、すなわち唐代揚州の商業地区
a. 市街地文昌閣付近三元路基礎建設現場

　1983年秋冬、揚州培訓中心"中国古陶瓷鑑定学習班"の学生と揚州博物館の研究員が市街地にある文昌閣付近の三元路基礎建設現場において唐青花の陶

唐青花研究の再思考

図1　唐青花枕残片

図2　唐青花玉璧高台碗

図3　唐青花大碗残片

片を採集し，培訓中心の標本室に8片が蔵された。採集陶片の中には，壺，碗，盤などの3種の器形がみられる（文化部文物局揚州培訓中心1985）。そのうちの玉璧高台碗の残片サイズは，長16.7，幅7.6，高台幅3.4cmだった。見込みには青花で菱形花葉文が描かれており（図2），底裏は唐代の典型的な玉璧高台である。輪花盤の残片サイズは，長10.8，幅3.6，厚0.5cmである。器高は低く，やや腰が張った器形である。輪花形の口縁には凸線で稜が付され，口縁付近に花文が描かれている。

b. 文昌閣の東，三元路北側の紡工大楼の工事現場および紡工大楼から約110m西側の工事現場

　1983年11月上旬，揚州博物館の研究員が文昌閣の東方，三元路北側の紡工大楼の工事現場において唐青花大碗の残片1片を採集した。復元されたサイズは，器高5.9，口径21，足径11.7cmである。化粧土が施されており，釉色はやや黄味がかった白色である。高台がつく。碗内には十字に文様が配されており，見込みには団花文，口縁には雲文が描かれている（図3）。その半月後，紡工大楼の約110m西側の別の工事現場からも，さらにもう1件，青花で唐草文が描かれた碗の残片が採集された（顧ほか1985）。

c. 三元路郵電大楼工地

　1983年下半期，揚州博物館の職員が三元路の郵電大楼の工事現場において考古調査を行ったところ，唐代の土坑の中から青花盤の残片1件が発見された。高3.4，復元された口径は14.4cmだった。四弁の輪花形であり，それに沿って直線の稜が付けられている。口縁は外反し，折腰である。青花の色はやや淡く，にじんでいる。見込みには団花文，内側面には雲気文が描かれている（揚州博物館1985）。

　1983年の初頭，揚州博物館職員は郵電大楼工事現場の溝部南端の西壁にお

第3部　東北アジアの染付・青花誕生

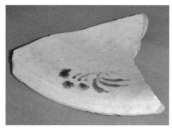

図4　唐青花碗残片　　　図5　唐青花唐枕の残片　　図6　唐青花輪花盤

いて唐青花碗の残片1件を発見した(馬1985)。高台径は3.8cm。見込みには淡藍色の青花で草花文が描かれている。

d. 文昌閣三元路北側の基礎建設工事現場

1件の唐青花碗の残片が出土。装飾は独特であり，口縁の草葉花卉文は，青花と黄彩の2色で絵付けされている(図4)。この種の装飾技法は，これまで発見された唐青花の中で唯一の例である。

C. 揚州工人文化宮に位置する唐代建築跡

1990年6月〜1991年4月，中国社会科学院考古所と南京博物院，揚州文化局で組織された揚州城考古チームは，揚州工人文化宮に位置する唐代建築基礎跡の発掘を行ったところ，碗や盤，壺，枕などの器形の唐青花陶片14片を発見した(図5)（中国社会科学院考古研究所等1994，中国社会科学院考古研究所ほか2010)。

D. 2002年，揚州市文物考古研究所による市街地の汶河南路万家福商場第2期工程の考古発掘では，ほぼ完形の唐青花輪花盤が出土している。この盤の青花の発色はやや淡く，見込みと口縁には花卉文が描かれている(図6)。

E. 2004年，揚州市文物考古研究所が行った揚州唐宋城東門遺跡の発掘では，唐青花の碗底部の残片が出土している[1]。

F. 2004年，揚州市文物考古研究所による文昌広場の第2期建設工地の考古発掘では，唐青花の大碗が出土している。見込みには花文，口縁には草葉文が描かれている[2]。

G. 2007年，揚州市文物考古研究所が行った珍園飯店(揚州市文昌中路152号)の建設現場の発掘では，唐青花の陶枕残片が出土した[3]。

H. 老城区基礎建設現場

揚州老城区の基礎建築現場では，近年，陸続と唐青花の陶片が採集されてい

唐青花研究の再思考

図7　唐青花水注残片

図8　唐青花水注

図9　唐青花合子

る。すでに3件が発表されており，いずれもこれまでに見られなかった器形の水注である。2002年に老城基礎建設工事現場において出土した青花水注の胴部には，菱形花葉文が描かれている(図7)(朱2002)。2003年老城区唐代遺跡から出土した，ほぼ完形の唐青花水注1件は，鮮やかな発色の青花で，やはり菱形花葉文が描かれている(図8)(鄭州市文物考古研究院ほか2008)。同年，老城区唐代遺跡ではさらに唐青花水注の残片が出土している(鄭州市文物考古研究所2006)。胴部の青花文様は菱形花葉文で上述の2件と近似しており，発色は濃く鮮やかである。

図10　唐青花罐蓋

②洛陽

洛陽東北部の郊外にある唐墓から高3.3cmの青花合子が出土している。蓋受けをもつ身の外壁には，青花で斑点文が施されている(図9)(鄭州市文物考古研究所2006)[4]。

そのほか，南京博物院の張浦生によると1988年に「洛陽市文物商店において現地の墓葬から出土したという唐青花罐の蓋を収集した。直径は8.5cmで，乳濁した象牙色の釉下に点描で藍色の梅花文が5つ表されている」という(図10)。また，「現在香港馮平山博物館で所蔵されている唐三彩の条文をもつ三足盂は，当時洛陽で出土したものらしい」と記している(張1993)。

(2)窯跡

①鞏義市黄冶窯窯跡

2002年，河南省文物考古研究所は，黄冶窯窯跡発掘中に唐青花の水注残片

295

図11　唐青花残片　　図12　唐青花合子残片

を発見し(図11)，馮先銘に代表される先達の推論を裏付けるように，唐青花の生産地問題を解明するための実物証拠が提供された(郭等2003，河南文物考古研究所ほか2005，河南文物考古研究所ほか2007)。

②鞏義市白河窯窯跡

2007年，白河窯跡において唐青花の陶片が出土した。碗，合子，枕などの残片4件であり，発色は淡い。そのうち青花合子は，高3.7cm，胎土は灰白色で，白釉がかかり，折枝花卉文が描かれている(図12)。洛陽東北郊外唐墓出土の合子と近似しており，ともに身に蓋受けをもち，器高も近い。青花碗は，径の広い高台をもち，見込みには方形枠線が描かれ，その内部と四隅に花文が散らされている(河南文物考古研究所ほか2009，河南文物考古研究所ほか2011)。これらの考古発見によって，唐青花の生産地問題はますます明らかになりつつある。

(3)国外

1998年9月～1999年6月，インドネシアのブリトゥン島付近の海域で黒石号沈船が発見され，その中から3件の唐青花盤の完形品が引き揚げられたことにより，陶磁器の研究界において極めて関心が高まり，謝明良らによって検討が加えられた(謝2002)。特に注目すべきなのは，これら3件の青花盤の文様がいずれも菱形花葉文であるという点である。

2. 菱形花葉文についての検討

現在までに発見された唐青花の中で，菱形花葉文はよく見られる代表的な文様である。その特徴は，菱形文と草葉文の組み合わせであり，さらに菱形の枠線内には草葉や花卉が描かれていることである。この種の文様の起源について，諸説を以下に挙げる。

①イスラーム様式説

菱形花葉文についての諸論の中で、もっとも早い段階から提唱され、もっとも多くの支持を集めたのがこの説である。1980年に馮先銘が青花の起源について論じた際、揚州唐城から出土した青花唐枕の残片に表されたこの種の文様を観察したところ、「枕面に釉下藍彩で菱形の輪郭線と、その四隅にそれぞれまるく略した花弁状の文様が描かれ、菱形の枠線内にはさらに小さな菱形の輪郭線が描かれており、内部はランダムに葉文で埋められている。」と述べ、「この枕片の文様様式と構成は、唐代の伝統的な文様とは明らかに異なり、西アジアのペルシャと関連があるようだ。」との見解を示し、さらに「中国の伝統的な造形の器物の上に、ペルシャ式の文様を施していることについて、どのように解釈するべきなのか？」と追究している。馮は、この問題を解決するためには現状ではまだ論拠となるものが足りないとしているが、慎重に「唐代の揚州は国際貿易都市であり、商業目的で揚州を訪れるアラビアやペルシャの人は多く、中には揚州に定住する者もいた」ことなどが、おそらく関連するものと推論している（馮1980）。

こののち、汪慶正は『青花釉里紅』の《前言》の中で、揚州唐城出土の唐青花に表されている菱形図案とアメリカのFreer Gallery of Artで所蔵しているイスラーム陶器の青花碗に表された図案を比較し、「唐代において、中東地域との交易のために製作された青花の中には、アラビアの文様様式を採用しているものもあると言える」との認識を示している（汪1987）。

馬文寛は1997年に発表した論文「唐代青花瓷研究—兼談我国青花瓷所用鈷料的某些問題」の中で、「唐青花には葉散らし文で囲った菱形文がある。菱形文は我が国において古くから用いられているものだが、それを散らした葉文で囲む、あるいは散らした葉文で菱形を構成している文様は、イスラーム陶器の文様によく見られるところのものである。」と言及している。馬はさらに「長沙窯と遼窯の製品にもこの種の装飾が施されていることは注意すべきことである」と提起している（馬1997）。また、「唐代の輸出陶磁に表される装飾の中には、異国の様式をそなえたものが比較的多く見られるが、これは当時の窯主と工匠が国外市場の需要および芸術的な愛好、情趣を理解していたからこそ作り出すことができたのだ」と言う。

謝明良は黒石号沈船中の中国陶磁について論じた際、白釉緑彩と青花に表さ

第3部　東北アジアの染付・青花誕生

図13　滑石製合子

れた菱形花葉文について特別な関心を払っており，この種の構図と中国の伝統文様の差異は極めて大きいとの見解を示している。謝は「白釉緑彩に表された菱形花葉文について，この種の構図が中国の工芸品にはほとんど見られない文様である一方で，ペルシャ陶器にはよく見られる図案であるということを特に強調したい。それだけでなく，数えるほどしか知られていないながら菱形花葉文が描かれた中国の工芸品の製作年代は9世紀に集中している。すなわち，湖南省の長沙窯製品に描かれた文様や，同省郴州市の唐墓から出土した滑石製合子の蓋に刻された装飾（図13），および揚州出土の唐代青花上のコバルト藍彩装飾が挙げられる。」「特に黒石号沈船から引き揚げられた3件の青花は，いずれも菱形花葉文を主文様としている。長沙窯や白釉緑彩陶が貿易陶磁であるという性質を考え合わせるならば，この種の文様は輸出用の工芸品と関係があるように思われる。」と指摘している（謝2002・2005）。

　以上代表的な各学説から，我々はイスラーム様式説が形成されていった軌跡，すなわちまず馮により最初に提唱され，汪によって唐青花とイスラーム陶器との比較分析・確認が行われ，続いて馬と謝はこの種の図案が唐代の他の陶磁器や工芸品に用いられている例を提示した。また汪と同じく，彼らはこの種の文様が主に貿易と関連していたという見解を示している。イスラーム様式説は中国陶磁の研究界において主流の学説となっており，共通の認識として広く受け入れられるに至っているようである。

②イスラーム様式説に対する反論
　唐青花の菱形花葉文のイスラーム影響説が定説となりつつある状況下で，21世紀初頭，中国の陶磁器研究者の間でこの説に対する疑問の声が上がり始めた。まずイスラーム様式説をとっていた汪慶正が視点を変え，9～10世紀にかけて唐代の陶磁器がイスラーム地域の窯業から影響を受けたことを論証しながらも，唐青花とイスラーム青花の図案の間の関連性を否定した。すなわち，「かつて私は揚州唐城で発見された唐青花の陶片が，イスラーム地域の注文生産であった可能性を疑ったが，国内で発見される陶片の図案とインドネシア海底の

沈船から引き揚げられた9世紀の3件の唐青花の図案を見るに，イスラーム青花との共通点を見出すことはできない。」(汪2002)という。

　李仲謀は唐青花の新発見資料に対する研究において，黒石号に関心を持ち，「3件の青花は基本的に同じ文様の菱形花葉文である。類似した文様は，揚州出土の唐青花水注や枕などの器物に見られ，また黒石号沈船に積まれていた越州窯青瓷や長沙窯彩絵瓷器・三彩鳳首水注・白釉緑彩瓷器のいずれにも同様の文様が施されている。さらに9〜10世紀イスラーム白地藍彩陶器の文様としても多用されている。」と述べている。李はさらに「確かにこの種は往々にして"アラビア風の特徴"を具えていると言われるが，文様の起源と伝播について分析してみると，唐青花の全体像，そして9世紀の中国とイスラーム圏の文化交流についてより一層理解を深めることができ，意義は極めて大きい。ただし，今まで多くの人々は，それはアラビア圏へ直接もたらされた舶来品であり，唐青花に表されたこの種の文様はまさに中東イスラーム圏の文化的需要に応じたものであると捉える傾向があったが，これに対して筆者はこの種の説は客観性に欠いた独断であると考えている。なぜならば，この文様の構図に注目すれば，すなわち十字形の面対称構図であり，前代の盛唐に作られた三彩陶器の貼花文の中にこの種の特徴を具えた文様を容易に見つけることができるからである。したがって，唐青花に表されたこの種の菱形文は，イスラームの白地藍彩陶器からではなく，唐三彩から直接の系譜をひくものであると言える。」(李2003)。李仲謀は，構図形式の視点からこの文様の起源について疑問を提示し，併せて菱形花葉文が唐三彩から唐青花へと継承されたという新見解を提示した。

③菱形花葉文についての再考

　これらのイスラーム様式説に対する反論は，結局この種の菱形花葉文はどこに起源を発するのか，またこの種の文様は唐代の中国とイスラーム世界の交流によって誕生したものなのか，など我々に再考を促すものである。

　そこで，菱形花葉文が唐代の陶磁や工芸美術に用いられている例を今一度探してみたい。まずは文様構成に2種類のタイプがあることが分かる。

A. 菱形＋花葉文

　この種の文様は，上述の唐青花や白釉緑彩陶，長沙窯などの陶磁器および滑石合子に見られるほか，さらに唐三彩や緑釉印花合子(図14)，絞胎陶枕(図15)，

第3部　東北アジアの染付・青花誕生

図14　唐緑釉印花合子

図15　唐絞胎菱形文陶枕残片

白瓷皮嚢壺，陶車などの器物上にもみられ，唐代において作例は少なくないようである。そして，この種の文様が輸出陶磁上に見られるだけでなく，中国国内でも受け入れられていた様子を看取することができる。菱形花葉文が本当にイスラーム世界からもたらされたものであるとするならば，これらの器物の存在から，この種の文様が早くも唐代の人々の日常生活において受け入れられていたと言える。

　構図の観点からみると，菱形花葉文と唐三彩の貼花装飾は確かに同様のものであり，十字形で面対称になっているという特徴がある。ただし，具体的に文様を分析すると両者の間には相違点もあり，影響関係があるとは言い難い。したがって唐青花の菱形花葉文が唐三彩を直接の起源としているとの推断は成立し難い。この種の菱形花葉文は，馮・馬が指摘している通り，決して中国の伝統文様ではないのである。

B. 菱形文様

　唐代の陶磁器や工芸美術では，さらに上述の「A. 菱形＋花葉文」の図案と近似した別の菱形文様がある。それは新疆のアスターナ108号墓出土の唐代絳紅四弁散朶花印花紗(図16)や，伝甘粛省敦煌莫高窟出土の唐代平絹纈染経袱(図17)などの例にみられるように絹織物に多く用いられている文様である。唐三彩にも菱形文があり(図18)，唐代の染織工芸からの影響によるものと考える研究者もいる(方2010)。菱形文様が中国で表されるようになるのは比較的早く，陶磁器では西晋時代の青瓷の装飾にも見つけることができる。

　菱形花葉文が中国の伝統的な文様ではないとすると，その起源はどこに求められるのであろうか。先行研究ではいずれもイスラーム世界に言及されていることに着目すると，菱形花葉文はやはりイスラーム装飾の伝統ではないかと考えられる。例えばチュニジアのカイラワーン(Qairawan)に836年に建設された大清真寺(the Great Mosque)の装飾タイル(図19)にこの種の図案を見つけることができることから，遅くとも9世紀前期までに，イスラーム芸術において菱形花

図16　唐代絳紅四弁散朶花印花紗　　図17　唐代平絹纐染経袱　　図18　唐三彩菱形文罐

  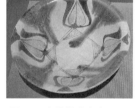

図19　大清真寺装飾タイル　　図20　白釉藍彩陶碗　　図21　白釉藍彩陶碗

葉文が登場していることが分かる。菱形花葉文は9世紀のイスラームの各種陶器の文様として非常に流行し、白釉藍彩陶器だけでなく(図20)、白釉藍彩に緑釉を加えた陶器(図21)、多彩釉、ラスター彩陶にも表されている。この種の文様は10世紀まで継続して用いられ、伝統として長く愛好された様子を示している。一方中国では、菱形花葉文は現在のところ唐代と遼代の遺物においてのみ発見されており、まさに謝明良が指摘しているように、この種の文様が施された工芸品は9世紀に集中していると言える。この種の外来の文様は、時間軸の中で断片的に表れるものであり、継続して歴史の中に取り込まれていくことはない。また、非常に特殊な例として、6世紀以上はなれた明代の永楽宣徳期の、イスラーム金属器を模して作られた青花瓷器の上にも類似の菱形花葉文が再び出現している(図22)。これらの器物の文様全体からみると、明らかに中国本土の文様ではなく、イスラーム芸術を模倣しているといえる。このことから、

第3部　東北アジアの染付・青花誕生

図22　宣徳青花花卉文扁壺とその局部図案

図23　イスラーム藍色ガラス四弁花文盤とその局部図案

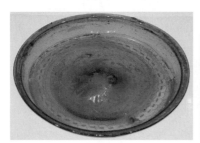

図24　イスラーム藍色ガラス十字団花文盤とその局部図案

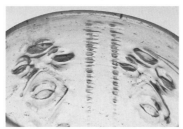

図25　イスラーム白色ガラス杯とその局部図案

菱形花葉文とイスラーム装飾の関係を見出すことは難しくない。

　イスラーム芸術において菱形花葉文は非常に普遍的に用いられており，建築用の装飾タイルや陶器だけでなく，9世紀のイスラームガラスにも表されている。特に指摘しなければならないことは，陝西省の法門寺地宮出土の刻花文と描金が施されたイスラーム産の藍色ガラス盤(図23, 24)と白色ガラス杯(図25)の存在により，イスラーム装飾に見られる菱形花葉文が確かにかつて大唐帝国にもたらされていたことがはっきりと示されているということである。

　以上から，唐青花などの陶磁器やその他の唐代工芸品に表された菱形と花葉を組み合わせた文様がイスラーム芸術(陶器とガラス)に起源をもつという推断を下すことができる。

3. 青花の絵付け技法およびその技術の由来についての論争

　唐青花の絵付け技法について，陶磁器研究界では基本的にみな釉下彩であると認めている。科学技術分野の研究者による X 線分析の測定でも唐青花が釉下彩技法で絵付けされていることが実証されている(張ほか1989)。しかし，研究者の間では見解は割れており，ある研究者は唐青花の観察を通して，この種の早期の青花は生がけ施釉した後に，コバルト顔料を用いて絵付けをし，そののちに本焼焼成したものだとの見解を示し，「焼成過程において，コバルト顔料が薄い釉層に滲んで浸透していき，胎土表面に到達し，焼き上がりは"釉中彩"ともいえる状態になっている」(李2003)という。このように，研究者の中には"釉上彩(顧1984, 顧ほか1985)"あるいは"釉中彩(李2003)"であるとする立場をとっている者もいる。謝明良は黒石号の唐青花の観察により，"釉上彩"である可能性を指摘しつつも，科学測定を通して得られた釉下彩であるという結果も重視すべきであるとの意見を明示している。これは科学的な態度である。

　唐青花の釉下彩技法について，馮先銘は「我が国の青花は自律的に発展してきたものである。唐代長沙窯で釉下彩技法が創成されたことにより，青花出現における製作工程の問題も解決された」という(馮1980)。しかし，馮は長沙窯の釉下彩技法がなぜ河南省の鞏義窯でも用いられるようになったのかという点については論じていない。これまで中国の研究者が唐青花の誕生について論じ

る際，鞏義窯や唐代の河南省の窯場に釉下彩技法を用いることのできる技術的条件が整っていたかどうかという観点は往々にして見落とされ，単純に鞏義窯で白瓷(白胎)や唐三彩(藍彩，藍釉)を生産したことで，青花を作り得る要素が備わったと見なしてきた。

弓場紀知は鋭い観察眼により，この技術的な見落としに関して，唐青花が晩唐時代に誕生した"釉下彩"の新しい品種であると指摘し，併せて晩唐の色釉陶器や青花についての論考において，次のような反対意見を提示している。「揚州唐城で出土した青花は，コバルトを着色剤として白瓷胎の上に絵付けを行った瓷器であり，藍彩や藍釉などの色釉で器体を装飾している唐三彩とは完全に異なる，新しい品種である。"釉下彩"であるという点に注目するならば，この時期の典型的な彩瓷としてはわずかに長沙窯があるのみである」(弓場1997)。当時，唐青花は揚州で出土しているのみであり，まだ鞏義窯跡において唐青花は発見されていなかった。出土資料に限りのある中で，弓場は青花が釉下彩技法であるという観点から，揚州唐城出土の青花が河南省で生産されたものである可能性を指摘していた[5]。

李仲謀は，青花の絵付け技法についての懸案事項として自己の論を示し，唐三彩においてコバルト顔料がすでに釉上で用いられているだけでなく，釉下にも用いられているとしている(李2003)。これと近い説として，劉蘭華による"釉下藍彩陶器→唐青花"という観点がある(劉2004)。

実際，河南地区の窯場は唐代において釉下彩瓷器を生産していた。関係資料の不足により，残念ながらこのことはまだ研究者の間で広く認識されるに至っていない。張浦生は早くも1995年に，河南の鶴壁集窯跡において出土した唐代早期の鉄絵芍薬文碗の残片を取り上げ，「このことから釉下彩技法が河南鞏義県で生まれたことは決して偶然ではない。考古学的な新発見が増えるにつれて，この問題についてはますます明らかになってくるだろう。」(張1995)と特に指摘している。

張の指摘通り，近年の窯跡調査・発見によると，河南省鶴壁市の鶴壁集窯・寺湾窯，安陽市天喜鎮窯・善応窯，登封市朱垌窯のいずれの窯でも釉下彩瓷を生産していることが明らかになっている。種類としては白釉彩・白釉褐彩・白釉灰藍彩があり，絵付けには鉄顔料を用いているものと考えられ，草葉文・梅

図26　唐代白釉点褐彩器蓋　　図27　唐青花陶枕残片

花文・捻形の芍薬文など，唐青花と似た文様が施されている[6]。特に指摘しなければならないことは，鞏義県白河窯出土の白釉点褐彩器蓋(図26)の上面に施されている花文は，白河窯ですでに絵付け技術が備わっていたことを説明するものであり(河南文物考古研究所ほか2009)，これによっても青花が作られるのに十分な技術的条件が整っていたことがはっきりと表されているのである。前述の揚州出土の青花と鉄絵の2種が施された装飾技法の陶片(図4)を振り返ってじっくり観察すれば，この種の独特な装飾技法がまさに唐代河南省の窯場で創造されたものであるということが明確に理解できる。これら窯跡からの新発見から，唐青花のコバルトによる絵付け技術が，鉄絵技術の基礎上に形成されているものと考えられる。白河窯など唐代河南省の窯場で行われた釉下鉄絵技法は，唐青花出現における絵付け技法についての問題を解決するものである。

4. 唐青花の国内市場での需要について

　以前より唐青花について論じられる際，イスラーム世界の需要を満たすために作り出されたものであるとの認識から，貿易陶磁としての特性について注目を集めることが多かった。この点については疑問をはさむべきではない。しかし考古資料が次々に発見されるにつれて，唐青花は輸出用であるほかに国内市場も存在していたのかどうか，という消費市場についてさらに一歩進んだ考察が促されるのである。
　まず，唐青花の出土資料から見て，陶枕は重要な器物の一つである。揚州の唐代遺跡はもちろんのこと(図1，5)，鞏義県白河窯跡(図27)からも陶枕の残片

が出土している。陶枕は主に東アジアの中国，日本，朝鮮半島などの地域で使用され流通したものであり，イスラーム圏では生活用具としての需要はなかったものと考えられる。この点から，唐青花が国内市場で流通した可能性を考察できるのではないだろうか。

続いて，さらに直接的な論拠として，洛陽の唐墓から唐青花が出土していることが挙げられる。すなわち前文中で挙げた通り洛陽東北郊外の唐墓から唐青花の合子(図9)と，南京博物院が洛陽で収集した唐青花の器蓋(図10)である。これらの墓葬出土資料は明らかに唐青花が唐代の国内で使用されたことを示すものであり，この点からも単純に貿易陶磁として用いられたと見なすことはできない[7]。将来さらに多くの詳細な資料が得られることを期待し，唐青花の国内市場についての研究を深め，中国国内の消費対象とその社会階級・流通地域などの問題を探求することにより，唐青花の全体像が理解されてくるものと考えられる。

（翻訳：杉谷香代子）

注
1) 2008年11月に行われた唐代青花瓷のシンポジウム（中国古陶磁学会と揚州文化局による共同開催）において，揚州文物考古所束家平所長によって報告・紹介されたが，関係する考古資料や発掘報告などはまだ刊行されていない。
2) 注1)に同じ。
3) 注1)に同じ。
4) 参考・引用文献に挙げた鄭州市文物考古研究所2006のp.432で紹介されている遺物の写真・図607は不鮮明であるため青花であるのか白釉藍彩陶器であるのか見分けにくい。実際に観察をした森達也によると，これは青花であり，写真の提供も賜った。記して謝意を示す。
5) 弓場は，釉下彩技法の観点から唐青花の生産地について検討を加えており（弓場1997），黄冶窯で唐青花が出土した後は，鞏義窯がその産地であると認めている（弓場2009）。
6) 『中国古陶瓷研究』第15輯（中国古陶瓷学会主編2009 p.265-294）において河南省の唐代白釉彩瓷を紹介する論文が所収されている。張松林「河南唐代白釉彩瓷綜述」，王文強「鶴壁窯唐代白釉彩瓷」，陳景順，李景揚「唐代朱垌窯，莨庄窯彩瓷標本探析」。そのほか，『河南唐代白釉彩瓷』（鄭州市文物考古研究院ほか2008）など多くの写真資料が発表されている。
7) 王光堯は，唐青花に国内消費市場があったはずだというが，その例証として南

鄭州上街唐墓出土の青花塔式壺を挙げている(王 2011)。この青花塔式壺については，現在のところ研究者の間で意見が一致していないことから，本論では資料として取り上げなかった。

参考・引用文献
杉村棟責任編集 1999『世界美術大全集　東洋編　第 17 巻 イスラーム』小学館
弓場紀知 1997「揚州―サマラ　晩唐の多彩釉陶器，白磁青花に関して」『出光美術館研究紀要』3
弓場紀知 2009「唐代晩期多彩釉陶器の系譜―大和文華館所蔵の二件の晩唐期の多彩釉陶器を中心として」」『大和文華』第 120 号「中国陶磁特輯」

汪慶正 1987『青花釉里紅』上海博物館，両木出版社
汪慶正 2002「中国唐代陶瓷器対伊斯蘭地区九到十世紀制陶業影響的若干問題」『上海博物館館刊』第 9 期
王光堯 2011「対中国古代輸出瓷器的一些認識」『故宮博物院院刊』第 3 期
郭木森等 2003「鞏義黄冶窯発現唐代青花瓷産地，找到焼制唐三彩窯炉」『中国文物報』5 月 7 日
河南文物考古研究所・中国文物研究所 2005『黄冶窯考古新発現』大象出版社
河南文物考古研究所・中国文物研究所 2007「河南鞏義市黄冶窯址発掘簡報」『華夏考古』第 4 期
河南文物考古研究所・中国文化遺産研究院 2011「河南鞏義市白河窯址発掘簡報」『華夏考古』第 1 期
河南文物考古研究所・中国文化遺産研究院・日本奈良文化財研究所 2009『鞏義白河窯考古新発現』大象出版社
顧風 1984「揚州新発現的早期青花瓷片的断代及其焼造工芸的初歩研究」『揚州師院学報(社会科学版)』第 2 期
顧風，徐良玉 1985「揚州新出土両件唐代青花瓷碗残片」『文物』10 期
国家文物局主編 1995『中国文物精華大辞典・陶瓷巻』上海辞書出版社
謝明良 2002「記黒石号(Batu Hitam)沈船中的中国陶瓷器」『國立臺灣大學美術史研究集刊』第 13 期
謝明良 2005『貿易陶瓷與文化史』允晨文化實業股份有限公司(謝 2002 の再掲版)
朱暁忠 2002「唐代青花執壺残片」『中国文物報』6 月 19 日
中国古陶瓷学会主編 2009『中国古陶瓷研究』第 15 輯　紫禁城出版社
中国織綉服飾全集編輯委員会 2004『中国織綉服飾全集 1 織染巻』天津人民美術出版社
中国社会科学院考古研究所，南京博物院，揚州市文物考古研究所編著 2010『揚州城：1987-1998 年考古発掘報告』文物出版社
中国社会科学院考古研究所等 1994「江蘇揚州市文化宮唐代建築基址発掘簡報」『考古』5 期
中国美術全集編輯委員会 1985『中国美術全集　工芸美術編　染織繍 上』文物出版社
張志剛，郭演儀，陳堯成，張浦生，朱戢 1989「唐代青花瓷器研討」『景徳鎮陶瓷学院学報』第 10 巻第 2 期
趙志文，劉蘭華 2008「河南鞏義白河窯」『2007 中国重要考古発現』文物出版社
張浦生 1993「近年来中国青花瓷的発現与研究」『東南文化』第 3 期
張浦生 1995『青花瓷器鑑定』書目文獻出版社
鄭州市文物考古研究所編著 2006『河南唐三彩与唐青花』科学出版社
鄭州市文物考古研究院　張松林，廖永民編著 2008『河南唐代白釉彩瓷』科学出版社
南京博物院，揚州博物館，揚州師範学院発掘工作組 1977「揚州唐城遺址 1975 年考古工作簡報」『文物』9 期
馮先銘 1980「有関青花瓷器起源的幾個問題」『文物』4 期
文化部文物局揚州培訓中心 1985「揚州新発現的唐代青花瓷片概述」『文物』10 期
方憶 2010「唐代彩釉工芸与唐代染纈工芸関係之初歩探討」『故宮博物院院刊』第 2 期
馬富坤 1985「揚州発現的一件唐青花瓷片」『文物』10 期

第3部　東北アジアの染付・青花誕生

馬文寛 1997「唐代青花瓷研究―兼談我国青花瓷所用鈷料的某些問題」『考古』1 期
揚州博物館 1985「揚州三元路工地考古調査」『文物』10 期
楊伯達主編 2004『中国金銀玻璃琺瑯器全集 4 玻璃器(一)』河北美術出版社
雷子干 2000「湖南郴州市竹叶冲唐墓」『考古』第 5 期
李仲謀 2003「関於唐青花新発現資料的思考」『中国古陶瓷研究』第 9 輯
劉蘭華 2004「新識唐青花」『文物天地』第 8 期，10 期

図版出典等

図1　唐青花枕残片，揚州師範学院唐城遺跡出土(筆者撮影)
図2　唐青花玉璧高台碗，揚州市区文昌閣付近三元路基礎建築現場採集，国家文物局揚州培訓中心所蔵(筆者撮影)
図3　唐青花大碗残片，揚州市区文昌閣東側，三元路北紡工大楼工地採集，揚州博物館所蔵(筆者撮影)
図4　唐青花碗残片，揚州市文昌閣三元路北基礎建設工地採集，揚州博物館所蔵(筆者撮影)
図5　唐青花唐枕の残片　揚州工人文化宮唐代建築基礎跡出土，揚州市文物考古研究所所蔵(筆者撮影)
図6　唐青花輪花盤　揚州市区汶河南路万家福商場第 2 期工程発掘出土，揚州市文物考古研究所所蔵（揚州博物館にて筆者撮影）
図7　唐青花水注残片，2002 年揚州市老城区基礎建設現場出土(筆者撮影)
図8　唐青花水注，2003 年揚州市老城区唐代遺跡出土(筆者撮影)
図9　唐青花合子，洛陽東北郊唐墓出土(森達也氏撮影)
図10　唐青花罐蓋，南京博物院所蔵(筆者撮影)
図11　唐青花残片，黄冶窯出土(筆者撮影)
図12　唐青花合子残片，白河窯出土(筆者撮影)
図13　滑石製合子，郴州市唐墓出土(雷 2000　p.95 図 2 より転載)
図14　唐緑釉印花合子，個人蔵(深圳文物考古鑑定所『唐人生活与器用』展にて 2010 年 1 月筆者撮影)
図15　唐絞胎菱形文陶枕残片(鄭州市文物考古研究所編著 2006 図 591 より転載)
図16　唐代絳紅四弁散朶花印花紗，新疆アスターナ 108 号墓出土(中国美術全集編輯委員会 1985 p.142 図版 131 より転載)
図17　唐代平絹纈染経袱，甘粛博物館所蔵(中国織繍服飾全集編輯委員会 2004　p.189 図 224 より転載)
図18　唐三彩菱形文罐，洛陽出土(国家文物局 1995　図 431 より転載)
図19　チュニジア・カイラワーンの大清真寺(836 年)の装飾タイルに施された菱形花葉文(杉村棟 1999　p.26 図 3b より転載)
図20　白釉藍彩陶碗，9 世紀，イラク，Freer Gallery of Art 所蔵(筆者撮影)
図21　白釉藍彩陶碗，9 世紀，イラク，Ashmolean Museum 所蔵(筆者撮影)
図22　宣徳青花花卉文扁壺とその局部図案　上海博物館所蔵(陳潔氏撮影)
図23　イスラーム藍色ガラス四弁花文盤とその局部図案，法門寺地宮出土(筆者撮影)
図24　イスラーム藍色ガラス十字団花文盤とその局部図案，法門寺地宮出土(筆者撮影)
図25　イスラーム白色ガラス杯とその局部図案，法門寺地宮出土(筆者撮影)
図26　唐代白釉点褐彩器蓋，鞏義白河窯出土(河南文物考古研究所 2009)
図27　唐青花陶枕残片，鞏義白河窯出土(筆者撮影)

あとがき

　最先端の研究は常に変化している。本書が世に現れるとき，どこかで誰かが，本書の論文と異なる見解を述べているかもしれない。それも研究の楽しみのひとつである。それぞれの研究者が少し異なる論点と見解を述べているが，それは一人で書く論文と違うから当然であろう。各論文の内容の微妙な差異に読者も気づかれたと思う。推測を含む説というものの宿命と言うべきであろう。それだからこそ，考古学や歴史・美術史の研究は楽しいものである。

　元青花のシンポジウムが終わって，原稿が集まり，刊行に至ったことを喜びとしたい。論文をお寄せ下さった皆様，中国語論文の翻訳をお引き受け下さった杉谷香代子様，坂井隆様に心から感謝したい。

　また，高志書院の濱久年様に刊行に至る様々な御配慮にお礼を申し上げる。

　　　　　　　　　　　　　　　　　　　　　　　　（編者・佐々木達夫）

執筆者一覧

佐々木達夫　奥付上掲載
四日市康博（よっかいち やすひろ）　昭和女子大学国際文化研究所客員研究員
謝　明良（Hsieh Ming-lyang）　国立臺灣大学芸術史研究所教授
施　静菲（Shih Ching-fei）　国立臺灣大学芸術史研究所副教授
水上和則（みずかみ かずのり）　専修大学兼任講師
関口広次（せきぐち ひろつぐ）　日本考古学協会会員
髙島裕之（たかしま ひろゆき）　専修大学文学部准教授
杉谷香代子（すぎたに かよこ）　公益財団法人戸栗美術館　アドバイザー／学芸員
田中和彦（たなか かずひこ）　上智大学外国語学部専任講師
向井　亙（むかい こう）　金沢大学国際文化資源学研究センター客員研究員
坂井　隆（さかい たかし）　国立臺灣大学芸術史研究所副教授
佐々木花江（ささき はなえ）　金沢大学埋蔵文化財調査センター准教授
吉良文男（きら ふみお）　東洋陶磁史研究家
野上建紀（のがみ たけのり）　長崎大学多文化社会学部准教授
劉　朝暉（Liu Zhaohui）　復旦大学文物与博物館学系教授

【編者略歴】
佐々木達夫（ささき・たつお）
1945年生まれ
金沢大学名誉教授

〔主な著書〕
『陶磁器、海をゆく』（1999年、増進会出版社）
『日本史小百科・陶磁』（1994年、東京堂出版）
『畑ノ原窯跡』（1988年、波佐見町教育委員会）
『元明時代窯業史研究』（1985年、吉川弘文館）

中国陶磁 元青花の研究

2015年12月10日第1刷発行

編　者　佐々木達夫
発行者　濱　久年
発行所　高志書院

〒101-0051 東京都千代田区神田神保町2-28-201
TEL03(5275)5591　FAX03(5275)5592
振替口座　00140-5-170436
http://www.koshi-s.jp

印刷・製本／亜細亜印刷株式会社
ISBN978-4-86215-153-7

中世史関連図書

鎌倉考古学の基礎的研究	河野眞知郎著	A5・470頁／10000円
関東平野の中世	簗瀬大輔著	A5・390頁／7500円
城館と中世史料	齋藤慎一編	A5・390頁／7500円
中世城館の考古学	萩原三雄・中井　均編	A4・450頁／15000円
大坂　豊臣と徳川の時代	大阪歴博他編	A5・250頁／2500円
中世奥羽の考古学	飯村　均編	A5・250頁／5000円
中世熊本の地域権力と社会	工藤敬一編	A5・400頁／8500円
関ヶ原合戦の深層	谷口　央編	A5・250頁／2500円
戦国法の読み方	桜井英治・清水克行著	四六・300頁／2500円
霊場の考古学	時枝　務著	四六・260頁／2500円
民衆と天皇	坂田　聡・吉岡　拓著	四六・230頁／2500円
中世人の軌跡を歩く	藤原良章編	A5・400頁／8000円
日本の金銀山遺跡	萩原三雄編	B5・340頁／15000円
陶磁器流通の考古学	アジア考古学四学会編	A5・300頁／6500円
北条氏年表	黒田基樹編	A5・250頁／2500円
平泉の政治と仏教	入間田宣夫編	A5・370頁／7500円
中世社会への視角	橋口定志編	A5・300頁／6500円
北関東の戦国時代	江田郁夫・簗瀬大輔編	A5・300頁／6000円
御影石と中世の流通	市村高男編	A5・300頁／7000円
中世石塔の考古学	狭川真一編	B5・300頁／13000円
中世の権力と列島	黒嶋　敏著	A5・350頁／7000円
列島の鎌倉時代	高橋慎一朗編	A5・260頁／3000円
前九年・後三年合戦	入間田宣夫・坂井秀弥編	A5・250頁／2500円

考古学と中世史研究 ❖ 小野正敏・五味文彦・萩原三雄編 ❖

(1)	中世の系譜－東と西、北と南の世界－	A5・280頁／2500円
(2)	モノとココロの資料学－中世史料論の新段階－	A5・230頁／2500円
(3)	中世の対外交流	A5・240頁／2500円
(4)	中世寺院　暴力と景観	A5・280頁／2500円
(5)	宴の中世－場・かわらけ・権力－	A5・240頁／2500円
(6)	動物と中世－獲る・使う・食らう－	A5・300頁／2500円
(7)	中世はどう変わったか	A5・230頁／2500円
(8)	中世人のたからもの－蔵があらわす権力と富－	A5・250頁／2500円
(9)	一遍聖絵を歩く－中世の景観を読む－	A5・口絵4色48頁＋170頁／2500円
(10)	水の中世－治水・環境・支配－	A5・230頁／2500円
(11)	金属の中世－資源と流通－	A5・260頁／3000円
(12)	木材の中世－利用と調達－	A5・240頁／3000円

［価格は税別］